ORIENTIERUNGSHILFEN
Band 8

Reinhard Feldmann
Wie finde ich Literatur zur Geschichte

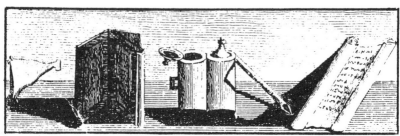

Kliodarstellung aus dem Werk von Tommaso Piroli: Le Antichité di Ercolano.
Rom 1789

ISBN 3-87061-319-X

Reinhard Feldmann

unter Mitarbeit von
Frank Heidtmann

Wie finde ich
Literatur zur Geschichte

BERLIN VERLAG
Arno Spitz

Veröffentlichungen des Instituts für Bibliothekswissenschaft
und Bibliothekarausbildung der Freien Universität Berlin

CIP-Kurztitelaufnahme der Deutschen Bibliothek

Feldmann, Reinhard:
Wie finde ich Literatur zur Geschichte / Reinhard
Feldmann. — Berlin: Berlin Verlag Arno Spitz,
1987.
   (Orientierungshilfen; Bd. 8) (Veröffentlichungen
   des Instituts für Bibliothekswissenschaft und
   Bibliothekarausbildung der Freien Universität
   Berlin)
   ISBN 3-87061-319-X

NE: 1. GT; HST

Lehrbuch

© 1987
BERLIN VERLAG Arno Spitz * Pacelliallee 5 * 1000 Berlin 33

INHALTSVERZEICHNIS

Vorwort

Grundkenntnisse der Literaturermittlung, -beschaffung und -verarbeitung sollten möglichst früh erworben werden, damit man sich nicht erst beim Anfertigen einer größeren wissenschaftlichen Arbeit mit Informationsproblemen konfrontiert sieht, deren Lösung zeitraubend und belastend ist. Die vorliegende Einführung in die Bibliotheksbenutzung und die wichtigsten Auskunftsmittel zur geschichtswissenschaftlichen Literatur ist besonders für Studenten der Anfangssemester wichtig, so lange aber auch für Studenten höherer Semester und für Lehrpersonal, wie nicht fundierte bibliographische Kenntnisses des Fachgebiets vorliegen. Auch für manchen anderen, der sich aus privaten Interessen oder beruflicher Notwendigkeit mit historischer Literatur beschäftigt, werden hier für die Ermittlung, Beschaffung und Verarbeitung von geschichtswissenschaftlichen Informationen Basiskenntnisse gegeben.

Diese Einführung bietet nicht einen Einstieg in die Probleme und Grundlagen der Geschichtswissenschaft selbst, sie ist also kein fachliches Einführungsbuch, und sie ist auch keine Bibliographie, welche die Büchertitel zu einem bestimmten Sachgebiet systematisch auflistet, sondern sie will *über* die Auskunftsmittel, welche wiederum Informationen und Originalliteratur nachweisen, informieren. Diese Einführung hat also ihren Schwerpunkt im Nachweis von Verzeichnissen, die literaturbezogene Informationen aufführen sowie von Literaturauskunftsmitteln, die Bücher und Zeitschriftenaufsätze zur geschichtswissenschaftlichen Literatur aufführen, welche für ein Haupt- und Nebenfachstudium der Geschichte oder allgemein, für wissenschaftliches Arbeiten im Bereiche der übrigen, bisweilen historisch arbeitenden Disziplinen relevant sein können.

Das Studium der Geschichte ist von Beginn an literaturintensiv. Zahlreiche Bücher, Zeitschriftenartikel und anderes Material müssen Studenten im Laufe des Studiums lesen, durchsehen oder bearbeiten, um das notwendige Grundlagenwissen ihrer Fachdisziplin zu erwerben.

Für das Anfertigen wissenschaftlicher Arbeiten sind Literaturrecherchen notwendig. Im Examen muß nachgewiesen werden, daß man selbständig wissenschaftlich arbeiten kann, daß die für die Bearbeitung eines Fachgebiets relevante wissenschaftliche Literatur ermittelt und angemessen verarbeitet worden ist. Will man also wissen, ob über Gebiete, die man bearbeiten will, Literatur vorhanden ist, muß man einige Kenntnisse darüber haben, wie man fachrelevante Informationen ohne übergroße Mühe ermittelt, sich beschafft und verarbeitet. Bei jeder Form des Hochschulunterrichts, besonders aber bei den wichtiger werdenden Formen Gruppenarbeit und Projektstudium ergeben sich Probleme der Informationsermittlung, -beschaffung und -verarbeitung, die nur bei guten bibliographisch-bibliothekarischen Kenntnissen angemessen zu lösen sind.

Was befindet sich in Bibliotheken? Im ersten Kapitel werden die Bibliotheksmaterialien erklärt. Die Unterscheidung zwischen Primärdokumenten (dem Originalschrifttum) und den Sekundärdokumenten (Bibliographien) wird verdeutlicht. Der Mikroformbereich wird umrisssen.

Das zweite Kapitel beantwortet die Frage: *Wo finde ich Informationsmaterial?* Hier folgt eine Beschreibung des deutschen Bibliothekssystems und seiner Verzahnung mit ausländischen Bibliotheken.

Wie finde ich? Dies erläutert das dritte Kapitel, indem die Prinzipien der Erschließung des Materials in einer durchschnittlichen wissenschaftlichen Bibliothek dargestellt werden.

Womit wird Literatur erschlossen? Die Auskunftsmittel der Geschichtswissenschaft, von den Nachschlagewerken über die Bibliographien der Bibliographien bis zu den spezifischen Bibliographien und weiteren Literaturauskunftsmitteln werden in den Kapiteln vier bis sechs ausführlich aufgeführt, wo notwendig kommentiert. Dies geschieht, wie nicht anders zu erwarten, in chronologischer Anordnung, innerhalb der Chronologie geographisch, danach formal, so daß eine schnelle, sachgerechte und systematische Suche erfolgen kann.

Das siebte Kapitel – *Wie wird bei der Suche vorgegangen?* – integriert Gesichtspunkte der Bibliotheksbestandserschließung und der

Auskunftsmittel unter dem Gesichtspunkt der praktischen Vorgehensweise.

Im achten Kapitel werden die Konventionen zur *Gestaltung wissenschaftlicher Arbeiten* dargelegt. Erläutert wird unter anderem, wie eine Literaturangabe korrekt zu gestalten ist, wie zitiert wird und wie Literaturverzeichnis und Bibliographie anzulegen sind.

Ein *bibliothekarisch-bibliographisches Fach- und Fremdwortverzeichnis* befindet sich am Schluß.

"Geschichte" sollte eigentlich verstanden werden als jegliche Auseinandersetzung mit der Vergangenheit. In früheren Jahren wurde Geschichtswissenschaft bisweilen etwas eingeengt lediglich auf die politische, manchmal auch auf die Verfassungsgeschichte bezogen. Doch gehören selbstverständlich alle historischen Lebensumstände zur Geschichte, wenngleich die Dokumentation ihrer literarischen Erzeugnisse oftmals in anderen als geschichtswissenschaftlichen Veröffentlichungen erfolgt. Es sind also neben der vorliegenden Veröffentlichung ggf. auch die "Orientierungshilfen" für die Nachbardisziplinen zu berücksichtigen, insbesondere die der Literaturwissenschaft, Wirtschafts- und Sozialwissenschaft, Theologie, Klassischen Philologie, Geschichte der Naturwissenschaft und Technik, Philosophie und der Kunstgeschichte.

Diese Einführung wird vorgelegt mit der Bitte um Mitteilung von Kritik, Erfahrungen und Anregungen an die Autoren, c/o Reinhard Feldmann, Universitäts- und Stadtbibliothek Köln, Universitätsstr. 33, 5000 Köln 41.

Köln und Berlin 1986   Reinhard Feldmann
                                         Frank Heidtmann

1. Eine kleine Bibliothekskunde

1.1. Was wird in Bibliotheken bereitgehalten?

Will man die Frage beantworten, wie man Literatur zur Geschichte findet, muß zuerst geklärt werden, was mit Literatur gemeint ist. Literatur steht in der Titelfrage für alles das, was in Bibliotheken bereitgehalten wird, kurz: Für die Bibliotheksmaterialien.

Bibliotheksmaterialien

Welche Materialien sind also in einer Bibliothek, hier vor allem in einer wissenschaftlichen Bibliothek (WB) zu finden?

Zunächst ist festzustellen, daß in Bibliotheken ganz überwiegend *gedrucktes Material* gesammelt ist, wobei auch alle neueren reprographischen Druck- und Vervielfältigungsformen mit eingeschlossen sind. Dabei ist zu denken an Bücher und Zeitschriften, aber auch an Karten-, Abbildungs- und Notenwerke. Nicht gedrucktes, sondern *geschriebenes Material* wird im Normalfall dagegen nicht in Bibliotheken, sondern in *Archiven* gesammelt, die somit streng voneinander zu unterscheiden sind. Dabei gilt als geschrieben nicht nur handgeschriebenes, sondern auch maschinenschriftlich hergestelltes und sogar für den internen Gebrauch (z.B. einer Behörde) hektographiertes Material. Typische *Archivalien* sind: Urkunden, Akten, Amts- und Geschäftsbücher, private Nachlässe, Schriften, die zunächst in Behörden und Institutionen oder auch im Privatbesitz in Gebrauch waren und dann – oft über eine Registratur – ins Archiv gelangten, als sie nicht mehr unmittelbar benötigt wurden.

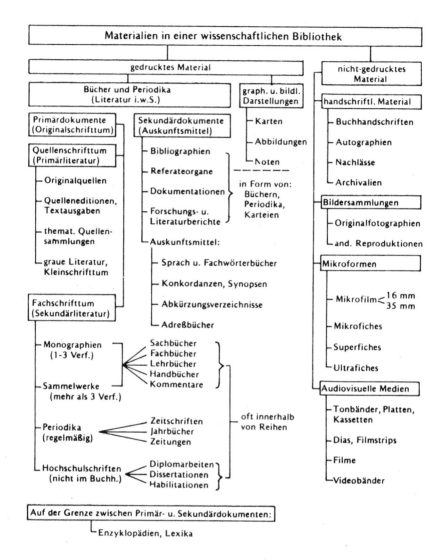

Materialien in einer wissenschaftlichen Bibliothek

gedrucktes Material

Bücher und Periodika (Literatur i.w.S.)

graph. u. bildl. Darstellung

nicht-gedrucktes Material

Primärdokumente (Originalschrifttum)

Quellenschrifttum (Primärliteratur)
- Originalquellen
- Quelleneditionen, Textausgaben
- themat. Quellensammlungen
- graue Literatur, Kleinschrifttum

Fachschrifttum (Sekundärliteratur)
- Monographien (1-3 Verf.)
- Sammelwerke (mehr als 3 Verf.)
- Periodika (regelmäßig)
- Hochschulschriften (nicht im Buchh.)

Sekundärdokumente (Auskunftsmittel)
- Bibliographien
- Referateorgane
- Dokumentationen
- Forschungs- u. Literaturberichte
- Auskunftsmittel:
  - Sprach u. Fachwörterbücher
  - Konkordanzen, Synopsen
  - Abkürzungsverzeichnisse
  - Adreßbücher

Sachbücher
Fachbücher
Lehrbücher
Handbücher
Kommentare

Zeitschriften
Jahrbücher
Zeitungen

oft innerhalb von Reihen

Diplomarbeiten
Dissertationen
Habilitationen

- Karten
- Abbildungen
- Noten

in Form von:
Büchern,
Periodika,
Karteien

handschriftl. Material
- Buchhandschriften
- Autographien
- Nachlässe
- Archivalien

Bildersammlungen
- Originalfotographien
- and. Reproduktionen

Mikroformen
- Mikrofilm $<$ 16 mm / 35 mm
- Mikrofiches
- Superfiches
- Ultrafiches

Audiovisuelle Medien
- Tonbänder, Platten, Kassetten
- Dias, Filmstrips
- Filme
- Videobänder

Auf der Grenze zwischen Primär- u. Sekundärdokumenten:
- Enzyklopädien, Lexika

Abb.: *Materialien in einer wissenschaftlichen Bibliothek*

Nachlässe von Professoren werden an einigen Universitätsbibliotheken in Hochschularchiven aufbewahrt. Während die Druckschriften der Nachlässe meist in die allgemeinen Bibliotheksbestände eingearbeitet werden, werden weitere Nachlaßmaterialien wie Briefe, Konzepte usw. gesondert aufbewahrt und sind meist nicht in den Hauptkatalogen der Bibliotheken nachgewiesen. Gelegentlich wird man versuchen festzustellen, ob und wo Nachlaßmaterialien der betreffenden Person vorhanden sind. Hierbei helfen:

Die Nachlässe in den deutschen Archiven. Mit Erg. aus anderen Beständen. Bearb. im Bundesarchiv von Wolfgang A. Mommsen. T. 1.2. – Boppard: Bold 1971-1983   1

Die Nachlässe in den Bibliotheken der Bundesrepublik Deutschland. Bearb. von Ludwig Deneke. 2. Aufl. völlig neu bearb. von Tilo Brandis. – Ebd. 1981.   2

Eine andere bedeutende Gruppe *handschriftlichen Materials* bilden die alten Buchhandschriften und Handschriftenrollen, oft in Form von Fragmenten. Derartiges ist häufiger in Bibliotheken mit alten Beständen zu finden. Für die Textherstellung und -geschichte der Schriften antiker und mittelalterlicher Gelehrter sind dies unerläßliche Quellen.

Ein kleiner Teil des gedruckten Materials wird seit einiger Zeit zusätzlich oder ausschließlich in *Mikroformen* angeboten. Durchgesetzt haben sich 16 mm- und 35 mm-Filme sowie Mikrofiches, das sind 105 x 148 mm (DIN A 6) große Planfilme. Mikrofiches gibt es in verschiedenen Verkleinerungsstufen. Der Standard-Mikrofiche enthält neben einem Titel in lesbarer Schriftgröße 60 Buchseiten. Super- und Ultrafiches können einige tausend Seiten enthalten.

Bei geschichtswissenschaftlicher Literatur, die auf Mikroform vorliegt, handelt es sich vor allem um amerikanische Literatur, und hier wiederum vor allem um Dissertationen. Mikroformen sparen im übrigen nicht nur Platz, sondern sind auch preisgünstiger. Sie lassen sich allerdings nur mit Lesegeräten benutzen. Diese sind gelegentlich sog. Readerprinter, die auch gleich Papierkopien einzelner Seiten herstellen; dabei ist mit Preisen von etwa DM 0,50 pro Blatt zu rechnen.

Einige Mikrofilmhersteller sind in den letzten Jahren dazu übergegangen, ganze Bibliotheken und Archive zu verfilmen. Dies ist besonders dann von Nutzen, wenn sonst schwer beschaffbares Material umfänglich und in gehöriger Dichte vorgelegt wird (z.B. Emblembücher, Leichenpredigten, Werke eines Philosophen, Reichstagsprotokolle u.ä.). Darüber hinaus liegen einzelne Bibliothekskataloge auf Mikrofiche vor.

Primär- und Sekundärdokumente
Primär- und Sekundärliteratur

Es ist zu unterscheiden zwischen Primärdokumenten und Sekundärdokumenten. Oder um diese nicht sehr verbreiteten Begriffe durch Erläuterungen abzuklären: Vom Originalschrifttum, das die in Schriften jeglicher Art gespeicherten Sachinformationen bereithält, unterscheidet man als Sekundärdokumente solche Auskunftsmittel, die Informationen über Literatur oder auch andere Hilfsinformationen enthalten. Solche Sekundärdokumente sind die in Form von Büchern, Periodika oder Karteien erscheinenden: Bibliographien, Referateorgane, Dokumentationen sowie Forschungs- und Literaturberichte.

Bibliographien (Schrifttumsverzeichnisse) können abgeschlossen sein (retrospektiv, einen bestimmten zurückliegenden Berichtszeitraum erfassend) oder laufend (periodisch) erscheinen; sie können reine Titelverzeichnisse sein, d.h. nur bibliographische Daten enthalten, oder annotiert, d.h. durch kurze Inhaltsreferate und/oder kritische Wertungen (analytisch, räsonierend) kommentiert sein. (Statt Bibliographie heißt ein Schrifttumsverzeichnis bisweilen – besonders im Ausland – auch Repertorium oder Index bzw. in den davon abgeleiteten fremdsprachlichen Wortformen.) – Erscheinen Bibliographien unselbständig in Primärdokumenten, also als Beigabe oder Anhänge in Handbüchern, Lexika, Fest- und Zeitschriften, aber auch in vielen wissenschaftlichen Monographien (als "Literaturverzeichnisse"), nennt man sie versteckte Bibliographen.

Referateorgane sind Periodika, die über Literatur referieren, meist nur beschreibend, selten auch wertend. Diese im angelsächsischen Raum verbreitete Literaturinformationsform heißt dort Abstracts und bietet kurze Inhaltszusammenfassungen der referierten Veröffentlichungen.

Forschungs- und Literaturberichte sind zusammenfassende Abhandlungen über den Forschungsstand auf einem begrenzten Wissenschaftsgebiet und zugleich kritische Literaturschau; sie erscheinen meist innerhalb von Zeitschriften. (Bezeichnungen im Englischen: Advances, Proceedings.)

Gesondert zu nennen sind die *Nachschlagewerke* oder allgemeinen Auskunftsmittel, also Hilfsmittel, die eine ausschließlich dienende Funktion haben. Hierzu zählen: Sprachwörterbücher, Fremd- und Fachwörterbücher zur speziellen wissenschaftlichen Terminologie eines Fachgebietes, Abkürzungsverzeichnisse, Adreßbücher.

Wesentlich zahlreicher und bedeutsamer als die Sekundärdokumente (Auskunftsmittel) sind die *Primärdokumente, das Originalschrifttum.*

Hier begegnet uns gleich eine Unterscheidung, die leicht mit der zwischen Primär- und Sekundärdokumenten verwechselt wird, aber etwas anderes meint: die Unterscheidung zwischen *Primärliteratur* und *Sekundärliteratur.* Sie ist durchaus geläufiger.

Primärliteratur und Sekundärliteratur gehören beide zu den Originalschriften oder Primärdokumenten. Während jedoch mit *Primärliteratur* alle Arten von Quellenschriften bezeichnet werden, ist das gesamte wissenschaftliche Fachschrifttum, das über Quellen geschrieben wird, *Sekundärliteratur.* Platons Dialog Nomoi oder Martin Heideggers Sein und Zeit gehören zur Primärliteratur und werden zu Originalquellen, wenn über diese Werke oder Teile bzw. Teilaspekte daraus Untersuchungen verfaßt werden. In biographischen Lexikonartikeln stößt man häufig auf diese Unterscheidung, wenn in den Literaturangaben zunächst die 'Werke' aufgeführt werden, dann erst die 'Literatur'.

Literaturgattungen und Publikationsformen

Sowohl bei den Quellenschriften oder der Primärliteratur als auch bei dem Fachschrifttum oder der Sekundärliteratur sind nun eine ganze Reihe verschiedener 'Literaturgattungen' und 'Publikationsformen' zu unterscheiden.

Bei den *Quellenschriften* sind dies:

Originalquellen: Werke mit eigenständigem, 'originalem' Inhalt in ihrer ursprünglichen Veröffentlichungsform. Dazu gehören auch die Erstausgaben oder Erstdrucke.

Quelleneditionen und Textausgaben: Werke, die von einem Herausgeber neu herausgebracht werden. Handelt es sich bei der Neuausgabe um eine wissenschaftliche Edition mit 'kritischem Apparat', in dem Textvarianten angegeben und erläutert werden, sowie mit weiteren Kommentierungen und Anmerkungen, so spricht man von einer Quelledition. Unter 'Ausgabe letzter Hand' versteht man den Text in seiner letzten vom Autor geschaffenen bzw. gebilligten Form, die sich von der Erstausgabe ganz erheblich unterscheiden kann. Handelt es sich dagegen um eine reine Neuausgabe ohne wissenschaftlichen Anspruch und Apparat, spricht man von einer 'Textausgabe' oder bei besonders preiswerten Drucken auch von einer 'Studienausgabe'.

Thematische Quellensammlungen: Zusammenstellung von Quellentexten verschiedenen Ursprungs, of in Textauszügen, die unter einem Thema ausgewählt und zusammen herausgegeben wurde. Entweder dienen solche Quellensammlungen der Dokumentation einer Epoche oder eines historischen Vorgangs oder sie dienen Unterrichtszwecken. Auch die sogenannten Reader gehören hierher.

Graue Literatur, Kleinschrifttum: Darunter versteht man schwer beschaffbare und meist nicht sehr umfangreiche Publikationen, die von Institutionen, Organisationen, Behörden, Verbänden, Vereinen, Firmen usw. herausgegeben werden – also: Gesetze, Verfügungen, Jahresberichte, Sitzungsberichte, Statistiken, Haushaltspläne usw. Im historischen Bereich besteht diese schwer beschaffbare Literatur meist aus Ausstellungskatalogen, der Produktion der Klein- und Kleinstverlage, Flugblättern, Flugschriften, Publikationen von Geschichtswerkstätten, Festschriften, Jubiläumsschriften (z.B. von Firmen, wichtig für die Wirtschafts- und Sozialgeschichte!), Material von Tagungen der Standesvereinigungen, usw. Ist solches Material nicht im Buchhandel erschienen, was meist der Fall ist, spricht man von 'grauer Literatur', bei Behörden von 'Behördenschrifttum', amtliche Verlautbarungen heißen 'Amtsdruckschriften'.

Beim *Fachschrifttum* werden die folgenden Publikationsformen unterschieden:

Monographien: Bücher zu einem einzelnen Thema, die von einem oder bis zu drei Verfassern geschrieben wurden. Monographien können sein: *Sachbücher* (populärwissenschaftliche Darstellungen), *Fachbücher* (wissenschaftliche Spezialuntersuchungen), *Lehrbücher* (Studienbücher, Kompendien), *Handbücher* (historische oder systematische Darstellungen als umfassende Übersicht zu einem Gebiet), *Kommentare* (Erläuterungen und Interpretationen zu Quellenschriften). Sind solche Publikationen von mehr als drei Verfassern gemeinsam verfaßt, handelt es sich um sog.

Sammelwerke (Sammelbände). Ist ein Sammelwerk eine Festschrift oder ein Tagungsbericht, kann es auch mehrere verschiedene Themen in Einzelbeiträgen (Aufsätzen, gedruckten Referaten) behandeln. – Sammelwerke haben im allgemeinen einen (oder auch zwei oder mehr) Herausgeber. – Sind mehrere Werke desselben Verfassers (z.B. Aufsätze, Vorträge) in einem Band vereinigt, wird dafür die Bezeichnung *Sammlung* benutzt.

Sowohl Monographien als auch Sammelwerke (letzte jedoch seltener) können auch innerhalb von Reihen erscheinen.

Reihen oder Serien nennt man eine unbegrenzte Folge von in unregelmäßigen Abständen erscheinenden Bänden oder Heften, wobei die einzelnen Stücke numeriert und jeweils in sich abgeschlossen sind, eigene Stücktitel haben und in der Regel von verschiedenen Verfassern stammen, jedoch durch einen gemeinsamen übergeordneten Reihentitel (Serientitel) miteinander verbunden sind. Die einzelnen Bände bzw. Hefte sind meist numeriert (auch Ober- und gezählte Unterreihen gibt es). Daneben begegnen uns ungezählte Reihen. – Wird eine Reihe nur vom Verlag verantwortet und herausgebracht, spricht man von *Verlegerreihe* (so sind z.B. fast alle Taschenbuchreihen Verlegerreihen). Die gezählte wissenschaftliche Reihe hat dagegen einen oder auch mehrere wissenschaftliche Herausgeber, oft besonders renommierte Vertreter ihres Fachgebietes.

Alle bisher genannten Druckwerke, einschließlich der einzelnen Bände innerhalb einer Reihe, können sowohl in einem Band als auch in mehreren Bänden erscheinen.

Bei *mehrbändigen Werken* können die Bände gleichzeitig oder aber in zeitlichen Abständen erscheinen; im letzten Fall spricht man von *Fortsetzungswerken*. Die Teile eines Fortsetzungswerkes können schließlich auch in Lieferungen herauskommen (z.B. bei Enzyklopädien; mehrere Lieferungen bilden dann einen Band).

Periodika sind fortlaufende Veröffentlichungen, die im Gegensatz zu den Reihen in regelmäßigen Abständen erscheinen, also periodisch. Sie haben einen gemeinsamen Titel und enthalten Einzelbeiträge (Aufsätze, Artikel) verschiedener Verfasser. Nach der Erscheinungsweise unterscheidet man: *Zeitschriften,* die jährlich, halbjährlich, dreimal im Jahr, vierteljährlich, alle zwei Monate, monatlich oder auch zweimal im Monat erscheinen können. *Jahrbücher* erscheinen einmal im Jahr und werden auch als *zeitschriftenartige Reihe* bezeichnet, besonders wenn sie nur alle zwei Jahre erscheinen, was vereinzelt vorkommt. *Zeitungen* erscheinen wöchentlich oder täglich (werktäglich; Sonntagszeitungen sind im Grunde Wochenzeitungen); ihre Veröffentlichungsform ist dem häufigen Erscheinen angepaßt (großes Format, billiges Papier, Rotationsdruck).

Hochschulschriften sind nicht im Buchhandel erschienene Dissertationen und Habilitationsschriften. Allerdings erscheinen Dissertationen und vor allem Habilitationsschriften heute zunehmend auch als Bände innerhalb einer wissenschaftlichen Reihe. Als reine Hochschulschriften sind sie jedoch aufgrund der Ablieferungspflicht der Verfasser in den Universitätsbibliotheken vorhanden, die untereinander einen regen Dissertationstausch pflegen, in den oft auch wissenschaftliche Spezialbibliotheken eingeschlossen sind. Da in großen Universitätsbibliotheken die Anzahl der vorhandenen Dissertationen in die Hunderttausende geht, besitzen diese oft einen eigenen Dissertationenkatalog.

Zum Schluß muß noch eine Literaturgattung erwähnt werden, die auf der Grenze zwischen den Primär- und den Sekundärdokumenten liegt:

Enzyklopädien und Lexika sind Nachschlagewerke mit meist vielen Artikeln und zahlreichen Mitarbeitern (selten ist ein Lexikon das Werk eines einzelnen). Insofern sind sie zu den Sammelwerken zu rechnen. Andererseits sind sie Sach- und fast immer auch Literatur-Auskunftsmittel (also Sekundärdokumente), die zum Originalschrifttum hinführen wollen. – Lexika (oder auch Wörterbücher oder Handwörterbücher genannt) sind genauer solche Nachschlagewerke, die wegen der Kürze ihrer alpahbetisch geordneten Stichwortartikel der schnellen Information dienen, während Enzyklopädien mit ihren weniger zahlreichen, aber längeren Artikeln (die sich z.T. fast zu kleinen Monographien ausdehnen und im Einzelfall bis zu hundert und mehr Seiten umfassen können) vor allem den Zweck haben, zu einer umfassenden, historischen oder systematischen Übersicht über einen Gegenstand zu verhelfen.

2. Wo findet man Literatur zur Geschichte? Bibliotheken und Leihverkehr

Zum Ermitteln und Ausleihen von Büchern und Zeitschriften gibt es Bibliotheken. In diesem Abschnitt soll knapp alles Notwendige über Bibliotheken und ihre Benutzung gesagt werden.

2.1. Bibliothekswesen

Für einen Außenstehenden mag das Bibliothekswesen zunächst ein komplexes und kompliziertes Gebilde sein. Da gibt es das *öffentliche Bibliothekswesen*, das mit seinen Stadt- und Gemeindebibliotheken (früher Stadt- und Gemeindebüchereien oder auch Volksbüchereien genannt) für die Versorgung der breiten Bevölkerung mit Literatur und weiteren Medien zuständig ist.

Für spezielle historische Literaturwünsche sind die kleineren öffentlichen Bibliotheken im allgemeinen ohne Belang, wenn auch der Bestand an gängiger neuerer historischer Literatur öfter dem Studenten sehr nützlich sein kann. Man sollte sich auf jeden Fall mit der zentralen öffentlichen Bibliothek seines Studienortes vertraut machen. In großen öffentlichen Bibliotheken, die oft schon den Charakter wissenschaftlicher Bibliotheken haben, sind ggf. umfangreichere Sach- und Literaturauskunftsmittel zur historischen und vor allem auch zur regionalgeschichtlichen Literatur zu finden. Die öffentlichen Bibliotheken verstehen sich als Gebrauchs- und Verbrauchsbibliotheken, haben also mit Ausnahme der wissenschaftlichen Stadtbibliotheken keinen Archivcharakter wie die Universitäts- und Landesbibliotheken. Größere wissenschaftliche Stadtbibliotheken mit reichem historisch gewachsenen

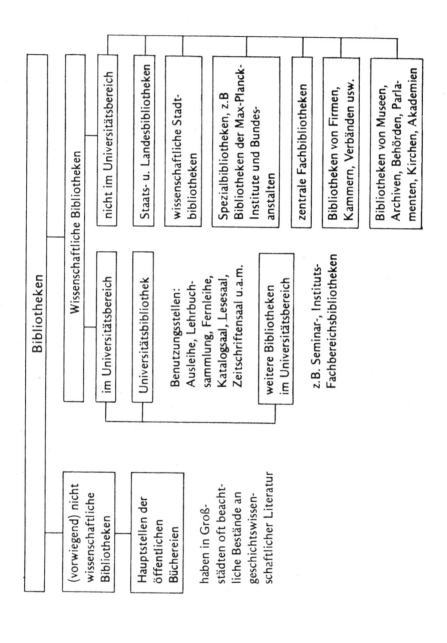

Bestand gibt es zum Beispiel in Bonn, Mainz, Soest, Trier und vielen anderen Städten. Hier findet sich für den historisch Arbeitenden oft ausgezeichnetes Primärmaterial.

Neben dem öffentlichen existiert das *wissenschaftliche Bibliothekswesen*, das im folgenden ausführlicher dargestellt wird.

Um die allgemeine Literaturversorgung durch Koordination und Kooperation zu verbessern und die beschränkten personellen und finanziellen Mittel effektiver einzusetzen, gibt es seit einigen Jahren Bestrebungen, ein einheitliches umfassendes *Bibliotheksnetz* aufzubauen, das von Gemeindebibliotheken über Stadt- und Landesbibliotheken bis hin zu den großen überregionalen Staatsbibliotheken in vier Bibliotheksstufen gegliedert ist.

In bestimmten Bereichen wie einem Kreisgebiet, einer Großstadt oder auch einer Universität oder Gesamthochschule gibt es überdies Bibliotheksringe oder *Bibliothekssysteme*. Ohne hier Allgemeingültiges sagen zu können, besteht dennoch ein grundlegender Unterschied zwischen alten Universitäten und neuen Universitäts- oder Gesamthochschulgründungen. Ist für die *alten Universitäten* das mehr oder weniger unkoordinierte Nebeneinander von Universitätsbibliothek und Institutsbibliotheken (Fakultäts-, Seminarbibliotheken) typisch, so haben die *Universitäts-Neugründungen* der letzten Jahre meist von vornherein ein integriertes Bibliothekssystem erhalten, in dem eine Zentralbibliothek von einem Kranz von mehreren dezentralen Fachbereichsbibliotheken umgeben ist. Näheres auszuführen, würde hier zu weit führen, zumal die einzelnen Bibliothekssysteme auch der neuen Universitäten durchaus nicht einheitlich sind. Die folgenden Ausführungen orientieren sich zudem mehr an den alten Verhältnissen im wissenschaftlichen Bibliothekswesen.

2.2. Bibliothekstypen

Aus welchen Bibliotheken soll man sich historische Literatur beschaffen? Wo finden sich ausreichende Literaturauskunftsmittel zur Geschichtswissenschaft? Die allgemeinste Antwort auf diese Frage lautet: In wissenschaftlichen Bibliotheken (WB).

Hochschulbibliotheken

An erster Stelle ist hier die jeweilige zentrale Universitätsbibliothek (UB) zu nennen. An zweiter Stelle die Bibliothek der historischen, landeskundlichen und philologischen Institute. Im allgemeinen sind dies Präsenzbibliotheken; häufig jedoch ist eine beschränkte Ausleihe über Nacht oder über das Wochenende möglich.

Einige Universitätsbibliotheken haben in ihren eigenen oder in gesonderten Katalogen auch die Buch- und Zeitschriftenbestände der kleineren Fachbibliotheken innerhalb des Universitätsbereiches verzeichnet; in einem solchen Fall empfiehlt es sich besonders, bei der Literatursuche mit den Katalogen der UB zu beginnen.

Man denke daran, daß wegen der fachlichen Überschneidungen man sich auch in Institutsbibliotheken umsehe, die zunächst dem Namen nach wenig mit dem Studienfach zu tun haben. Hier sind oft recht gute Bestände zu Teil- und Spezialgebieten des Studienfachs zu finden. Für den Historiker können zum Beispiel alle kunsthistorischen, philologischen, landeskundlichen, volkskundlichen, theologischen, archäologischen und wirtschafts- und sozialwissenschaftlichen Instituts- und Seminarbibliotheken relevante Literatur enthalten.

Einen Überblick über die UB und die zahlreichen weiteren Bibliotheken des Universitätsbereichs bietet ein meist vorhandener, von der UB herausgegebener und dort erhältlicher kleiner *Bibliotheksführer*. Oft sind alle universitären Bibliotheken auch im Vorlesungsverzeichnis oder in einem allgemeinen Studienführer verzeichnet. In den folgenden Abschnitten werden im allgemeinen die Verhältnisse an einer UB als Grundlage für die Darstellung angenommen.

Regionale Bibliotheken

In Großstädten bzw. in der Region von Universitätsstädten befinden sich oft weitere große wissenschaftliche Universalbibliotheken, die für die Literaturbeschaffung relevant sind. Hier sind zu nennen: die großen *Staatsbibliotheken* mit überregionaler Bedeutung (wie die Staatsbibliothek Preußischer Kulturbesitz in Berlin und die Bayerische Staatsbibliothek in München); weiter die zahlreichen *Landesbibliotheken,* die oft auch Staatsbibliotheken heißen; und schließlich die großen wissenschaftlichen *Stadtbibliotheken.* Sie dienen den wissenschaftlichen Bedürfnissen eines breiteren Publikums sowie der außeruniversitären Forschung und können (wie meist auch die UB) von jedermann benutzt werden.

Nicht selten sind solche regionalen (bzw. lokalen, regionalen und überregionalen) wissenschaftlichen Bibliotheken mit Universitätsbibliotheken kombiniert. So gibt es Staats- und Universitätsbibliotheken (SuUB – so Göttingen und Hamburg) oder Stadt- und Universitätsbibliotheken (StuUB – so Frankfurt, oder umgekehrt: UuStB – so Köln) oder auch eine Landes- und Hochschulbibliothek (LuHB Darmstadt) und eine Staats- und Stadtbibliothek (SuStB Augsburg).

Die wichtigsten Bibliotheken mit bedeutenden Beständen an historischer Literatur sind neben den großen Staatsbibliotheken in Berlin und München vor allem die ehemals meist fürstlichen, heute *Landesbibliotheken* (Bremen, Darmstadt, Detmold, Dortmund, Hannover, Karlsruhe, Kassel, Oldenburg, Stuttgart, Wiesbaden) sowie die alten *Universitätsbibliotheken* (vor allem Bonn, Freiburg, Göttingen, Heidelberg, Marburg, Tübingen, Würzburg). Einen Sonderfall nimmt die *Herzog August Bibliothek in Wolfenbüttel* ein. Aus einer Fürstenbibliothek des Barock entstanden, ist sie heute zu einer international anerkannten Forschungsbibliothek für europäische Kulturgeschichte ausgebaut worden.

Weiterhin sind natürlich die zahlreichen Archivbibliotheken in einer Stadt oder Region zu nennen, außerdem die oftmals auch in staatlicher Trägerschaft stehenden Spezialbibliotheken (SpB).

Sondersammelgebietsbibliothek für alle historischen Fächer (einschließlich Vor- und Frühgeschichte sowie Alte Geschichte) ist die Bayerische Staatsbibliothek
Ludwigstr. 16
8000 München 22
Es ist darauf hinzuweisen, daß diese Bibliothek auch über die wichtigsten Sammlungen zur ost- und südosteuropäischen Geschichte verfügt.

Die für den Historiker ebenfalls zu konsultierenden Kunstbibliotheken sind zusammengestellt in:

Arbeitsgemeinschaft der Kunstbibliotheken: Deutsche Kunstbibliotheken. German Art Libraries. Berlin. Florenz. Köln. München. Nürnberg. Rom. Redaktion: Horst-Johannes Tümmers. – München: Verl. Dokumentation 1975. 101 S.   3

Die wissenschaftlichen Bibliotheken – regionale wie Hochschulbibliotheken (mit Ausnahme der universitären Seminar- und Institutsbibliotheken) – sind verzeichnet in:

Jahrbuch der Deutschen Bibliotheken. – Wiesbaden: Harrassowitz. 2jährlich erscheinend. 4

Das Pendant für die DDR:

Jahrbuch der Bibliotheken, Archive und Informationsstellen der Deutschen Demokratischen Republik. – Leipzig: Bibliograph. Inst. 2jrl. 5

Öffentliche Bibliotheken weist nach:

Handbuch der Öffentlichen Bibliotheken. – Berlin: Dt. Bibliotheksverband, auch häufiger in neuer Ausgabe vorliegend. 6

Weiterhin sind relevante Bibliotheksverzeichnisse:

Handbuch der Bibliotheken. Bundesrepublik Deutschland, Österreich, Schweiz. – München: Saur 1984 7

Alle Bibliotheken der Welt führt auf:

World guide to libraries. Internationales Bibliothekshandbuch. 6. Ausg. – München: Saur 1983. 8

Notwendige Ergänzung zum sachlichen Suchen:

World guide to special libraries. Internationales Handbuch der Spezialbibliotheken. – München: Saur 1983 (s.u. Nr. 67) 9

Außerdem werden für historische Informationsbedürfnisse die weiteren Bibliotheken, die in einer Stadt oder Region vorhandenen Bibliotheken von *Firmen, Organisationen, Institutionen, Vereinen, Verbänden, Kammern usw.* in Frage kommen, evtl. auch die Bibliotheken von *Museen, Galerien* sowie die von *Stadt- und Staatsarchiven.* In solchen Bibliotheken wird man neben der geschichtswissenschaftlichen Standardliteratur vor allem die Materialien und Quellen, Statistiken und Jahresberichte, Akten, Amtsdruckschriften finden, die man für die historische Forschung benötigt. Über die in einer Region vorhandenen Bibliotheken gibt es gelegentlich regionale Bibliotheksführer.

Ein Bibliotheksführer für die Geschichtswissenschaft existiert bisher nicht. Zwar wäre es für die an der historischen Forschung und Literatur Interessierten recht wichtig zu erfahren, welche Bibliotheken besonders intensiv welches historische Material sammeln und welche Spezialisierungen dabei bestehen, jedoch wird in der Regel für den einzelnen ohnehin kein direkter Zugriff auf nicht am Ort befindliche Literatur bestehen. Man kann sich also nicht via 'private Fernleihe' aus einer anderen Bibliothek Bücher ausleihen. Die Verbindung zwischen den Bibliotheken stellt der Leihverkehr her.

2.3. Leihverkehr

Befindet sich die gesuchte Literatur in keiner der Bibliotheken am Ort, muß sie aus auswärtigen Bibliotheken beschafft werden. Die Verbindung zwischen den Bibliotheken leistet im Dienste des einzelnen Benutzers der Leihverkehr. Es gibt den Deutschen Leihverkehr, dem teilweise ein regionaler Leihverkehr vorgeschaltet ist und der durch den Internationalen Leihverkehr ins Ausland erweitert werden kann.

Durch den *Deutschen Leihverkehr (DLV)* sind vor allem die Universitäts-, Staats- und Landesbibliotheken, aber auch weitere wissenschaftliche Bibliotheken miteinander verbunden. Die Literaturbeschaffung durch ihn ist fast immer kostenlos, nur für Sonderaufträge oder Portoauslagen müssen teilweise geringe Gebühren bezahlt werden. Zeitschriftenaufsätze werden nach Möglichkeit als Fotokopie geliefert, bis zu 20 Fotokopien in der Regel ebenfalls kostenlos. Aus Büchern können im Leihverkehr dagegen keine Kopien gefertigt werden, ausnahmsweise aus seltenen Nachschlagewerken, Handbüchern oder anderen nicht ausleihbaren Präsenzbeständen.

Abgewickelt wird der Leihverkehr von der Bestellung bis zur Ausleihe stets über die *Fernleihstelle* der Heimatbibliothek. Im Normalfall hat nur eine Bibliothek am Ort eine solche Fernleihstelle, die zur Aufgabe von Bestellungen berechtigt ist; in Großstädten mit zwei oder noch mehr bedeutenden wissenschaftlichen Bibliotheken verschiedenen Typs gibt es entsprechend mehrere Fernleihstellen; die Bibliotheken kleiner Orte sind einer Leitbibliothek – meist der zuständigen Landes- oder Stadtbibliothek – zugeordnet.

Der *rote Leihschein* des DLV, den der Benutzer bei der Fernleihstelle seiner Heimatbibliothek abgibt, wird, nachdem er geprüft und evtl. vervollständigt oder korrigiert worden ist, an den regionalen *Zentralka-*

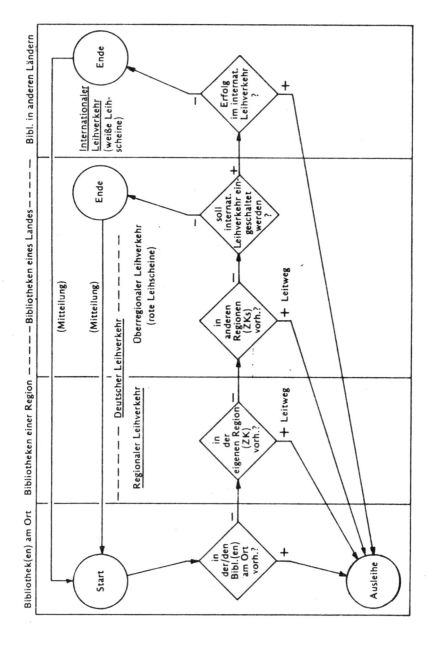

talog (ZK) gesandt. Dort werden eine oder mehrere besitzende Bibliotheken festgestellt, denen die Bestellung auf einem festgelegten Leitweg zugeht. Falls das gewünschte Buch in einer angeschriebenen Bibliothek nicht greifbar, sondern zum Beispiel ausgeliehen ist, sendet diese den Leihschein weiter, bis eine gebende Bibliothek die verlangte Literatur an die bestellende Bibliothek senden kann, welche wiederum ihren Benutzer über den Eingang des Buches informiert. Selbstverständlich dürfen nur Bücher und Zeitschriften im Leihverkehr bestellt werden, die am Ort nicht vorhanden sind; Fernleihbestellungen auf ausgeliehene Literatur sind nicht möglich.

Teilweise gibt es in den Bundesländern einen gesondert organisierten *Regionalen Leihverkehr* – so in Bayern und in Nordrhein-Westfalen. Kann der erste regionale ZK den Literaturwunsch nicht befriedigen, wird der Leihschein in festgelegter Reihenfolge den anderen ZKs zugeleitet, bis der Literaturwunsch erfüllt werden kann oder die Bestellung ergebnislos zurückkommt. Mit durchschnittlichen Wartezeiten von 3-6 Wochen, manchmal auch länger, muß gerechnet werden.

Es gibt folgende *sieben Zentralkataloge* und entsprechende *Leihverkehrsregionen*:

– Zentralkatalog Baden-Württemberg in der Württ. Landesbibliothek in Stuttgart (zuständig auch für den Bez. Pfalz von Rheinland-Pfalz und für das Saarland)
– Bayerischer Zentralkatalog in der Bayerischen Staatsbibliothek in München
– Berliner Gesamtkatalog in der Staatsbibliothek Preußischer Kulturbesitz Berlin, zuständig für Berlin-West
– Hessischer Zentralkatalog in der StuUB Frankfurt/Main (zuständig auch für die Reg.-Bezirke Rheinhessen, Koblenz und Montabaur von Rheinland-Pfalz)
– Niedersächsischer Zentralkatalog in der SuUB Göttingen
– Norddeutscher Zentralkatalog in der SuUB Hamburg (zuständig für die Bundesländer Hamburg, Bremen und Schleswig-Holstein)
– Zentralkatalog des Landes Nordrhein-Westfalen im Hochschulbibliothekszentrum in Köln (zuständig auch für den Reg.-Bezirk Trier von Rheinland-Pfalz).

Zumeist geben die ZKs einem Benutzer auch direkt schriftliche Auskunft darüber, ob und ggf. in welcher Bibliothek ein gesuchter Titel vorhanden ist. Da die ZKs ausschließlich alphabetische Verfasser- und

Titelkataloge sind, kann in ihnen nicht sachlich gesucht werden. – Einen Zentralkatalog für die gesamten Bestände der Bibliotheken der Bundesrepublik gibt es nicht; auch die vorhandenen ZKs weisen die Literaturbestände ihrer Region nur in mehr oder weniger großer Vollständigkeit nach. Neuerdings für den Benutzer zugänglich ist der sogenannte **Verbundkatalog des Deutschen Bibliotheksinstituts,** der die Bestände von bisher 18 neueren Universitätsbibliotheken und 23 weiteren Bibliotheken mit über 3 Millionen Titeln meist neuerer Literatur nachweist. Auch online abfragbar.

Durch den *Internationalen Leihverkehr (ILV, weiße Leihscheine)* sind die deutschen wissenschaftlichen Bibliotheken mit denen anderer Länder verbunden. Konnte gesuchte Literatur in der Bundesrepublik und in Berlin-West nicht nachgewiesen und deshalb im DLV nicht beschafft werden, kann man versuchen, sie über den ILV beschaffen zu lassen. Das ist besonders dann erfolgversprechend, wenn man weiß, (aufgrund von gedruckten Katalogen oder anderen Besitznachweisen) oder vermuten kann (bei Veröffentlichungen von Institutionen z.B.), in welcher ausländischen Bibliothek der gewünschte Titel vorhanden ist. Im übrigen ist der ILV eine oft langwierige und nicht selten erfolglose Prozedur, bei der auch Kosten, wenn auch nicht erhebliche, und lange Wartezeiten entstehen. Bei terminierten Arbeiten sollte man auf ihn daher verzichten, eventuell sogar auf den DLV. – Auch das Kaufen von ausländischer Literatur über den Buchhandel ist zeitraubend, mit mindestens 4 Wochen Lieferzeit ist meist zu rechnen. Schneller geht es, wenn man die Rechnungssumme + Luftpostporto in Landeswährung einer Verlags-Direktbestellung beilegt, aber auch hier sind 3 Wochen Lieferzeit keine Seltenheit.

Der *Leihverkehr mit der Deutschen Demokratischen Republik* einschließlich Ostberlin kann seit einer Reihe von Jahren nur noch wie der ILV abgewickelt werden.

Aus den dargelegten Gründen ist es daher bisweilen ratsamer, ein neueres Werk, das in einer großen WB nicht vorhanden ist, dieser Bibliothek zur Anschaffung vorzuschlagen. An verschiedenen Benutzungsstellen liegen meist sog. *Desideratenbücher oder -karten* aus; die dort eingetragenen Literaturwünsche werden nach Möglichkeit erfüllt, sofern das Buch noch im Buchhandel lieferbar ist. Ausleihbar ist das vorgeschlagene Buch allerdings auch erst nach einiger Zeit, nicht selten erst nach einigen Monaten.

Im übrigen gilt, daß *neueste Literatur* aus demselben Grund oft schon in der Bibliothek vorhanden, aber noch nicht in den Katalogen nachgewiesen ist, weil sie sich noch in der Bearbeitung (im sog. Geschäftsgang) befindet und insofern noch nicht ausgeliehen werden kann. In vielen Fällen ist es möglich, dies feststellen und eine Vormerkung vornehmen zu lassen.

Zur Beschaffung ausländischer Literatur bestimmter Fachgebiete verpflichtet sind die sog. *Sondersammelgebiets-Bibliotheken.* Im Verein mit der Deutschen Forschungsgemeinschaft haben nämlich die großen wissenschaftlichen Bibliotheken der Bundesrpepublik und Westberlins ein System von Sondersammelgebieten (SSG) geschaffen. Die zugeteilten wissenschaftlichen Fachgebiete sind von den betreffenden SSG-Bibliotheken mit finanzieller Unterstützung der DFG besonders intensiv zu pflegen, vor allem ist ausländische Literatur bereitzustellen. Hier sind also besonders gute Bestände zu erwarten. Der Zugriff ist jedoch, wie erwähnt, für nicht am Ort lebende Benutzer nur mit Hilfe des Fernleihverkehrs über eine UB oder Staatsbibliothek möglich.

Die Spezialsammlungen in Deutschland verzeichnet

Bibliothek Standort
Signatur

Spezialbestände in deutschen Bibliotheken: Bundesrepublik Deutschland einschl. Berlin (West). Im Auftrag der Deutschen Forschungsgemeinschaft bearb. von Walther Gebhardt. – Berlin: de Gruyter 1977. XIX, 739 S.   10

Verzeichnet 877 Bibliotheken, Archive, Museen und sonstige Sammlungen mit vielen Spezialbeständen (meist geisteswissenschaftlicher Natur). Spezialbestände werden definiert als "Erzeugnisse des Buchdrucks und der Druckgraphik sowie deren fotomechanische oder kontaktmechanische Kopien, soweit sie durch ihre inhaltliche Thematik oder ihre äußere Form oder durch eine wissenschaftlich bedeutsame Provenienz ... zusammengekommen sind." So werden z.B. auch die für historische Forschung wichtigen Sammlungen von Flugblättern, Flugschriften, Notgeld, Plakaten, Broschüren, Landkarten etc. berücksichtigt. Knappe Angaben, weiterführende Literaturhinweise, Begriffskonkordanz in Form von systematischen Schlagwortreihen und "Hauptregister".

33

In der DDR befindliche Sammlungen sind in dem systematisch geordneten Verzeichnis

Sondersammlungen in Bibliotheken der DDR. Ein Verzeichnis. Bearb. von Helmut Roob. – Berlin: Methodisches Zentrum für wiss. Bibliotheken beim Min. für Hoch- u. Fachschulwesen 1975. 111 S.   11 zusammengestellt. Ein Schlagwortregister erleichtert die Suche. Die Bestände von Spezial- und Sondersammelgebietsbibliotheken sind in der Regel unberücksichtigt und müssen über das Register des

Jahrbuch der Bibliotheken, Archive und Informationsstellen der Deutschen Demokratischen Republik. Hrsg. vom Bibliotheksverband der DDR. – Leipzig: Bibliographisches Institut, 2 jrl.   12 gesucht werden.

Siehe auch

Sammelschwerpunktplan der wissenschaftlichen Bibliotheken der DDR. 2. verb. Aufl. – Berlin: Ministerrat der DDR 1982   13

Koch, Hans-Albrecht und Otto Kühling: Von der Information zum Dokument. Ein Wegweiser zur Literaturbeschaffung durch Bibliotheken. – Berlin: DBI 1981   14

Schweiz:

Archive, Bibliotheken und Dokumentationsstellen der Schweiz. – 4. Aufl. d. Führers durch die schweizerische Dok. – Bern: Amt f. Wissenschaft u. Forschung 1976   15

Österreich:

Informationsführer. Bibliotheken und Informationsstellen in Österreich. Hrsg. Bundesmin. f. Wissenschaft u. Forschung. Red. Peter Kubalek. – Wien: Österr. Staatsdr. 1983   16

Großbritannien und Irland:

Aslib directory of information sources in the United Kingdom. Ed. Ellen M. Codlin. – London: Aslib 1982. – Vol. 2. Social sciences, medicine and the humanities. 5. rev. ed. 1984   17

Europäische Spezialsammlungen, auch die der Ostblockländer, sind nachgewiesen in:

Subject collections in European libraries. Second ed. Comp. by Richard C. Lewanski. – London: Bowker 1978   18

Nordamerikanische Spezialbestände verzeichnen:

Directory of special libraries and information centers in the United States and Canada. 7th ed. Vol. 1-3. – Detroit: Gale 1982-1983. Dazu: 19

Subject directory of special libraries and information centers. A subject classified edition ... Vol. 1-5. – Ebd. 1982.   20

Subject collections. A guide to special book collections and subject emphases as reported by university, college, public, and special libraries and museums in the United States and Canada. – 5 th ed. New York, NY.: Bowker 1979 -. Häufigere Neuaufl.   21

Nur am Rande werden *Datenbanken* für den Historiker relevant sein, da historisches Schrifttum dort -- noch – kaum verzeichnet ist.

Verzeichnis deutscher Datenbanken, Datenbank-Betreiber und Informationsvermittlungsstellen. Bundesrepublik und Berlin (West). Hrsg. Ges. f. Information u. Dokumentation. – München: Saur 1985. (Informationsdienste. GID.)   22

Computer-readable databases. A directory and data sourcebook. Ed. Martha E. Williams. – Amsterdam: North-Holland Publ. 1985.   23

Es ist festzuhalten: Zur Beschaffung von historischen Primärdokumenten ist es meist sinnvoll, neben der UB und den im Unibereich vorhandenen Instituts- oder Fachbibliotheken auch die am Orte bestehenden weiteren Bibliotheken aufzusuchen, so z.B. eine eventuell vorhandene Staats- oder Landesbibliothek, außerdem die Hauptstaatsarchive und die jeweiligen Stadtarchive. Über die örtlich und regional vorhandenen Bibliotheken geben Bibliotheksführer Auskunft, die stets in einer UB, zumeist im Katalogsaal und/oder Lesesaal/Informationszentrum zur Verfügung stehen. Über den deutschen und auch über den internationalen Leihverkehr kann man sich jede nicht am Ort nachgewiesene Literatur durch seine UB beschaffen lassen, wobei meist einige Zeit verstreicht.

2.4. Benutzungsbereiche einer wissenschaftlichen Bibliothek

Über die Benutzungseinrichtungen einer WB informieren meist kleine, kostenlos abgegebene *Benutzungsführer,* deren Lektüre dem Studenten unbedingt zu empfehlen ist, da sie es ihm ermöglicht, sich mit den lokalen Gegebenheiten der jeweiligen WB vertraut zu machen. Von vielen Bibliotheken werden ferner regelmäßig *Bibliotheksführungen oder -rundgänge* durch die Benutzungsabteilungen durchgeführt, an denen teilzunehmen ebenfalls ratsam ist.

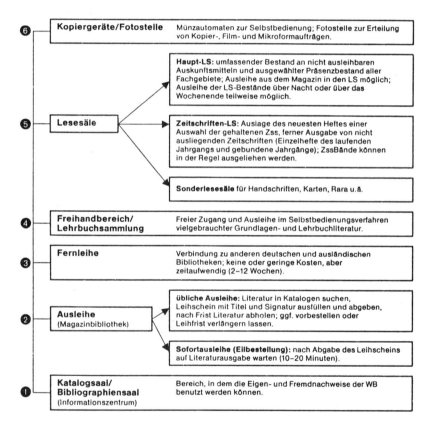

Benutzungsbereiche einer wissenschaftlichen Bibliothek

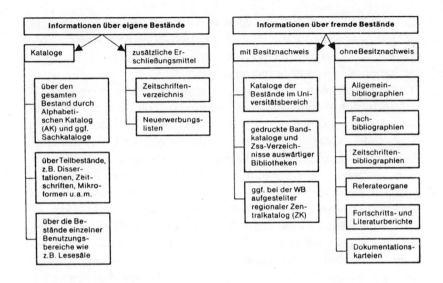

Informationen über eigene Bestände		Informationen über fremde Bestände	
Kataloge	zusätzliche Erschließungsmittel	mit Besitznachweis	ohne Besitznachweis
über den gesamten Bestand durch Alphabetischen Katalog (AK) und ggf. Sachkataloge	Zeitschriftenverzeichnis	Kataloge der Bestände im Universitätsbereich	Allgemeinbibliographien
	Neuerwerbungslisten	gedruckte Bandkataloge und Zss-Verzeichnisse auswärtiger Bibliotheken	Fachbibliographien
über Teilbestände, z.B. Dissertationen, Zeitschriften, Mikroformen u.a.m.			Zeitschriftenbibliographien
		ggf. bei der WB aufgestellter regionaler Zentralkatalog (ZK)	Referateorgane
über die Bestände einzelner Benutzungsbereiche wie z.B. Lesesäle			Fortschritts- und Literaturberichte
			Dokumentationskarteien

Eigen- und Fremdnachweise einer wissenschaftlichen Bibliothek

Zu kurz kommt bei solchen Führungen in der Regel die Darstellung der fachspezifischen Literaturauskunftsmittel. Man dränge daher bei der UB und bei seinem Lehrpersonal auf *fachspezifische Einführungen* oder gar gemeinsam durchgeführte Lehrveranstaltungen (Proseminare, Übungen), die den gesamten Komplex der Literaturermittlung, -beschaffung und -verarbeitung im Zusammenhang behandeln.

Bei Bibliotheksrundgängen ist außerdem ein Blick hinter die Kulissen anzuraten, also in die Magazine und soweit möglich auch in die Verwaltungsabteilungen, um einen Eindruck von der Vielfalt der Aufgaben einer WB und ihrer vielleicht 80 oder 150 oder noch mehr Mitarbeiter zu erlangen, von denen man ja nur einen kleinen Teil in den Benutzungsabteilungen zu Gesicht bekommt.

Katalogsaal/Bibliographiensaal (Informationszentrum):

Der erste Weg bei der Literatursuche führt in einer Bibliothek in den Katalogsaal, der meist mit dem Bibliographienbestand verbunden ist und dann heute oft Informationszentrum heißt. Ferner findet sich hier im allgemeinen die *zentrale Auskunftsstelle,* die den Benutzer ggf. für fachspezifische Auskünfte an den betreffenden *Fachreferenten,* einen Bibliothekar des höheren Dienstes, weiterleitet. Die Fachreferenten haben häufig feste Sprechstunden.

Zunächst gibt es die *Kataloge,* die über die gesamten eigenen Bestände der betreffenden Bibliothek informieren; dies sind der Alphabetische Katalog (AK) und der oder die Sachkataloge (SK). Manchmal gibt es besondere Kataloge über Teilbestände der WB, wie Dissertationen-, Zeitschriften- (und Reihen-), Mikroformen-Katalog usw. Schließlich gibt es in verschiedenen Benutzungsbereichen Kataloge, die die dort aufgestellten Bestände verzeichnen, meist sowohl alphabetisch als auch systematisch – so in der Lehrbuchsammlung, im Haupt-Lesesaal, im Zeitschriftenlesesaal usw. Diese Bestände sind natürlich auch in den Hauptkatalogen enthalten, wo sie mit einem Hinweis auf ihren Aufstellungsort versehen sind. – Zusätzlich *gedruckte Erschließungsmittel* für die Eigenbestände sind in der Regel Zeitschriftenverzeichnis (bisweilen Zeitschriften- und Serienverzeichnis) sowie Neuerwerbungslisten, die an mehreren Stellen ausliegen.

Oft gibt es auch Kataloge, die über *fremde Bestände* informieren: Kataloge der Bestände des gesamten Universitäts- oder Stadtbereichs, wie die anderen Kataloge in Zettelform. Oder gedruckte Bandkataloge und Zeitschriftenverzeichnisse auswärtiger Bibliotheken, die also ebenfalls Besitznachweise darstellen. Dasselbe gilt für einen evtl. bei der betreffenden Bibliothek aufgestellten regionalen Zentralkatalog.

Der Bibliographiensaal schließlich informiert mit Hilfe der verschiedenen *Bibliographen und Literaturauskunftsmittel* über Literatur unabhängig von einem Besitznachweis. (Bibliographien mit Besitznachweisen sind Ausnahme).

Ausleihe:

Wurde der gesuchte Titel in einem der Kataloge der Bibliothek gefunden, ist ein Leihschein auszufüllen und mit der auf der Katalogkarte (oben rechts oder links) angegebenen Signatur (Standortnummer des gewünschten Buches) zu versehen. Ein solcher Signierzwang besteht in den allermeisten Magazinbibliotheken. Anders ist das Verfahren in Bibliotheken mit Freihandbeständen: Hier entnimmt der Entleiher das Buch selber dem Regal; statt des Ausfüllens eines Leihscheins wird hier oft schon eine automatisierte Ausleihverbuchung an den Ausgangsschleusen vorgenommen. – In den Magazinbibliotheken erfolgt die Buchausgabe etwa einen oder auch einen halben Tag nach Abgabe des Leihscheins (übliche Ausleihe). Zu bestimmten Öffnungszeiten ist jedoch meist die sog. *Sofortausleihe* oder Eilbestellung möglich, bei der man auf die Buchausgabe warten und somit ein zweimaliges Aufsuchen der Bibliothek vermeiden kann (Wartezeit etwa 10-20 Minuten). Bisweilen wird die Einrichtung der Sofortausleihe nicht besonders bekannt gegeben, so daß es nötig ist, sich danach zu erkundigen.

Bücher, die gerade ausgeliehen sind, können in der Ausleihe *vorgemerkt* werden. Auf Verlangen (adressierte und frankierte Postkarte) wird der Besteller benachrichtigt, wenn sein vorbestelltes Buch verfügbar ist.

Die *Ausleihfrist* beträgt zumeist 4 Wochen oder einen Monat, für Zeitschriften zwei Wochen. Das Überziehen der Ausleihfristen ist mahngeldpflichtig. Man kann aber bei Ablauf der Frist die ausgeliehenen Bücher *verlängern* lassen, falls sie nicht anderweitig vorgemerkt sind. Dazu muß man normalerweise die Ausleihe persönlich aufsuchen, eine telefonische Verlängerung ist bisher selten möglich. Ein Hinweis: Man bringt Bücher meist erst dann zurück, wenn sie fällig sind. Sinnvoll wäre es jedoch, sie sofort zurückzubringen, wenn man sie nicht mehr braucht, um sie dadurch für andere verfügbar zu machen. Auch sollte man bereits in der Ausleihstelle die empfangenen Bücher danach durchsehen, ob nicht welche darunter sind, die man doch nicht benötigt und daher gleich zurückgeben kann.

Fernleihe:

Wurde der gesuchte Titel in keinem der Kataloge der Bibliothek und auch in keiner anderen Bibliothek am Ort gefunden, kann die Fernleihe eingeschaltet werden (vgl. oben den Abschnitt zum Leihverkehr!). Dazu ist es zunächst erforderlich, einen *roten Leihschein* auszufüllen (manchmal auch ein entsprechendes Formblatt, nach dem die Bibliothek den Fernleihschein selber ausschreibt). Dabei sind alle bekannten Angaben deutlich lesbar – am besten mit Schreibmaschine – und vollständig aufzutragen, nach Möglichkeit auch mit einem kurzen Hinweis, in welcher Bibliographie oder dergleichen der Titel nachgewiesen wurde und ggf. sogar in welcher auswärtigen Bibliothek er vorhanden ist. Wenn erforderlich, ist auch anzugeben, ab wann das gewünschte Buch nicht mehr gebraucht wird, ob Kopien auch gegen Bezahlung gewünscht werden, ob auch eine andere Ausgabe der Auflage des Buches gewünscht wird. – Wie oben bereits erwähnt, darf für gerade ausgeliehene Literatur die Fernleihe nicht in Anspruch genommen werden.

Freihandbereich / Lehrbuchsammlung:

Die Mehrzahl der größeren wissenschaftlichen Bibliotheken, besonders der UBs, sind heute noch *Magazinbibliotheken,* d.h. die meisten Bücher und Zeitschriften werden aus Raumgründen in Magazinen aufbewahrt und sind für den Benutzer nicht direkt zugänglich (Magazinzutritt wird nur in ganz seltenen Ausnahmefällen gestattet). Erst einige wenige neuere UBs haben ihre Bestände frei zugänglich in sog. *Freihandbereichen* – nach Fachgruppen geordnet – aufgestellt, wie man es von den öffentlichen Bibliotheken und den kleinen wissenschaftlichen Bibliotheken mit Präsenzbeständen her gewohnt ist.

Fast alle UBs haben aber inzwischen eine *Lehrbuchsammlung.* Das sind ebenfalls frei zugängliche Büchersammlungen mit Mehrfachexemplaren vielbenutzter Grundlagen- und Lehrbuchliteratur. Bei diesem Selbstbedienungsverfahren in der Lehrbuchsammlung ist eine besondere Ausleihtheke zu passieren. Findet man in der Lehrbuchsammlung wichtige geschichtswissenschaftliche Lehrbücher und Einführungswerke nicht, sollte man sich nicht scheuen, die Einstellung der betreffenden Titel vorzuschlagen.

Lesesäle:

Weitere Grundlagenliteratur, vor allem aber mehrbändige Handbücher, Nachschlagewerke und Textausgaben finden sich als nicht ausleihbarer Präsenzbestand im *(Haupt-)Lesesaal (LS).* Außer der allgemeinen LS-Abteilung, in der neben den allgemeinen Sachauskunftsmitteln wie Enzyklopädien, Lexika usw. auch weitere Auskunftsmittel wie Adreßbücher, Vorlesungsverzeichnisse, Studienführer usw. zur Verfügung stehen, gibt es die fachspezifischen Abteilungen.

Abgetrennt vom Hauptlesesaal ist zumeist der *Zeitschriftenlesesaal (ZsLS).* Hier liegt das jeweils neueste Heft einer Auswahl der von der WB gehaltenen Zeitschriften aus, außerdem andere Periodika wie Zeitungen usw. Im Katalog des ZsLS sind jedoch alle Periodika der Bibliothek nachgewiesen. Die nicht ausgelegten Zeitschriftenhefte des laufenden

Jahrgangs und die zurückliegenden gebundenen Jahrgänge kann man sich aus dem Magazin kommen lassen. – Das regelmäßige Durchsehen der wichtigsten geschichtswissenschaftlichen Zeitschriften ist sehr anzuraten, wenn man im Blick auf die Sachprobleme seines Faches und im Blick auf Neuerscheinungen auf dem laufenden sein will (fast alle Zeitschriften enthalten Buchbesprechungen und Literaturschauen).

Einige UBs haben darüber hinaus *Sonderlesesäle (SLS)*, z.B. für Handschriften und kostbare Bücher, für Karten oder auch für bestimmte Fachgebiete.

Jeder Lesesaal hat einen eigenen alphabetischen und einen systematischen Katalog seiner Bestände. Diese Lesesaalbestände kann man entweder gar nicht oder nur über Nacht bzw. über das Wochenende ausleihen. – Lesesäle bieten vor allem auch Arbeitsplätze. Man kann dort natürlich ebenfalls mit seinen eigenen mitgebrachten Büchern arbeiten, z.B. um Zwischenzeiten zu überbrücken. Auch kann man sich Bücher und Zeitschriften aus den Magazinen in den LS kommen lassen.

Fotokopien, die aus wissenschaftlicher Literatur für den privaten Gebrauch urheberrechtlich gestattet sind, fertigt man sich auf den heute stets vorhandenen *Selbstbedienungs-Münzkopiergeräten* selber an oder gibt sie bei der *Fotostelle* in Auftrag, so besonders bei größeren und komplizierten Fotoarbeiten bis hin zu Film- und Mikrofilm-Anfertigungen. Fotoarbeiten sind natürlich zu bezahlen. In der Regel darf man in den Lesesälen aber auch mit eigenem Fotoapparat aus Büchern der Bibliothek Interessierendes abfotografieren.

Datenbanken

In zunehmendem Maße entstehen seit Mitte der 70er Jahre Datenbasen, in denen direkt – online – recherchiert werden kann. Bisher ist es aber prinzipiell noch notwendig, daß ein Bibliothekar in die Suchtätigkeit als Vermittler zwischen den Bedürfnissen des Benutzers und den Leistungsmöglichkeiten der jeweiligen Datenbank eingeschaltet wird, ganz davon abgesehen, daß es bisher rein technisch auch kompliziert ist, die Terminals zu bedienen, und einiger Übung und Einweisung bedarf, sich sicher in verschiedenen Datenbanken zu bewegen. Meist ist der Service bezüglich des Zuganges zu online Datenbanken noch nicht sonderlich hoch entwickelt, zumal die Benutzer von den teilweise erheblichen Recherchekosten abgeschreckt, oft schnell wieder auf gedruckte Dienste zurückgreifen. Bisher existieren nahezu alle online Datenbanken auch in gedruckten Formen als Bibliographien, öfter als laufende Bibliographien oder Referateblätter. Man versäume nicht, sich Präsentationen von Recherchen, beispielsweise von solchen in *Bibliodata*, die öfter angeboten werden, anzusehen, um einen Eindruck von der Leistungsfähigkeit einer online Recherche gegenüber der Suche in gedruckten Bibliographien zu erhalten.

Wenn auch festzuhalten ist, daß die meist privatwirtschaftlich nach dem Rentabilitätsprinzip betriebenen Datenbanken wenig geisteswissenschaftliche Literatur bisher online zugriffsfähig anbieten, sei doch darauf hingewiesen, daß es in den Vereinigten Staaten bei den großen Datenbankanbietern wie *Dialog Information Retrieval Service* auch für den Historiker interessante Datenbanken gibt:

America: History and Life. File 38
Historical abstracts. File 39
U.S. Political science abstracts. File 93
World affairs report. File 167.

U.a.m. Verwiesen sei auch auf die zahlreichen *sozialwissenschaftlichen Datenbanken*, die für die Zeitgeschichte und Politologie oft recht guten Zugang bieten. Wenn die Frage der Zugriffsberechtigung und der Kostenübernahme geklärt ist, kann von deutschen Bibliotheken aus in diesen Datenbanken gar nicht schlecht online gesucht werden.

3. Wie ist die Literatur in Bibliotheken erschlossen?

Die Kataloge

In Kapitel 3 wird ein Überblick darüber gegeben, wie in einer WB die eigenen Buch- und Zeitschriftenbestände erschlossen sind und wie außerdem teilweise Bestände fremder Bibliotheken nachgewiesen werden können. Ein solcher Überblick erscheint notwendig, da erfahrungsgemäß selbst wissenschaftlich geschulte Personen eine Literaturrecherche oft frühzeitig abbrechen, weil sie über erfolgversprechende Möglichkeiten des Weitersuchens nicht ausreichend informiert sind. Die Suchstrategien werden in Kapitel 6 behandelt werden; hier geht es zunächst um die Erschließungsmittel der Bibliothek.

3.1. Die Erschließung der eigenen Bestände einer Bibliothek

Die eigenen Bestände einer Bibliothek werden vorwiegend durch *Zettelkataloge* erschlossen. Bisher haben nur wenige Bibliotheken durch EDV ausgedruckte und dann gebundene Kataloge. Öfter nur als Übergangsformen für *Mikrofichekataloge,* die in Bibliotheken üblicher werden. Man muß sich die Mikrofiche, das sind postkartengroße Planfilme, auf einem Sichtgerät ansehen. *Online-Kataloge,* wo auf einem Bildschirm direkt aus dem Datenpool der Bibliothek Titel visualisiert werden, sind noch selten. Gar nicht allzu selten trifft man für Altbestände bisweilen noch handgeschriebene Bandkataloge an (z.B. in der SuUB Göttingen). – Doch der Zettelkatalog ist der Normalfall und wird das wohl auch noch eine Zeitlang bleiben. Bei ihm hat sich das internationale Katalogkartenformat (7,5 x 12,5 cm), das kein DIN-Format ist, seit

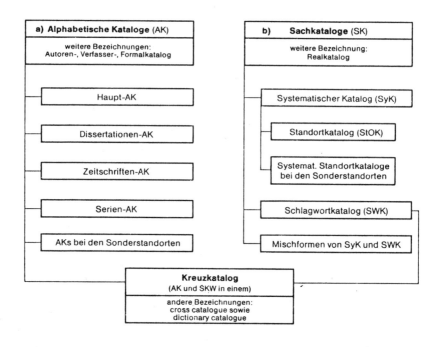

a) **Alphabetische Kataloge** (AK)	b) **Sachkataloge** (SK)
weitere Bezeichnungen: Autoren-, Verfasser-, Formalkatalog	weitere Bezeichnung: Realkatalog
Haupt-AK	Systematischer Katalog (SyK)
Dissertationen-AK	Standortkatalog (StOK)
Zeitschriften-AK	Systemat. Standortkataloge bei den Sonderstandorten
Serien-AK	Schlagwortkatalog (SWK)
AKs bei den Sonderstandorten	Mischformen von SyK und SWK

Kreuzkatalog
(AK und SKW in einem)
andere Bezeichnungen:
cross catalogue sowie
dictionary catalogue

Kataloge der wissenschaftlichen Bibliotheken

Jahrzehnten fast überall durchgesetzt. – Es handelt sich also um die in großen Bibliotheken recht zahlreichen Katalogschränke mit Hunderten von Schubläden voller Katalogzettel, die in einer durchschnittlichen WB die Millionengrenze meist überschreiten.

Jede Bibliothek hat meist zwei Kataloge: den *Alphabetischen Katalog* (AK, auch Autoren-, Verfasser- oder richtiger Formalkatalog genannt) und einen oder auch zwei *Sachkataloge* (SK, früher und gelegentlich heute noch Realkatalog genannt), nämlich einen Systematischen Katalog (SyK) und/oder einen Schlagwortkatalog, wie noch zu erläutern sein wird, doch ist mit "AK" stets der Formalkatalog gemeint).

Was wird in diesen Katalogen erschlossen? Das ist nicht generell zu sagen: An einigen UBs enthält der UB-Katalog z.B. auch die Bestände von Institutsbibliotheken des Universitätsbereichs, was die Ausnutzung der Gesamtbestände einer Universität erheblich verbessert und erleichtert. Auf der anderen Seite sind gelegentlich einige Literatur-Formalgruppen, wie z.B. Dissertationen oder Zeitschriften und auch Serien oder auch Ausstellungskataloge, nicht im Haupt-AK enthalten, sondern werden in separaten Katalogen nachgewiesen. Für die Zeitschriften (teilweise einschließlich der Serien) wird häufig ein eigenes Zeitschriftenverzeichnis gedruckt. – Daß bei den Sonderstandorten wie Lehrbuchsammlung, Lesesäle usw. zusätzlich eigene Alphabetische und Sachkataloge aufgestellt sind, wurde schon gesagt.

3.1.1. Der Alphabetische Katalog (AK)

Die Titel im AK sind in deutschen Wissenschaftlichen Bibliotheken überwiegend noch entsprechend den sog. *Preußischen Instruktionen (PI)* geordnet, d.h. nach der *grammatikalischen Wortfolge.* In absehbarer Zeit wird dieses Regelwerk durch die *Regeln für die Alphabetische Katalogisierung (RAK)* abgelöst werden, nachdem dieses neue Regelwerk für den gesamten deutschsprachigen Raum seit Ende 1977 in endgültiger Fassung vorliegt. Diese RAK sehen vor allem die Ordnung der Titel nach der mechanischen oder *gegebenen Wortfolge* vor, wie sie im Ausland seit jeher in ähnlicher Weise üblich war und heute bereits nahezu ausschließlich in gedruckten Katalogen angewandt wird, zumal sich für die elektronische Datenverarbeitung allein die gegebene Wortfolge eignet. Die grammatikalische Ordnung nach den PI ist heute nicht nur für den Computer, sondern auch für viele Benutzer der Bibliotheken nicht immer nachzuvollziehen. Um so notwendiger ist es, ihre wichtigsten Prinzipien zu erläutern.

Im (Haupt-)AK einer WB sind *alle selbständig erschienenen Publikationen* des bibliothekseigenen Bestandes enthalten, ggf. mit der Einschränkung, daß es einen eigenen Dissertationen- und einen Zeitschriften-AK gibt. *Unselbständig erschienene Literatur* wie Zeitschriftenaufsätze, Abschnitte in Handbüchern oder anderen Sammelwerken und dergleichen finden sich nicht im AK, werden aber manchmal teilweise in Sonderkatalogen nachgewiesen. Viele Katalogzettel tragen auf dem oberen Rand einen Hinweis auf den *Sonderstandort* des betreffenden Buches (vor allem Lesesaal- und Bibliographienbestand). Solcherart ausgewiesene Literatur kann nur an den Sonderstandorten benutzt werden.

Im AK sind die enthaltenen Werke nach ihrem *Verfasser* alphabetisch geordnet. Gibt es keinen Verfasser oder sind mehr als drei Verfasser angegeben, wie z.B. bei Zeitschriften, Sammelweken, Handbüchern, Lexika, anonymen Schriften usw., dann steht das Werk unter seinem *Sachtitel* im AK. Gibt es jedoch einen *Herausgeber,* dann kann auch unter diesem im AK nachgesehen werden. Bei mehreren Herausgebern werden nur die beiden ersten berücksichtigt.

Der *Katalogzettel eines einbändigen Werks von drei Verfassern* kann beispielsweise so aussehen (die eingeklammerten Ziffern verweisen auf den folgenden Text, sie sind in Wirklichkeit natürlich nicht auf dem Katalogzettel vorhanden; Beispiel fingiert):

La 327^2 (1)   Geiger, Heinz (2)   (3)

Heinz Geiger, Albert Klein, Jochen Vogt.
Hilfsmittel und Arbeitstechniken der Philosophie. 2., neubearb. Aufl. (4)

Düsseldorf: Bertelsmann Universitätsverl.
          1972, 100 S. 8° (6)
(Grundstudium Philosophie. Hochschuldidaktische Arbeitsmaterialien. 2) (7)
ISBN 3-571-09272-4 (9)
1-95 (10)

Der *Katalogzettel eines Sammelwerks (mehrere Verfasser,* Beispiel fingiert) kann folgendermaßen aussehen:

```
La 293    (1)

Arbeitsfeld Philosophie materialistische    (2)
(3)
Arbeitsfeld: Materialistische Philosophie.
Beitr. zu ihrer Gegenstandsbestimmung.
Hrsg. Klaus Michael Bogdal, Burkhardt
Lindner, Gerhard Plumpe.    (5)

Frankfurt a.M.: Athenäum Fischer Taschen-
                buch Verl. 287 S. 8°    (6)
(Fischer Athenäum Taschenbücher.2079)    (7)
Lit.vz. S. 270-285    (8)
ISBN 3-8072-2079-2    (9)
1-34    (10)
```

Die Katalogzettel-Beispiele enthalten folgende Einzelheiten:

(1) *Signatur* oder Standortnummer, unter der das Buch im Magazin gefunden wird. Die Hochzahl 2 im ersten Beispiel weist auf die zweite Auflage hin. Ist die gewünschte Auflage oder Ausgabe ausgeliehen, erhält der Besteller ohne Rückfrage meist eine andere vorhandene Auflage oder Ausgabe. Alle Zusätze bei den Signaturen, z.B. auch Schrägstriche oder Kommata und die ihnen folgenden Zahlen, die z.B. bei Reihen oder mehrbändigen Werken den einzelnen Band kennzeichnen, sind sorgfältig auf den Leihschein zu übertragen. – Wenn auch Signaturen nahezu immer aus Buchstaben-Zahlen-Kombinationen bestehen (alpha-numerisch), so können sie jedoch auch anders aufgebaut sein als in den obenstehenden Beispielen. So ist in den Signaturen oft das Erwerbungsjahr enthalten, während mit den Buchstaben nicht selten das Format gekennzeichet ist; Z weist zudem meist auf Zeitschrift hin.
(2) *Ordnungswörter* sind die für die Einordnung in das Alphabet des AKs maßgebenden Wörter. Bei Verfasserschriften ist das erste Ordnungwort der Familienname (des ersten Verfassers), das zweite Ordnungswort ist der Vorname; weitere Vornamen sind weitere Ordnungswörter. Liegt eine Vielverfasserschrift (mehr als drei) oder eine

anonyme Schrift vor, dann ist nach den PI-Regeln das für die Einordnung im AK maßgebende Wort (erstes Ordnungswort) das erste unabhängige Substantiv des Sachtitels, weitere Ordnungswörter sind vom
ersten Ordnungswort abhängige Adjektive oder ggf. weitere Substanti-
ve in der Reihenfolge des grammatikalischen Zusammenhangs. – Drei
Ordnungswörter werden normalerweise im Kopf des Katalogzettels
aufgetragen. Artikel und Präpositionen werden dabei übergangen.

Beispiele:
Das geschichtswissenschaftliche Studium im Medienverbund – steht
unter: Studium geschichtswissenschaftliche Medienverbund
Schriftenreihe der historischen Institute – steht unter: Schriftenreihe In-
stitute historische
Neue Kunstgewerbliche Wochenschrift – steht unter: Wochenschrift
neue kunstgewerbliche
Historiker in der KPD – steht unter: Historiker Partei kommunistischen
(Abkürzungen aufgelöst)
Hat der Sachtitel jedoch Satzform, wird er nach den PI in der gegebe-
nen Wortfolge geordnet, wobei ein Artikel am Anfang stets übergangen wird. Also z.B.: Wem soll die neue Kunst nützen? – steht unter:
Wem soll die. Oder z.B.: Die neue deutsche Kunst ist da – steht unter:
Neue deutsche Kunst
     Das Zeitschriftenverzeichnis einer WB ist fast immer nach der *gege-*
benen Wortfolge aufgebaut, abweichend von den PI-Regeln also!
     Die Umlaute ä, ö und ü werden für die Einordnung aufgelöst in ae,
oe und ue. Ferner ist wesentlich, daß nach PI-Regeln zwischen i und j
nicht unterschieden wird. Titel von Iwand und Jungmann sind beispielsweise in einem I-J-Alphabet aufzusuchen (also Jungmann, Josef A. vor
Iwand, Hans J.). – Die Schreibweise der deutschen Vornamen folgt der
heutigen Dudenform, also nicht unbedingt der Form, die der Autor
selbst gebraucht (also steht Carl Gustav Jung beispielsweise unter Jung,
Karl Gustav). Auf die einfachen Namen folgen die Doppelnamen
(Mueller, Walter steht also beispielsweise vor Mueller-Fahrenholz, Gei-
ko).
(3) *Sachtitel* der Publikation mit evtl. vorhandenem(n) Untertitel(n) und
Zusätzen, z.B. auch Aufzählung der Verfasser oder Mitarbeiter bei Viel-
verfasserschriften. Nach dem unterstrichenen Wort wird bei mehreren
Schriften desselben Verfassers alphabetisch geordnet.

48

(4) *Auflagenvermerk.* Eine 1. Auflage wird nicht vermerkt.

(5) *Herausgeber* (persönliche oder korporative).

(6) *Erscheinungsvermerk – Verlagsort(e):* Verlag(e) Erscheinungsjahr(e). Umfang (Seitenzahlen, römisch und arabisch gezählte getrennt) und evtl. Format (4° = quarto, 8° = octavo, etwa DIN A 4 und 5 – reine Größenbezeichnungen, nur relevant für Magazinaufstellung; auf die Angabe von 8° wird meist verzichtet).

(7) *Serie oder Reihe,* in der das Werk erschienen ist, mit Band- oder Heft-Nummer.

(8) *Raum für zusätzliche Hinweise inhaltlicher Art,* z.B. auf enthaltene Literaturverzeichnisse.

(9) *Internationale Standardbuchnummer* (ISBN) wird neuerdings aufgeführt, diente bisher nur buchhändlerischen Zwecken.

(10) *Raum für die Zugangsnummer,* Bearbeiter-Zeichen oder auch *Sigel* anderer Bibliotheken des Universitätsbereichs, hier ist die Publikation dann also auch noch vorhanden. Ein in der Nähe des AK ausliegendes *Sigelverzeichnis* zeigt, um welche Bibliotheken des Universitätsbereichs es sich handelt.

Ob und wie etwas auf dem Katalogzettel innerhalb der sog. Titelaufnahme eingeklammert ist (es tauchen (runde), [eckige] und ⟨Spitz-Klammern⟩ auf!), ist für den Benutzer ohne Belang.

Die Ordnung der Titel bei mehreren Werken desselben Verfassers geschieht nach folgender Regel: Erst die Sammlungen, z.B. Gesamtausgaben, Gesammelte Werke usw. [Werke, Werke-Auszüge, Teilsammlungen, Briefe]; dann die Einzelwerke im Alphabet des ersten Ordnungsworts im Sachtitel.

Bei gleichen Vor- und Nachnamen werden die Autoren nicht unterschieden, ihre Werke werden nach den Ordnungswortregeln ineinandergeordnet. Zwischen Publikationen des Historikers Otto Weishäutl können auch Bücher des Juristen gleichen Namens auftauchen. *In allen Fällen, in denen man sich nicht im AK zurechtfindet, sollte man unbedingt das bibliothekarische Personal zu Rate ziehen, das gerne hilft. Oft findet sich dann noch manches, was man vorher nicht aufspüren konnte.*

3.1.2. Sachkataloge (SK)

Der Sachkatalog einer WB weist alle oder fast alle selbständig erschienenen Schriften des Bestandes *inhaltlich* nach, d.h. bezogen auf den Inhalt oder die Sache der Schrift, nicht auf den formalen Titel. Unselbständige Veröffentlichungen wie Zeitschriftenartikel, Beiträge in Sammelwerken, Handbüchern, Tagungsberichten u. dgl. werden wie im AK so auch im SK nicht nachgewiesen. Sie sind vielmehr in Fachbibliographien oder Referateorganen zu ermitteln. Daß die Klassifizierung beim SyK und die Verschlagwortung beim SWK stets dem Wandel der Wissenschaften und der fachlichen Auffassung des Bearbeiters unterliegen und Sachkataloge daher sowohl von Bibliothek zu Bibliothek recht verschieden sind, als auch leicht veraltet, haftet ihnen in jedem Fall als Nachteil an.

Der Systematische Katalog (SyK)

Der SyK gliedert den Literaturbestand nach Fachgebieten in Haupt- und Untergruppen hierarchisch zunehmend feiner, bis sog. Systemstellen entstehen. Diese sind im Katalog wie die Haupt- und Untergruppen durch Leitkarten (Karten mit einem Reiter oder dgl. und entsprechender Beschriftung) gekennzeichnet. Hinter einer solchen Systemstelle werden die Karten, die die vorhandene selbständige Literatur dazu verzeichnen, chronologisch geordnet, d.h. am Schluß (oder auch am Anfang bei umgekehrt chronologischer Ordnung) befindet sich die neueste Veröffentlichung zur Sache.

Zu einem SyK gehört eine ausliegende *Systematik-Übersicht* in Heftform und außerdem eigentlich ein alphabetisches *Systemstellen-Register*, eine Art Schlagwortregister, in Form eines kleinen Zettelkatalogs, in welchem man unter einem Schlagwort nachsieht, um eine bestimmte gesuchte Systemstelle angegeben zu finden. (Zum Beispiel kann das Schlagwort auf eine Systemstelle verweisen.) – Fast jede WB hat ihre eigene, oft historisch gewachsene Systematik für den Nachweis ihrer Bestände. Deshalb ist ein SyK meist schwer zu benutzen, zumal das Systemstellenregister einer ständigen Fortsetzung bedarf. Aus diesen und anderen Gründen verzichten zunehmend mehr Bibliotheken darauf, einen SyK aufzubauen und fortzuführen, und wenden sich stattdessen ganz der Sacherschließung in einem Schlagwortkatalog zu, der meist auch von den Benutzern vorgezogen wird. Gelegentlich sind beide SK vorhanden.

Hat die Bibliothek jedoch statt der Magazinaufstellung eine systematische Aufstellung, so vor allem bei Freihandaufstellung der neuen Universitätsbibliotheken, so ist der SyK standortabhängig und damit zugleich *Standortkatalog (StOK)* und selbstverständlich unverzichtbar.

Jede WB hat bisher ihr eigenes System für den sachlichen Nachweis ihrer Bestände; nicht zu vermeiden ist es, daß beispielsweise historisch relevante Publikationen auch in anderen Stellen als unter denen bei Geschichte aufgeführt werden. So findet sich zum Beispiel Literatur zum Städtebau in der Antike möglicherweise bei Architektur.

Der Schlagwortkatalog (SWK)

Der SWK verzeichnet Literatur gleichsam wie in einem Lexikon nach alphabetisch geordneten Begriffen. Ein Schlagwort ist die kürzeste, genaueste und zugleich vollständigste Kennzeichnung des Inhalts einer Schrift und wird daher möglichst 'eng' gewählt.

Es sind verschiedene Schlagwortarten zu unterscheiden: Das Hauptschlagwort ist ein Substantiv, oft in Form eines Kompositums (z.B. Geschichtsunterricht). Diese kann durch ein Unterschlagwort eine Begrenzung erfahren (z.B. Geschichtsunterricht/Berufsschule oder Erwachsenenbildung). Oder das Hauptschlagwort erhält eine Schlagwort-Erweiterung, die es näher bestimmt, oft durch ein nachgestelltes Adjektiv (z.B. Erwachsenenbildung, künstlerische).

Eine weitere Schlagwortart ist das sog. Beziehungs-Schlagwort, mit dem zwei Begriffe zueinander in Beziehung gesetzt werden, dargestellt durch einen Doppelpunkt (z.B. Kunst: Staat, gemeint ist die Kunst in ihrer Beziehung, ihrem Verhältnis zum Staat); dabei steht an erster Stelle stets der Begriff, von dem die Betrachtung ausgeht (so ist beispielsweise 'Kunst: Staat' und 'Staat: Kunst' durchaus zweierlei!). Ein Unterschlagwort kann ein weiteres Unterschlagwort haben, ein Unterschlagwort kann eine SW-Erweiterung haben, ein Unterschlagwort kann ein Beziehungs-SW sein, ein Beziehungs-SW kann ein Unterschlagwort haben usw. – Alle SWer werden im SWK mit ihren verschiedenen SW-Teilen streng alphabetisch geordnet, wobei das Haupt-SW mit Unterschlagwort vor ein Haupt-SW mit SW-Erweiterung geordnet wird (z.B. Geschichtsunterricht/Sekundarstufe I vor Geschichtsunterricht, problemorientierter).

Ein SWK ist sicherlich zunächst leichter zu benutzen als ein SyK, jedoch können sich auch hier *Schwierigkeiten bei der Literatursuche* ergeben. So empfiehlt es sich, wenn man unter dem aufgesuchten SW keine relevante Literatur findet, auch unter ähnlichen, sinngleichen (synonymen) Formulierungen nachzusehen oder bei anderen Begriffen, die den gesuchten Tatbestand mit einschließen könnten. Zum Beispiel könnte Literatur zur Geschichtsdidaktik auch bei einem Unterschlagwort zu Hochschuldidaktik oder Erwachsenenbildung aufzuspüren sein.

Für den bibliothekarischen SWK-Bearbeiter gibt es natürlich bestimmte Regeln, oft festgelegt in verschiedenen, viele Paragraphen umfassenden Regelwerken.

Mischformen von SyK und SWK (Gruppen-SWK bzw. alph. Schlagwortreihung innerhalb der Untergruppen eines SyK statt logischer Differenzierung bis zur einzelnen Systemstelle) sollen hier zwar erwähnt, aber nicht weiter behandelt werden, da sie relativ selten sind und zudem keine zusätzlichen Schwierigkeiten bereiten, wenn man ihren Aufbau durchschaut hat.

Der Kreuzkatalog

Der Kreuzkatalog (cross catalogue oder dictionary catalogue) ist im deutschsprachigen Raum sehr selten, im angelsächsischen Raum dagegen häufig anzutreffen. In ihm sind *AK und SWK in einem Alphabet vereint.* Sind AK-Ordnungswort und SW identisch, steht das AK-Ordnungswort vor dem SW; das gilt auch bei Namen: erst der Name als Verfasser, dann der Name als SW.

Besonders häufig wird das Prinzip des Kreuzkataloges im englischsprachigen Raum bei *Bibliographien oder gedruckten Katalogen* angewendet. Hier wird dann zusätzlich zum Verfasser auch der Sachtitel ins Alphabet eingeordnet, das damit zugleich zu einem Titelregister wird. An die Stelle von SWern treten, zumal bei EDV-erstellten Verzeichnissen, meist die im Titel vorkommenden, signifikanten Stichwörter, die leichter zu erheben sind. (Ein Stichwort ist stets dem Sachtitel entnommen, ein Schlagwort ist gebildet worden oder wurde ausgewählt und kann, muß aber nicht im Titel vorkommen.)

3.2. Die Erschließung fremder Bibliotheksbestände

Fremde Bibliotheksbestände werden seltener vollständig in Zettel-katalogen oder in gedruckten Bestandskatalogen dargeboten, sondern heute meist in Form von Mikrofiche-Katalogen.

Zentralkataloge

Mehr oder weniger die gesamten Bestände der beteiligten Biblio-theken werden in den Zentralkatalogen der Leihverkehrsregionen nachgewiesen. Wie oben bereits erwähnt, ist dem Benutzer zumindest über den Leihverkehr, z.T. aber auch direkt oder z.B. bei gezielten schriftlichen Anfragen, der Zugang zu diesem Nachweisungsmittel möglich.

Die Bestände der Bibliotheken eines Universitätsbereiches, bis-weilen auch einer Stadt, werden zunehmend in entsprechenden Zen-tral- oder Gesamtkatalogen nachgewiesen und sind dann – meist auf-gestellt in der größten der beteiligten Bibliotheken – jedem Biblio-theksbenutzer direkt zugänglich. Die Ausleihe ist teils zentral, teils de-zentral geregelt.

Bekannter sind von den Zentral-Mikrofichekatalogen:

Niedersächsischer Monographiennachweis NMN 24

Mikrofiche Zentralkatalog Nordrhein-Westfalen (1800-1975) MiZE
25

Bayerischer Verbundkatalog 26

Verbundkatalog maschinenlesbarer Katalogdaten deutscher Biblio-theken vgl. Nr. 39 27

Bestandskataloge

In großen wissenschaftlichen Bibliotheken gibt es eine Reihe ge-druckter Bestandskataloge, mit Hilfe derer sich ebenfalls häufig der Standort solcher Literatur nachweisen läßt, die in der eigenen Biblio-thek nicht vorhanden ist. Vor allem können diese Kataloge auch zu allgemeinen bibliographischen Zwecken, z.B. zur Vervollständigung von Literaturangaben u. dgl., herangezogen werden. Fast immer handelt es sich dabei um Formalkataloge, d.h. man kann in ihnen nicht sachlich suchen, sondern nur formal unter dem Verfasser bzw. dem Sachtitel. (Nur angelsächsische Kataloge haben teilweise auch Eintragungen unter Stich- und Schlagwörtern.)

Die beiden wichtigsten Gruppen gedruckter Bibliothekskataloge sind die *Kataloge von Nationalbibliotheken*, in denen zumindest alle Monographien des Bestandes bis zu einer bestimmten Zeitgrenze erfaßt sind, und die *Zeitschriftenverzeichnisse*, die inzwischen von fast jeder größeren WB herausgegeben werden. Da die Bibliotheken ihre Zeitschriftenverzeichnisse untereinander tauschen, kann man in einer WB eine Vielzahl solcher lokalen Bestandsnachweise auffinden! Hinzu kommen die gedruckten Kataloge von Spezialbibliotheken, Zeitschriften-(Gesamt-)Verzeichnisse mehrerer oder gar aller relevanten Bibliotheken sowie Fachbibliographien der verschiedensten Art mit Besitznachweisen.

Kataloge von Nationalbibliotheken und nationale Gesamtkataloge

Die drei größten Nationalbibliotheken der Welt – die British Library in London, die Bibliothèque Nationale in Paris und die Library of Congress in den USA – haben je ihren Monographienbestand in mehrhundertbändigen gedruckten Katalogen erschlossen. In den USA ist sogar ein nationales Gesamtkatalog-Unternehmen gestartet worden. In diesen Katalogwerken ist die internationale wissenschaftliche Literatur bis zu festgelegten oder durch das Erscheinungsdatum der einzelnen Bände gegebenen Zeitgrenzen in einem solchen Umfang enthalten, daß diese Kataloge zugleich die umfassendsten Allgemeinbibliographien darstellen und als die wichtigsten bibliographischen Hilfsmittel anzusehen sind, die es international gibt.

British Museum, General catalogue of printed books. New ed. to the end of 1955. V 1-264. – London: The British Museum 1960-1966, dazu Supplements: 1956-1970, 1963-1972, 76 Vol. 1971-1975, 13 Vol.

28

Neuerdings erscheint eine neue Kumulationsstufe als Grundwerk:

The British Library. General catalogue of printed books to 1975. BLC.
Auf 360 Bände geplant. – London: Bingley 1979-1987.   29

Fortsetzung:

The British Library. General catalogue of printed books 1976-1982. 50
Bde. – London: Bingley, München: Saur 1983-86   30
Fortsetzung 1982-1985 angekündigt

Es gibt bald zu diesem alphabetischen Katalogwerk auch Sachkataloge:
The British Library. General subject catalogue 1975-1985. Angekündigt, auf 75 Bände angelegt   31

Die Bestände der Pariser Nationalbibliothek weisen nach:

Catalogue général des livres imprimés de la Bibliothèque Nationale Paris. Auteurs. T. 1-231. – Paris: Bibliothèque Nationale. – Imprimerie 1897-1981.   32
Nur Verfasserschriften, keine Anonyme. Berichtszeit bis zum Erscheinungsjahr des einzelnen Bandes bei T. 1-188, ab T. 189 Berichtsgrenze einheitlich der 31.12.1959. Geplant sind etwa 250 Bände mit 2,5 Mill. Titel.

Erweiterte Fortsetzung:

Bibliothèque Nationale. Catalogue général des livres imprimés. Auteurs, collectivités-auteurs, anonymes. 1960-1969. Sér. 1, T. 1-23. Sér. 2, T. 1-4. – Paris: Imprimerie Nationale 1972-1978.
Weitere Zehnjahresausgaben folgen. Serie 1 enthält Werke in lateinischer Schrift, Serie 2 solche in kyrillischer, arabischer, griechischer und hebräischer Schrift.   33

The National Union Catalog. Pre-1956 imprints. A cumulative author list representing Library of Congress printed cards and titles reported by other American libraries. Vol. 1-754 (einschl. Suppl.). – London, Chicago: Mansell 1968-1981.   34
Gesamtkatalog aller wichtigen Bibliotheken der USA und Kanadas (ca. 700). Vorwiegend werden die Titelkarten der Library of Congress fotomechanisch in vollem Umfang abgedruckt. Sämtliche, in verschiedenen Mehrjahresausgaben 1942-1958 erschienenen Kataloge der Library of Congress sind ersetzt.

NUC pre-'56 wird fortgeführt durch:

The National Union Catalog. A cumulative author list ... – Washington, D.C.: LoC 1956 ff. Neuerwerbungen von anfangs 500, heute 1 000 mitarbeitenden Bibliotheken, verzeichnet in Monats- und Vierteljahres-, Jahres- und Fünfjahreskatalogen. Für 1956-1967 brachte ein Verlag auch eine Zwölfjahresausgabe heraus. 35

Ab 1983 erscheint der NUC auf Mikrofiche ausschließlich u.d.T.:

National Union Catalog. Books. – Washington, D.C.: Library of Congress 1983- 36
Die Titel sind in einem Hauptteil willkürlich nach aufsteigenden Identifikationsnummern aufgeführt. Erschließung durch vier Register: 1. Namen und Urheber, 2. Sachtitel, 3. Schriftenreihe, 4. Schlagwörter für Titel der Library of Congress. Die Register erscheinen monatlich kumuliert.

Die sachliche Suche in den Katalogen der Library of Congress erlaubt der Schlagwortkatalog:

Library of Congress. Books: Subjects. – Washington, D.C.: Library of Congress 1955- 37
der die seit 1950 erschienene von der Bibliothek erworbene Literatur nachweist, seit 1977 vierteljährlich und in Jahreskumulationen auf Mikrofiche. Ab 1983 durch obenstehenden Titel, Nr. 36, abgelöst.

Der Katalog der größten Bibliothek der Welt, der Library of Congress in Washington, D.C., wird als Mikrofiche-Ausgabe veröffentlicht. Man hat beim Alphabetende begonnen, steht 1986 etwa in der Alphabetmitte und die letzte Lieferung mit dem Buchstaben A soll 1988 vorliegen. Der Katalog enthält als Kreuzkatalog in einem Alphabet Sachgebiete, Autoren, Titeleinträge, Körperschaften und Serien. Hier ist also auch sachliches Suchen leicht möglich.

The Main Catalog of the Library of Congress. MCLC. Gesamtausgabe auf Mikrofiche. – München Saur 1985- 38

Verbundkatalog maschinenlesbarer Katalogdaten deutscher Bibliotheken. VK. Hrsg. u. bearb. vom Deutschen Bibliotheksinstitut – Berlin: DBI 1986. 39
Er enthält weit über 3 Millionen Titel Monographien und Dissertationen aus Universitätsbibliothken und anderen großen Bibliotheken der Bundesrepublik, die ihre Kataloge mit Hilfe von DV herstellen. Der Katalog

kann über das Deutsche Bibliotheksinstitut Berlin online befragt werden. Große Bibliotheken haben die Mikroficheausgabe zur freien Benutzung, die voraussichtlich öfter aktualisiert wird.

Erwähnt wurden bereits die Mikrofiche-Zentralkataloge Nr. 24-27. Wesentlich können für die Titelsuche ggf. auch die folgenden Mikrofiche-Kataloge sein:

Bayerischer Verbundkatalog 40

Katalog der Technischen Informationsbibliothek Hannover 41

Niedersächsischer Monographiennachweis, NMN 42

Katalog der Österreichischen Nationalbibliothek, ÖNB 43

Bibliothek des Deutschen Museums. 44
Erscheinungszeitraum 15. Jahrhundert bis 1976. Alphabetischer und auch Schlagwortkatalog.

Bibliothek des Deutschen Patentamtes München. 45
Kreuzkatalog f.d. Erscheinungszeitraum 1945-1974.

Deutsche Staatsbibliothek Berlin, DDR 46
bis zum Erscheinungsjahr 1974 für den alphabetischen Katalog.

Deutsche Bücherei Leipzig 47
Seit dieser Mikrofiche-Katalog vorliegt, ist das deutsche monographische Schrifttum von 1913 bis 1985 ziemlich vollständig in einem Alphabet erschlossen.

Es stehen in den WBs noch manche Mikrofiche-Kataloge anderer WBs, so vielleicht der der Freien Universität Berlin oder der der Landesbibliothek Speyer, der Königlichen Bibliothek Kopenhagen oder der Universitätsbibliothek Wien. Alle können als abgeschlossene Bibliographien genutzt werden.

Zeitschriftenkataloge fremder Bibliotheken

Fast alle WBs haben einen gedruckten Katalog ihrer Zeitschriftenbestände und tauschen diesen mit anderen WBs, so daß man in einer WB eine Vielzahl von lokalen Zeitschriftenverzeichnissen auffinden kann. Allerdings enthalten diese sehr oft nur die laufenden Zeitschriften, nicht aber die abbestellten oder eingegangenen, die in den jeweiligen lokalen Zettelkatalogen aufgefunden werden können.

Ein Gesamtstandortnachweis von nationalen und ausländischen Zeitschriften in deutschen wissenschaftlichen Bibliotheken befindet sich im weiteren Ausbau. Es handelt sich um ein zweimal jährlich neu kumuliertes Mikrofiche-Verzeichnis:

Zeitschriftendatenbank. ZDB. Deutsches Bibliotheksinstitut; Staatsbibliothek Preußischer Kulturbesitz. – Berlin: DBI   48

Die **ZDB** kann außerdem über das DBI online befragt werden. Permutationsindex der sinntragenden Wörter aus den Sachtiteln und Körperschaftseintragungen. Dazu:

Hinweise für die Benutzung der Datenbanken ZDB, GKS und NZN. Deutsches Bibliotheksinstitut; Staatsbibliothek Preußischer Kulturbesitz. Bearb. von G. Franzmeier u.a. – Stand: Januar 1984. – Berlin

49

Enthalten sind in der **ZDB** nicht nur Zeitschriften, sondern auch Zeitungen, zeitschriftenartige Reihen und Schriftenreihen. Sie sind nach den neuen Regeln für die alphabetische Katalogisierung, RAK, aufgenommen. Das bedeutet u.a. die Ordnung der Titel nach mechanischer Wortfolge unter Übergehung des Artikels am Anfang des Sachtitels. Zur Auffindung einer Zeitschrft ist also eine genaue Kenntnis des Sachtitels notwendig. Ist nur ein Teil des Titels bekannt, so hilft einem der *Permutationsindex,* der alle einzelnen sinntragenden Titelbestandteile verzeichnet und zur vollständigen Titelform ergänzt. Das ist besonders dann notwendig, wenn man die Ansetzungsform gar nicht kennen kann (z.B. Amtsblätter, die unter der herausgebenden Körperschaft, und Adreßbücher, die unter dem jeweiligen Sachtitel stehen, oder Abkürzungen).

Ein zweites wesentliches Element der RAK ist die Eintragung unter Körperschaftsnamen, und zwar dann, wenn die Körperschaft, die als der Urheber der Schrift gilt, im Sachtitel genannt ist, oder wenn der Sachtitel wegen seines unspezifischen Charakters der Ergänzung durch den Körperschaftsnamen bedarf. Da die maßgebliche Ansetzung des Körperschaftsnamens aber nicht unbedingt mit der in der Publikation genannten Namensform übereinstimmen muß, zieht man folgende Veröffentlichung zu Rate:

58

Gemeinsame Körperschaftsdatei. GKD. Staatsbibliothek Preußischer Kulturbesitz; Deutsche Bibliothek, Frankfurt a.M.; Bayerische Staatsbibliothek, München. Datentechn. Bearb. Deutsches Bibliotheksinstitut, Berlin. – Gesamtausg., COM-Ausg. – Wiesbaden: Harrassowitz   50
6. Gesamtausg. Mai 1986. 72 Mikrofiches.

Die in den drei genannten Bibliotheken gesammelten Daten sind hier zusammen mit allen Verweisungen in ein Alphabet gebracht worden.

Die Lesegeräte mit der Mikrofiche-Ausgabe der **ZDB** sind jedermann zugänglich, die online-Version nur über Bibliothekspersonal. Der Niedersächsische Zentralkatalog kumuliert den gesamten niedersächsischen Zeitschriftenbestand in einem Standortnachweis:

Niedersächsischer Zeitschriftennachweis, NZN   51

Ferner existieren noch nachstehende Mikrofiche-Ausgaben von Zeitschriftenverzeichnissen, die nur teilweise in der **ZDB** enthalten sind, die jedoch das umfangreichste Titelmaterial verzeichnet. Eine Suche sollte folglich dort beginnen und erst bei negativem Ergebnis in den regionalen Zeitschriftenverzeichnissen wie den nachfolgenden fortgesetzt werden:

Bayerisches Zeitschriften-Verzeichnis, BZV   53

Hessisches Zeitschriften-Verzeichnis, HessZV   54

Zeitschriftenliste NRW, ZLNW   55

Auch Lokalzeitungen und überregionale Tageszeitungen können von Bedeutung für den Geschichtswissenschaftler sein. Deutsche Zeitungsbestände sind zu ermitteln in:

Hagelweide, Gert: Deutsche Zeitungsbestände in Bibliotheken und Archiven. Düsseldorf: Droste 1974. (Bibliographie zur Geschichte des Parlamentarismus und der politischen Parteien. 6.) Die 2018 Zeitungen sind nach Erscheinungsort über das Titelregister zu ermitteln, sofern sie zwischen 1700 und 1969 innerhalb der Reichsgrenzen von 1939 erschienen sind.   56

Ist ein Titel in diesem Auswahlverzeichnis nicht zu finden, schlage man nach in:

Ubbens, Wilbert: Zeitungen und zeitungsähnliche Periodika: Original- und Mikrofilmbestände. 1. Dez. 1982. – Bremen: Staats- und Universitätsbibliothek 1982.   57
Die Abteilung Deutsche Presseforschung der Universität Bremen führt diesen Katalog. Große Zeitungsbestände besitzt auch das Institut für Zeitungsforschung Dortmund, das wie die UB Bremen Photokopien und Mikrofilme einzelner Artikel an Interessenten versendet, sowie das von Forckenbecksche Zeitungsmuseum in Aachen.

Kurz und bündig: Wie entleihe ich ein Buch?

- *Die ausliegenden Bestellscheine beschaffen.*
- *Titel im AK suchen. Von gefundenem Titel Signatur vollständig auf den Bestellschein übertragen. Leihschein ausfüllen.*
- *Bei Sonderstandort (Aufdruck: Lesesaal, Katalogsaal usw.) ist keine Ausleihe möglich, Sonderstandort aufsuchen.*
- . *Herausfinden, ob es Eilbestellung gibt, sonst Bestellschein einwerfen und – lokal unterschiedlich – am gleichen Tage oder tags darauf Bücher abholen.*
- *Bestellte Bücher nicht in der Ausleihe schmoren lassen, nach wenigen Tagen werden sie ins Magazin zurückgestellt.*
- *Bücher, die man nicht mehr braucht: Vor Fälligkeit zurückbringen.*
- *Zur Vermeidung von Mahngebühren: Signatur/Fälligkeitsliste führen und zu Hause ans Pinboard heften.*
- *Bücher und Zeitschriftenbestände kann man sich auch in den Lesesaal bestellen.*

Wie bestelle ich ein Buch, das an meiner UB nicht vorhanden ist?

- *Ausgeliehene Titel oder sonst in anderen Bibliotheken des Unibereichs vorhandene Titel werden nicht per Fernleihe beschafft.*
- *Titel im AK der UB und ggf. in vorhandenem Institutskatalog usw. suchen.*
- *In den relevanten Institutsbibliotheken den Titel suchen, falls im Katalogsaal der UB die Bestände der IBs nicht im AK oder separat nachgewiesen sind.*
- *Fernleihstelle aufsuchen, dort Merkblatt und rote Leihscheine holen.*

- Roten Leihschein ganz genau mit allen bibliographischen Angaben ohne Abkürzungen ausfüllen. Quelle, die den Hinweis auf die gesuchte Literatur gegeben hat, genau angeben.
- Leihschein abgeben, Benachrichtigung abwarten.
- Bedenken Sie, daß Zeitschriftenartikel für Sie als Fotokopie geliefert werden. Es entstehen – lokal unterschiedlich – Kosten.
- Bedenken Sie bei terminierten Arbeiten, daß für die Beschaffung über die Fernleihe meist einige Zeit (3-6 Wochen) verstreicht.
- Bibliotheken in der Stadt, die für Ihre Studienfächer relevant sein könnten, aufsuchen und kennenlernen.

Wo finde ich Zeitschriften?

- Im AK kann man nur Zeitschriftentitel, aber nicht Zeitschriftenartikel suchen.
- Zeitschrift im Ak – bei Anlage nach PI-Regeln – unter erstem unabhängigen Substantiv suchen. Z.B. Kölner Zeitschrift für Soziologie und ... unter Zeitschrift Koelner Soziologie, usw.
- Ist der Katalog mechanisch geordnet, in der Reihenfolge des Titels suchen.
- Steht keine Signatur der UB bei einem gefundenen Zeitschriftentitel, so verweist ein Sigel (= eine Nummer) darauf, daß eine Institutsbibliothek die Zeitschrift hat.
- Im ausliegenden Sigelverzeichnis die betreffende Bibliothek heraussuchen. Adressen der wichtigsten Bibliotheken einschließlich Öffnungszeiten herausschreiben.
- In Erfahrung bringen, welche für das Fach wesentlichen Zeitschriftenjahrgänge in den für jedermann zugänglichen Zeitschriftenfreihandmagazinen stehen.
- Benutzungsmodi für die gebundenen Zeitschriftenjahrgänge in den ZssFreihandmagazinen in Erfahrung bringen.
- Bei Benutzung der UB-Zssverzeichnisse darauf achten, daß diese fast immer die Titel in mechanischer Reihenfolge enthalten. Von wann ist das Zssverzeichnis? Auf Nachträge achten. Sind eingegangene oder nicht mehr laufend gehaltene Zeitschriften enthalten? Bei neuen Zeitschriften auf jeden Fall AK benutzen.
- In Erfahrung bringen, wo sich die neuesten Zsshefte befinden. In der Zeitschriftenauslage im Zsslesesaal oder im Lesesaal?

- In Erfahrung bringen, wie die noch ungebundenen Hefte des laufenden Jahrgangs benutzt werden können (Zssablage, Zugriff meist über Zsslesesaal).
- Gebundene Zssjahrgänge können in den Lesesaal bestellt werden.

Katalogsaalinformationen

- Verschaffen Sie sich oder fertigen Sie sich zur Erinnerungsunterstützung einen groben Lageplan des Katalogsaales an.
- Verdeutlichen Sie sich die Arten von Zettelkatalogen, die im Katalogsaal stehen.
- Enthält der AK der UB auch die Bestände der Institutsbibliotheken?
- Gibt es einen separaten Katalog für die Bestände der Institutsbibliotheken?
- Gibt es separate Kataloge für Zss, Dissertationen, Altbestände und ähnliches?
- Welcher Art ist der Sachkatalog? Schlagwortkatalog oder systematischer Katalog. Oder gibt es beide?
- Schreiben Sie sich bei einem systematischen Katalog die Hauptgruppen ihres Hauptfaches heraus.
- Gibt es Zettel-Dokumentationskarteien, die Bibliothekskatalogen ähnlich sehen?
  Machen Sie sich mit den Dokumentationskarteien vertraut.
- Machen Sie sich mit dem kleinen Katalog vertraut, der nur die Bestände des Katalogsaales nachweist.
- Machen Sie sich mit den Separatkatalogen im Lesesaal und im Zeitschriftenlesesaal vertraut.
- Achten Sie beim Ausfüllen von Leihscheinen darauf, daß Katalogkarten, die Stempelaufdrucke oder Bleistiftzusätze wie Lesesaal, Katalogsaal usw. tragen, nicht ausleihbar sind, sondern an den jeweiligen Sonderstandorten eingesehen werden müssen, aber gelegentlich über das Wochenende ausgeliehen werden können.
  Legen Sie sich von jedem Titel, den Sie ausleihen, eine Titelkarte im Format DIN A 6 an, auf die Sie auch die UB-Signatur und ggf. das Sigel übertragen, wo der Titel noch vorhanden ist. Das erspart Ihnen u.U. viel Doppelarbeit bei späterem Suchen im AK.

WOMIT WERDEN GESCHICHTSWISSENSCHAFTLICHE INFORMATIONEN NACHGEWIESEN?

Es ist bereits gezeigt worden, daß neben den Katalogen, die nur die eigenen Bestände einer Bibliothek erschließen, auch gedruckte und Mikrofiche-Bibliothekskataloge existieren, die fremde Bibliotheksbestände nachweisen und die als Literaturauskunftsmittel zu allgemeinen bibliographischen Zwecken herangezogen werden können.

Es gibt aber noch eine Vielzahl weiterer Auskunftsmittel in Buchform, von denen die Lexika und die Bibliographien die bekanntesten Typen sind.

Die Auskunftsmittel können unterteilt werden in:

Sachauskunftsmittel.

Dies sind Nachschlagwerke und Verzeichnisse, deren erster Zweck es ist, Sachinformationen verschiedenster Art zu liefern, deren zweiter Zweck es jedoch oft ist, auch auf Literatur hinzuweisen. Hierzu gehören: Enzyklopädien und Lexika, biographische Auskunftsmittel, Abkürzungsverzeichnisse und Adreßbücher.

Literaturauskunftsmittel.

Dies sind Nachschlagwerke und Verzeichnisse, deren einziger Zweck es ist, Literatur nachzuweisen, unkommentiert oder kommentiert. Hierzu gehören die verschiedenen Arten von Bibliographien, Schrifttumsverzeichnissen, Literaturberichten usw.

Die spezifisch historischen Nachschlagewerke, Lexika, Enzyklopädien etc. finden sich weiter unten im Kapitel 6. Hier werden jetzt folgend die allgemeineren, umfassenden Sachauskunftsmittel vorgestellt.

4. Allgemeinere Sachauskunftsmittel

4.1. Adreßbücher

Wissenschaftliche Institutionen:

The world of learning. 36. ed. 1986. – London: Europa-Publ. Jährliche Neuausgaben 58

World guide to scientific associations and learned societies. Internationales Verzeichnis wissenschaftlicher Verbände und Gesellschaften. 4. Auflage. – München: Saur 1984 (Handbook of international documentation and information. Vol. 13) 59

Handbuch der Universitäten und Fachhochschulen der Bundesrepublik Deutschland, Österreich, Schweiz. 3. Ausgabe. – München: Saur 1985. 60

Vademecum deutscher Lehr- und Forschungsstätten. 8. neubearb. Aufl. – Stuttgart: Raabe 1985 61

Domay, Friedrich: Handbuch der deutschen wissenschaftlichen Akademien und Gesellschaften, einschl. zahlr. Vereine, Forschungsinstitute u. Arbeitsgemeinschaften in der BRD. Mit e. Bibliogr. dt. Akademie- u. Gesellschaftspublikationen. 2., völlig neu bearb. u. erw. Aufl. d. 'Handb. d. dt. wiss. Gesellschaften' (1964). – Wiesbaden: Steiner 1977. 62

Minerva: Archive im deutschsprachigen Raum. Bd. 1.2.-2. Aufl. – Berlin: De Gruyter 1974. XX, 1418 S. (Minerva-Handbücher) 63

Annuaire international des archives. Nebent.: **International directory of archives.** – Paris: Pr. Univ. de France (Archivum. ...) 1955. – (1956.) – u. 1975 ff. 64

Bibliographie der Adreßbücher

International bibliography of special directories. Internationale Bibliographie der Fachadreßbücher. Ed. Helga Lengenfelder. 7. Ausgabe – München: Saur 1983. (Handbook of international documentation and information. 5)   65

Bibliotheksadreßbücher

Jahrbuch der Deutschen Bibliotheken. Hrsg. vom Verein Dt. Bibliothekare. Jg. 51. – Wiesbaden: Harrassowitz 1985.   66
Verzeichnet alle größeren wiss. Bibliotheken, zumindest die dem Deutschen Leihverkehr angeschlossenen, insgesamt 593. Nennt viele Spezial- und Institutsbibliotheken. Außerdem: Ausgewählte dt. Bibliotheksadreßbücher; Leihverkehrsliste; Zentralkataloge, Bibliotheksschulen und weitere zentrale Institutionen des Bibliothekswesens, einschl. Sondersammelgebietsplan der Deutschen Forschungsgemeinschaft.

World guide to special libraries. Internationales Handbuch der Spezialbibliotheken. Hrsg. Helga Lengenfelder. – München: Saur 1983. (Handbook of international documentation and information. Vol. 17)
67

Subject directory of special libraries and information centers. A subject classified ed. of material taken from "Directory of Special Libraries and Information Centers", 5th ed. Ed. by Margaret L. Young and Harold C. Young. – Detroit, Mich.: Gale Research Co. 4. Social sciences and humanities libraries. 1983. XVII, 356, 83 S.   68

Museen:

Museums of the world. Museen der Welt. A directory of 17 500 museums in 150 countries, including a subject index. 3rd rev. ed. – München, New York usw.: Saur 1981. VIII, 623 S. (Handbook of international documentation und information. 16)   69

4.2. Biographien und Personennachweise

Biographien bieten neben personalen Daten vielfach bibliographische Angaben. Man kann in ihnen also ggf. ermitteln, was eine Person veröffentlicht hat und eventuell sogar, wer etwas über eine Person bzw. deren literarisches Schaffen geschrieben hat. Zu unterscheiden ist zwischen Fachbiographien und den Sammelbiographien, letztere sind die nationalen Biographienverzeichnisse. Daneben gibt es eine Anzahl weiterer Hilfsmittel zum Personenbereich, wie z.b. Mitgliedsverzeichnisse von Verbänden, Hochschulen, Instituten, Firmen usw. Natürlich weist auch der Sachkatalog einer Bibliothek in einem Wissenschaftsfach unter der Systemstelle 'Biographien' Monographien über einzelne Personen eines Faches nach. Im alphabetischen Katalog kann man dagegen kaum Bücher über einzelne Personen suchen, da die Bücher dort unter dem Autor verzeichnet sind, falls es sich nicht um eine der häufigeren Autobiographien handelt. Nur von Büchern mit Personennamen im Sachtitel werden Verweisungen von den Personennamen auf den Sachtitel gemacht. Wird nur eine Übersicht über das literarische Schaffen einzelner Personen gesucht, sind diese nationalen Sammelbiographien oft ausreichend, der bibliographische Wert ist unterschiedlich, fast nie ist alle Literatur von einer Person bibliographisch exakt aufgeführt. Sekundärliteratur fehlt oft.

Ob es in einer Sammelbiographie einen Artikel über eine bestimmte Person gibt, kann man nachschlagen in:

| Bibliothek Standort | **Biography and genealogy master index:** A consolidated index to more than 3 200 000 biographical sketches in over 350 current and retrospective biographical dictionaries. Ed. by Miranda C. Herbert and Barbara McNeil. Sec. ed. Vol. 1-8. – Detroit: Gale 1980. – Supp. 1981-82. Vol. 1-3. 1982 |
| Signatur | 70 |

Über biographische Nachschlagewerke informiere man sich in:

Slocum, Robert B.: Biographical dictionaries and related works. – Detroit: Gale 1967. lst supp. 1972. 2nd. Supp. 1978   71

Seit 1949 erscheint auch ein laufender Biographiennachweis:

Biography index. A cumulative index to biographical materials in books and magazines. – New York: Wilson 1949-.   72
Erscheint in vierteljährlichen Heften, die zu Mehrjahresausgaben zusammengefaßt werden. Erschließt über 2 400 Veröffentlichungen verschiedenster Art und enthält auch autobiographisches Material und Bibliographien.

Einige ältere Nachschlagewerke sind immer noch wichtige Informationsquellen, insbesondere, wenn es um ältere Autoren, die heute in Universallexika nicht mehr erwähnt werden, geht:

Allgemeines Gelehrten-Lexicon. Hrsg. von Christian Gottlieb Jöcher. Teil 1-4. – Leipzig: Gleditsch 1750-51   73

Das Werk wurde fortgesetzt durch:

Fortsetzung und Ergänzungen zu Christian Gottlieb Jöchers allgemeinem Gelehrten-Lexicon. Von Johann Christoph Adelung. Bd. 1-2. (A-I). – Leipzig: Gleditsch 1784-87. Weiter fortgesetzt durch Heinrich Wilhelm Rotermund. Bd. 3-7 (K-Po). – Delmenhorst, später Leipzig: 1810-1897   74

The general biographical dictionary. A new ed. rev. and enlarged by Alexander Chalmers. Vol. 1-32. Nachdr. der Ausg. London 1812-17. – New York: Kraus 1969   75

Biographie universelle (Michaud) ancienne et moderne. Nouv. éd. publ. sous la direction de M. Michaud ... T. 1-45. Nachdr. der Ausg. Paris 1854. – Graz: Akad. Verlagsanst. 1966-70   76

Laufende biographische Verzeichnung treiben:

The international Who's Who. 1982-83. 46. ed. – London: Europa Publ. 1982. Das Werk erscheint jährlich und wird ergänzt durch eine ganze Reihe regionaler Verzeichnisse mit ähnlich lautenden Titeln **"Who's who in ..."**   77

Current biography yearbook. – New York: Wilson 1940-. Erscheint ebenfalls jährlich; in unregelmäßiger Folge wird es durch Register erschlossen. Die Artikel sind sehr ausführlich. Als Nachschlagewerk für lebende Wissenschaftler ab mittlerem internationalen Bekanntheitsgrad sehr gut geeignet.   78

Die deutschen nationalen Sammelbiographien sind:

Allgemeine Deutsche Biographie. ADB. Hrsg. durch die Hist. Commission bei d. Königl. (Bayerischen) Akademie d. Wissenschaften. Red. R. v. Liliencron u. F.X. v. Wegele. Bd 1-56. – Leipzig 1875-1912. Neudr. (2., unveränd. Aufl.) – Berlin: Duncker u. Humblot 1967. Berichtsgrenze ist das Erscheinungsjahr bzw. weitestens 1899! Damals noch lebende Persönlichkeiten wurden nicht berücksichtigt. Bd 56 = Generalregister.

79

Neue Deutsche Biographie. NDB. Hrsg. von d. Hist. Kommission bei d. Bayerischen Akademie d. Wissenschaften. Bd. 1-(20). – Berlin: Duncker u. Humblot 1953-. Auf 20 Bde geplante Neubearbeitung der ADB, kürzer gefaßte Artikel, nicht alle in der ADB behandelten Personen werden berücksichtigt, dafür aber sehr viel mehr neue; Berichtsgrenze ist jeweils das Erscheinungsjahr.

80

Kürschners Deutscher Gelehrten Kalender. 14. Ausg. Bd 1-3. Hrsg. Werner Schuder. – Berlin: de Gruyter 1983. 81

Erfaßt alle lebenden Professoren mit Lebens- und Karrieredaten sowie Veröffentlichungen (1983: ca. 43 000 Einträge). Bibliographische Angaben lückenhaft.

Ca. 30 000 Kurzbiographien lebender Persönlichkeiten des gesammten öffentlichen Lebens enthält:

Wer ist wer? Das dt. Who's Who? 24. Ausgabe von Degeners Wer ist's? Hrsg. Walter Habel. Bundesrepublik Deutschland und West-Berlin. – Lübeck: Schmidt Römhild 1985. 2jrl. 82

Eine Kumulation von 254 wichtigen biographischen Nachschlagewerken für den deutschen Bereich bis zum Ausgang des 19. Jahrhunderts ist:

Bibliothek Standort
Signatur

Deutsches Biographisches Archiv. Hrsg. von Bernhard Fabian. Bearb. unter der Leitung von Willi Gorzny. – München: Saur 1982-1984. 1 000 Mikrofiches. **ADB** und **NDB** sind darin jedoch nicht enthalten. 83

Ein gleichgeartetes Verzeichnis erscheint für *Großbritannien:*

British biographical archive. An one-alphabet cumulation of 324 of the most important English-language biographical works originally published between 1601 and 1929. Microfiche ed. Ed. Laureen Baillie u. Paul Sieveking. – München: Saur 1984-   84

Angekündigt sind ferner für 1986 ff

American biographical archive. ABA. ca. 1 500 Mikrofiches, die nahezu 400 biographische Nachschlagewerke kumulieren werden. Ca. 600 000 Eintragungen zu 350 000 Personen und

Archivo biográfico de España, Portugal e Iberoamérica. ABEPI. Ca. 1 300 Mikrofiches sowie der dazugehörige

Indice Biográfico de España, Portugal e Iberoamérica.

5. Allgemeinere Literaturauskunftsmittel

5.1. Bibliographien der Bibliographien

Bibliographien der Bibliographien sind Publikationen, die wiederum nur Schrifttumsverzeichnisse aufführen. Dies setzt natürlich eine gute bibliographische Kontrolle eines Veröffentlichungswesens voraus. Es gibt einerseits Bibliographien der Bibliographien, die umfassend angelegt sind, also in sachlicher Anordnung Bibliographien zu allen Sachgebieten nachweisen, wobei zumeist nur die selbständig erschienenen Bibliographien berücksichtigt werden (nur ganz wenige Bibliographien der Bibliographien berücksichtigen auch unselbständig erschienene Schrifttumsverzeichnisse), andererseits gibt es auch zu einzelnen speziellen Fachgebieten Bibliographien der Bibliographien; hier werden zumeist sowohl selbständig als auch unselbständig erschienene Schrifttumsverzeichnisse des betreffenden Faches aufgeführt.

Man sehe sich die Bibliographien von Bibliographien im Informationszentrum bzw. im Katalogsaal einer UB an, vgl. auch 6.1.1. Hier nur die bedeutendsten allgemeinen Titel:

Besterman, Theodore: A world bibliography of bibliographies. 4th ed. Vol. 1-5. – Lausanne: Société bibliographique 1965-66.

86

Das Werk wird ergänzt durch

Toomey, Alice F.: A world bibliography of bibliographies 1964-1974. – Vol. 1-2. – Totowa: Rowman and Littlefield 1977   87

Sheehy, Eugene P.: Guide to reference books. 9th ed. – Chicago: American Library Association, 1976. 1st Suppl. 1980, 2nd Suppl. 1982

88

Walford's guide to reference material. 4th ed. Vol. 1 -. – London: Li-

brary Association 1980 -. Vol. 1: Science and technology, Vol. 2: Social
& historical sciences, philosophy & religion 1982   **89**

Bibliothek Standort
Signatur

**Totok-Weitzel: Handbuch der bibliographischen
Nachschlagewerke. Bd 1,2.** Hrsg. von Hans Jürgen
und Dagmar Kernchen. 6. erw. völlig neu bearb.
Aufl. – Frankfurt a.M.: Klostermann 1984/85

90

Bd 1 enthält Allgemeinbibliographien und allgemeine Nachschlagewerke, Bd 2 Fachbibliographien.

Die *laufende* Verzeichnung von selbständig und in Zeitschriften,
Festschriften und anderen Sammelwerken erschienenen Bibliographien geschieht durch:

Bibliographische Berichte. Bibliographical bulletin. Hrsg. von der
Staatsbibliothek Preußischer Kulturbesitz. Bearb. von Werner Schochow unter Mitw. von Franz Görner. – Frankfurt: Klostermann. 1. 1959
ff.   **91**
Gesamtregister. Cumulated subject index. Jg. 1-5. 140 S. Jg. 6-10. 176 S.

92

Bibliographie der Bibliographien. Ein- oder mehrmals im Jahr erscheinend. Selbständige und unselbständige Bibliographien in allen Sprachen. Erfassung durch EDV in Vorbereitung.

Bibliographic index. A cumulative bibliography of bibliographies. –
New York: Wilson 1937 ff   **93**
In beiden Werken kann man unter Schlagworten und Namen von
Personen Bibliographien ermitteln.

Fortschrittsberichte

Geisteswissenschaftliche Fortschrittsberichte. Titelnachweis 1965-
1975. Research progress reports in the humanities. Titles registered
1965-1975. Hrsg. von der Staatsbibliothek Preußischer Kulturbesitz.
Red. Ursula Jentzsch. – Frankfurt am Main: Klostermann. 1977. XIV, 285
S. (Bibliographische Berichte. Erg.–Bd.)   **94**
Zehnjahreszusammenfassung der sonst in mehreren Lieferungen jähr-
lich in Karteiform erscheinenden Bibliographie. Erfassung durch EDV in
Vorbereitung.

5.2. Nachweise von Hochschulschriften

Unter Hochschulschriften versteht man Dissertationen und Habilitationsschriften. Sie gelten als veröffentlichtes Schrifttum, auch wenn sie nur in vervielfältigter Form vorliegen. Während Hochschulschriften recht gut national erschlossen sind, sind in fast allen Ländern die meisten Diplomarbeiten, Assessorarbeiten und anderen Prüfungsarbeiten gar nicht oder sehr lückenhaft erschlossen.

Zitierfähig ist alle veröffentlicht vorliegende Literatur, hierzu gehören prinzipiell auch die Hochschulschriften (Doktorarbeiten, Habilitationen). Als nicht zitierfähig gelten die nicht veröffentlichten Examensarbeiten aller Art, z.B. Assessorarbeiten, Staatsexamensarbeiten, Master theses usw., und zwar nicht vordringlich, weil in solchen 'Studentenweisheiten' keine relevanten inhaltlichen Leistungen gesehen werden, sondern weil, solange sie unveröffentlicht sind, sie einem breiteren Publikum nicht als Literaturquelle zur Verfügung stehen und somit auch Überprüfungen nicht vorgenommen werden können. Gelegentlich bestehen auch Rechtsprobleme hinsichtlich des Urheberrechts an Prüfungsteilen einer akademischen oder Staatsprüfung. Dennoch ist es natürlich jedermann unbenommen, aus solchen unveröffentlichten Arbeiten Anregungen zu beziehen, jedoch sollte bei Prüfungsarbeiten mit dem jeweiligen Dozenten vorgeklärt werden, ob solche unveröffentlichten Arbeiten herangezogen werden dürfen, oder ob auf diesen als Vorarbeiten aufgebaut werden darf. Da einem solche unveröffentlichten Arbeiten meist auch als unkorrigierte Exemplare vorliegen, ist natürlich auch hinsichtlich ihrer Qualität eine gewisse Vorsicht geboten.

Auch Dissertationen aus historischen Disziplinen und ihren Randgebieten sind in den *nationalen Hochschulschriftenverzeichnissen* nachgewiesen, für den deutschen Sprachraum in:

Jahresverzeichnis der deutschen Hochschulschriften. Bearb. von d. Dt. Bücherei in Leipzig. – Leipzig: Börsenverein d. Dt. Buchhändler 1936 ff.   95
Erschien unter mehrfach wechselndem Titel bereits 1887; heißt seit 1970: **Jahresverzeichnis der Hochschulschriften der DDR, der BRD und Westberlins.** Enthält Verfasserregister u. Sachregister nach Stichwörtern, dazu eine systematische Übersicht der vorkommenden Stichwörter.

Deutsche Nationalbibliographie. Reihe C: Dissertationen und Habilitationsschriften. Leipzig 1968 ff.   96
Erscheint monatlich. Vorher laufende Verzeichnung in der Reihe B der DNB

Deutsche Bibliographie. H. Hochschulschriften-Verzeichnis. Bearb. von d. Dt. Bibliothek in Frankfurt a.M. – Frankfurt: Buchhändler-Vereinigung 1972 ff.   97
Erscheint monatlich. Aus der DDR im allgemeinen nur im Buchhandel erschienene Hochschulschriften. Verfasser-, Titel- und Stichwortregister mit jährlichen Kumulierungen.

Kumulation deutschsprachiger Hochschulschriften:

Gesamtverzeichnis deutschsprachiger Hochschulschriften 1966-1980. Hrsg. Willi Gorzny. – München: Saur 1984-   98
auf 20 Bände geplant, 1986 etwa zur Hälfte erschienen, Anlage im Autorenalphabet. 8 Bände Sachregister geplant.

Ältere deutsche Dissertationen findet man in:

Mundt, H.: Bio-bibliographisches Verzeichnis von Universitäts– und Hochschuldrucken (Dissertationen) vom Ausgang des 16. bis zum Ende des 19. Jahrhunderts. Bd 1-4. – Leipzig, München 1936-1980.
99
Die ersten beiden Bände von H. Mundt, 1977 erschien Bd 3 und 1980 als Bd 4 das Personenregister, in das alle Praesides, Mitverfasser oder sonst an einem Titel beteiligte Personen aufgenommen wurden, die nicht schon in der Bibliographie selbst einen entsprechenden Namenseintrag haben.

Solche nationalen Hochschulschriftennachweise gibt es in fast allen Ländern. Man sehe solche Verzeichnisse ggf. im Informationszentrum/Katalogsaal einer UB ein.

Die wichtigsten *ausländischen* Verzeichnisse sind:

Retrospective Index to theses of Great Britain and Ireland 1716-1950. Vol. 1-5 a. Add. – Oxford: Clio Pr. 1976-77. Dieser britische Index wird fortgesetzt durch: 100

Index to the theses accepted for higher degrees by the Universities of Great Britain and Ireland and the council to National Academic Awards. – London: Aslib 1950 ff.   101

Catalogue des thèses de doctorat soutenues devant les universités françaises. Nouvelle série. – Paris: Université de Paris I, Bibliothèque de la Sorbonne, 1959 ff. Erschien ab 1884 unter dem Titel: **Catalogue des thèses et écrits académiques.** – Paris: Ministère de l'instruction publique. Da das französische Gesamtverzeichnis in der Berichtszeit sehr nachhängt, muß man für die aktuellere Berichterstattung im Fach Geschichte zurückgreifen auf: 102

Inventaire des thèses de doctorat soutenues devant les universités françaises. Droit, sciences économiques, sciences de gestion, lettres, sciences humaines, théologies. – Paris: Université de Paris I, Bibliothèque de la Sorbonne 1981 ff.   103

Die nordamerikanischen Dissertationen sind nachgewiesen durch:

The comprehensive dissertation index. 1861-1972. Vol. 1-37. – Ann Arbor, Mich.: Xerox Univ. Microfilms 1973.   104
Vol. 33-37: Author index. Innerhalb eines Bandes sind die Eintragungen alphabetisch nach Stichwörtern geordnet. Die Dissertationen stammen vor allem aus Universitäten der USA, aber auch einige aus Kanada und anderen Ländern.
Als zweite Kumulationsstufe liegt vor: 1973-1982 in 38 Bänden. Vol. 16 Communication, Arts, Philosophy, Religion. Vol. 17-19 Author index. Das Verzeichnis erscheint zunächst jrl. in 5 Bden: Vol. 1-2: Sciences, 3-4: Social sciences and Humanities, 5: Authors, dann wird es zu weiteren Kumulationsperioden zusammengefaßt. Da die Jahresausgaben nicht immer ganz aktuell sind, ist es gelegentlich erforderlich, ein anderes Werk zu Rate zu ziehen:

American doctoral dissertations 19.. comp. for the Association of Research Libraries. – Ann Arbor: Univ. Microfilms International. 1955/1956 ff jrl.   105

Ein weiterer wesentlicher Nachweis ausgewählter Dissertationen, der in ausführlichen halbseitigen Referaten Inhaltsbeschreibungen der Dissertationen, überwiegend solchen aus den USA, gibt, ist:

Bibliothek Standort
Signatur

Dissertation abstracts international. Abstracts of dissertations available on microfilm or as xerographic reproductions. – Ann Arbor, Mich.: Xerox Univ. Microfilms 1938 ff. 106
Sect. A: Humanities and social sciences. Dieses Verzeichnis ist nach Sachgruppen aufgebaut. Autoren- und Stichwortregister verweisen auf die entsprechenden Dissertationen. Die hier aufgeführten Dissertationen können vom Herausgeber als Papierkopie oder als Film bezogen werden.

Das Ermitteln von historischen Doktorarbeiten macht also keine besondere Mühe, zumeist wird man mit den nationalen Hochschulschriftenverzeichnissen bereits erfolgversprechende Titel aufspüren können. Allerdings sind Dissertationen aus dem Ausland häufig nicht beschaffbar. Schlecht oder gar nicht erschlossen sind die weiteren Prüfungsarbeiten.

Prüfungsarbeiten sind so gut wie nie in UBs vorhanden und zumeist auch nicht in den Fachbibliotheken (Institutsbibliotheken usw.). Sie können nicht bei den zuständigen Landesprüfungsämtern ausgeliehen werden. Ihr Wert als Literaturauskunftsmittel ist in der Regel als gering anzusehen, die Literaturverzeichnisse sind öfter recht zufälliger Natur, und die Literaturangaben sind häufig nicht korrekt und zuverlässig. Deutsche und ausländische Prüfungsarbeiten sind (abgesehen von Dissertationen und Habilitationsschriften) über den Leihverkehr der Bibliotheken nicht beschaffbar, auch Anschreiben der betreffenden Universitäten usw. ist sinnlos. Bei eng terminierten Arbeiten, z.B. Seminarreferaten oder auch dann, wenn der Abgabetermin einer Abschlußarbeit nahegerückt ist, sollte auf die Beschaffung ausländischer Dissertationen verzichtet werden. Auch dann, wenn man sich Dissertationen selbst als Mikrokopie kauft, kann mit Lieferzeiten von 4 und mehr Wochen gerechnet werden.

Die fachspezifischen Dissertationsverzeichnisse werden unten in Kapitel 6 bei den jeweiligen Fachgebieten vorgestellt.

5.3. Zeitschrifteninhalts-Bibliographien

Bei diesen ist an erster Stelle zu nennen:

Internationale Bibliographie der Zeitschriften-Literatur aus allen Gebieten des Wissens. – Osnabrück: Dietrich 1965 ff. IBZ   107
Erscheint jährlich in zwei Halbbänden. Früher als 'Dietrich' (Verlagsname) bekannt und in verschiedenen Abteilungen erschienen. (Für deusche Zeitschriftenliteratur 1896 ff, für fremdsprachige Titel 1911 ff). Enthält jährlich etwa 150 000 Aufsätze aus Zeitschriften und teilweise auch Sammelwerken. Besteht aus drei Teilen: Verzeichnis der berücksichtigten Zeitschriften; Verzeichnis der Zeitschriftenartikel geordnet nach Schlagwörtern; Verzeichnis der Zeitschriftenartikel nach Verfassern. Für den Historiker weniger bedeutsam, relevant ggf. für die Analyse geschichtlicher Topoi in anderen Bereichen. Dafür kann auch wichig sein der für die Bedürfnisse der öffentlichen Bibliotheken hergestellte:

Zeitschriftendienst. Nachweis von Aufsätzen aus deutschen Zeitschriften 1. ff – Berlin: Dt. Bibliotheksverband 1965 ff mtl.   108

Gleiches gilt für sein amerikanisches Pendant:

Readers' guide to periodical literature. 1. ff – New York, N.Y.: Wilson 1900 ff, mtl, jrl. Kumulation.   109
Die Rezeption von bestimmten Themen in der deutschen Tagespresse kann verfolgt werden in:

Zeitungsindex. Verzeichnis wichtiger Aufsätze deutschsprachiger Zeitungen. Hrsg. Willy Gorzny. 1. ff. – München: Verlag Dokumentation 1974 ff 3mtl.   110

International news magazine index. INMI. Ed. Willi Gorzny. 1. 1984 -. – Pullach bei München: Gorzny 1984 -. 3mtl.   111
Wertet 7 Nachrichtenmagazine aus, wird ergänzt durch:

Internationaler Nekrolog. Verz. verstorb. Personen aus Politik, Wirtschaft, Kultur, Wissenschaft u. Ges. Mit e. ausf. Pressespiegel von Nachrufen aus deutschspr. Zeitungen u. Zeitschr. Hrsg. Willi Gorzny. 1. 1982 -. – Pullach: Gorzny 1984 -   112

In diesen allgemeinen, alle Fächer umfassenden Zeitschrifteninhaltsbibliographien wird man seltener nach spezieller geschichtswissenschaftlicher Literatur suchen, dazu sind die fachspezifischen Verzeichnisse und die in Abschnitt 6 beschriebenen Fachbibliographien viel geeigneter. Jedoch können die aufgeführten Titel dann nützlich sein, wenn man nach Literatur zu seinen Nebenfächern sucht und nicht in die speziellen Fachbibliographien anderer Fächer einsteigen will.

Bibliothek Standort	**Arts and humanities citation index. AHCI.** – Philadelphia: Institute for Scientific Information. 1. 1978 ff 113
Signatur	

Diese dreimal jährlich erscheinende Titelbibliographie, deren letztes Heft eine Jahreskumulation darstellt, wertet etwa 1 100 wissenschaftliche Zeitschriften aus aller Welt voll aus, wobei der Schwerpunkt auf englischsprachigen liegt. 10 000e von Titeln werden pro Heft nachgewiesen. Das Werk ist eine geisteswissenschaftliche Fachbibliographie, die von den Literaturangaben und -verzeichnissen ausgeht und zitierende und zitierte Autoren mit ihren Schriften aufführt. Es besteht aus drei Teilen:

1. Der *Citation index*. Ihm vorangestellt ist die Liste aller ausgewerteten Zeitschriften und Bücher. Er enthält die zitierten Autoren mit Hinweis auf die zitierenden Schriften. Unter jedem persönlichen Verfasser, korporativen Verfasser und anonymen Schriften, die getrennt alphabetisch aufgelistet werden, sind also die Publikationen nachgewiesen, die in diesen Schriften in der Berichtszeit zitiert wurden. Die zitierenden Publikationen werden mit allen bibliographischen Angaben aufgeführt im
2. *Source index,* der ebenfalls alphabetisch nach Verfassern gegliedert ist. Im
3. *Permuterm subject index,* einem permutierten Stichwortregister aus den Sachtiteln der im Source index verzeichneten Schriften kann gesucht werden, wenn man keinen Autor als Einstieg hat.

Man kann den AHCI vielseitig benutzen. Neben dem interessanten Gesichtspunkt, wer wen, wann und wie oft zitiert usw., kann der AHCI zur Titelverifikation bei nahezu jeder Ausgangslage verwandt werden. Hauptsächlich wird man ihn aber zur Literatursuche verwenden. Im Gegensatz zum Suchen in üblichen Bibliographien führt die Literatursuche hier nach Literatur, die neuer ist als die, bei der man eingestiegen ist. Hat man einen Autor und sucht ähnliche Veröffentlichungen, sucht man im Citation index, von wem und wo diese Veröffentlichung noch zitiert ist, in der Hoffnung, daß ein Sachzusammenhang besteht. Der Titel der gefundenen zitierenden Veröffentlichung wird dann im Source index nachgeschlagen. Hat man keinen geeigneten Autor, startet man mit dem Permuterm subject index, wozu man sich eine Liste englischer Suchbegriffe zusammenstellt. Man findet dann Autoren angegeben, deren Veröffentlichungen im Source index nachgeschlagen werden können. Aus den Literaturangaben in den beschafften Veröffentlichungen kann dann im Citation index nach weiteren Literaturhinweisen gesucht werden.

5.4. Rezensionsbibliographien

Gelegentlich können Rezensionen ein wichtiges Hilfsmittel sein, sich schnell eine Übersicht über den Charakter, den Inhalt und die Rezeption einer Veröffentlichung zu schaffen. Eine allgemeine Rezensionsbibliographie, in der also nachgewiesen wird, wo Rezensionen von Publikationen zu finden sind, ist der Teil C der **Internationalen Bibliographie der Zeitschriftenliteratur,** die

Bibliographie der Rezensionen wissenschaftlicher Literatur. – Osnabrück: Dietrich 1971 ff. 114

Der Vorläufer für 1900 bis 1943 war die von F. Dietrich begründete: **Internationale Bibliographie der Zeitschriftenliteratur. Abt. C.: Bibliographie der Rezensionen und Referate.** 115

Buchrezensionen in Zeitungen weist nach: **Zeitungsindex, Beiheft ... Buchrezensionen.** Hrsg. Willi Gorzny. – München: Dokumentation 1975- 116
Bleibt als Jahreskumulation bestehen neben dem seit Mai 1919 erscheinenden **Buchbesprechungs-Sofortdienst.** Ebd. 1979 ff mtl.

117
Enthält jährlich rund 600 Rezensionen aus 22 überregionalen deutschsprachigen Tages- und Wochenzeitungen.

Index of book reviews in the humanities. – Detroit: Philip Thomson 1960 ff. 118
Ersch. jährlich. Mit "humanities" sind die Kultur- und Sozialwissenschaften gemeint. Nach Buchautoren geordnet.

5.5. Kongreßnachweise

Außer den Aufsätzen der Zeitschriften werden natürlich auch die Aufsätze aus den Kongreßveröffentlichungen erschlossen. Allgemeine Kongreßbibliographien:

Index of proceedings received. – London: The British Library, Lending division 1974 ff. Erschien ab 1964 unter dem Titel **BLL Conference index.** 119

Index to scientific & technical proceedings. ISTP. – Philadelphia: Institute of Scientific Information 1978 ff. 2 mtl. u. Jahresausgaben 120

Index to social science & humanities proceedings. ISSHP. – Ebda. 1979 ff. 3 mtl. und Jahresausgaben. 121

Zu den Zeitschriften werden gelegentlich auch die Berichte über periodisch stattfindende Kongresse gezählt. Auch für diese Veröffentlichungen gibt es Bestandsnachweise deutscher Bibliotheken:

Gesamtverzeichnis der Kongreßschriften in Bibliotheken der Bundesrepublik Deutschland einschließlich Berlin West. Bearb. und hrsg. von der Staatsbibliothek Preußischer Kulturbesitz. Hauptband und Registerband (Kongresse vor 1971). – München: Saur, 1976. – Supplement (Kongresse bis 1978) 1980. – Anschlußsupplement (Kongresse bis 1981) 1982. 122
Beim Deutschen Bibliotheksinstitut Berlin ist das gesamte Material auch online abfragbar, wichtig für Titel 1982 ff. Beim DBI soll ab 1986 ff eine Mikroficheausgabe des GKS in einmal jährlich kumulierter Neuausgabe erhältlich sein.

5.6. Personalbibliographien

Arnim, Max: Internationale Personalbibliographie. Begründet von Max Arnim, fortgef. von Gerhard Bock und Franz Hodes. – Stuttgart: Hiersemann 1944 -   123
1. 1800-1943. A-K. 2., verb. u. stark verm. Aufl. 1944.
2. 1800-1943. L-Z. 2., verb. u. stark verm. Aufl. 1950-52.
3. 1944-1959 und Nachträge. 2., verb. u. stark verm. Aufl. 1961-66.
3(neu). 1944-59 (75). A-H. 2., völlig umgearb. Aufl. von Bd 3. 1981.
4. 1944-84. I-R. 2., völlig umgearb. Aufl. von Bd 3. 1984.
Erschienen bis Lfg. 21. Specht - Thibaut de Maisières. 1985.

Bio-Base. 2nd ed. – Detroit: Gale Research 1981.   124
Periodisch erscheinender, kumulativer Index auf Microfiches zu biographischen Artikeln in über 375 biographischen Wörterbüchern. Sowohl Lebende als auch Verstorbene aller Berufe der ganzen Welt.

Current contents address directory. Institute for Scientific Information. ISI. – Philadelphia, Pa.: ISI Social sciences – arts and humanities. 1984 (1985) ff.   125
Vorg.: **Current bibliographic directory of the arts and sciences.** Enth. drei Teile: Autoren (mit Adresse ihrer Institution und Bibliographie des betr. Jahres), Institutionenverzeichnis alphabetisch, geographisches Verzeichnis nach Ländern, Städten, Institutionen.

5.7. Nationalbibliographien

Nur der Vollständigkeit halber muß auch auf diese Art von Literaturauskunftsmitteln eingegangen werden:

Nationalbibliographien erschließen relativ schnell, aber durchaus nicht immer ganz vollständig, das Schrifttum eines Landes, häufiger sind einige Schriftengattungen wie Zeitschriften, Hochschulschriften, Schrifttum, das außerhalb des Buchhandels erscheint, u.a.m. nicht verzeichnet. Es wird stets das Schrifttum aller Sachbereiche ohne qualitative Auswahl verzeichnet. Neben den laufend, meist wöchentlich erscheinenden Primärstufen gibt es mehrere Kumulationsstufen, z.B. Jahres- oder Fünfjahresverzeichnisse. Die Nationalbibliographien reichen in den meisten Ländern zeitlich weit zurück. In der Bundesrepublik Deutschland und der DDR gibt es heute eigenständige laufende Nationalbibliographien.

Sehr nützliche *Kumulationen* aus nationalbibliographischen Verzeichnissen sind:

Gesamtverzeichnis des deutschsprachigen Schrifttums 1911-1965. (GV neu). Hrsg. R. Oberschelp. Bd. 1-150. – München: Saur 1976-1982 (Bände orange) 126
Auch als Mikroficheausgabe in manchen Bibliotheken. Es erfaßt für den genannten Zeitraum die deutsche Nationalbibliographien und Hochschulschriften in einem Alphabet.

Gerade erschienen ist das folgende monumentale Werk:

Gesamtverzeichnis des deutschsprachigen Schrifttums 1700-1919. (GV alt) Bd 1-160. – München: Saur 1979-86. (Bände blau) 127
Gegenwärtig existieren für die *Bundesrepublik und die DDR* folgende nationalbibliographische Verzeichnisse:

Reihe A: Wöchentliches Verzeichnis. Erscheinungen des Buchhandels 1947 ff. mit Monatsregistern. 128

Reihe B: Erscheinungen außerhalb des Verlagsbuchhandels. 1965 ff. gemeinsame Register mit Reihe A seit 1986. 129

Reihe H: Hochschulschriftenverzeichnis 1972 ff. mtl. mit Jahresregister 130

Reihe N: Neuerscheinungs Sofortdienst CIP (Cataloging in publication) 1975 ff. wöchentlich mit Monatsregister 131

Kumulierungen der Reihe, A, B und C sowie einer Auswahl österreichischer und schweizerischer Publikationen geschieht durch das

Halbjahresverzeichnis 1951 ff., das zwar etwa ein Jahr Verzugszeit hat, aber durch das Schlagwort- und Stichwortregister auch gut zur sachlichen und Titelsuche geeignet ist. Jeweils 10 Bände werden kumuliert zum 132

Fünfjahresverzeichnis 1945-. Zuletzt 1976-1980 vorliegend. 133

Die Deutsche Bibliographie bietet ferner ein **Zeitschriftenverzeichnis 1945 ff.,** ein **Verzeichnis amtlicher Druckschriften** 1965-1982, ein **Musiktonträgerverzeichnis** 1974 ff. und ein **Musikalienverzeichnis 1976 ff.**

Datenbank

Mit **Biblio-Data** besteht die Möglichkeit, online formal und sachlich in der **Deutschen Bibliographie** zurückreichend bis 1966 zu suchen. Zugang über die jeweilige Universitätsbibliothek. 134

Zu Details der nationalbibliographischen Verzeichnung der deutschsprachigen Länder und der vielen anderen Nationen siehe insb. **Totok-Weitzel** (Nr. 90, S. 42 ff)

Verzeichnisse der DDR (Deutsche Bücherei in Leipzig, in Fortsetzung der alten Deutschen Nationalbibliographie):

Deutsche Nationalbibliographie und Bibliographie des im Ausland erschienenen deutschsprachigen Schrifttums. **(DNB)**. – Leipzig: Börsenverein d. Dt. Buchhändler 1931 ff.
Reihe A: Neuerscheinungen des Buchhandels 1931 ff wöch.
Reihe B: Neuerscheinungen außerhalb des Buchhandels, 1931 ff. 14tgl. bis 1967 einschl. Dissertationen u. Habilitationen. 135

Kumulierungen

Deutsches Bücherverzeichnis. 1952 ff = Fünfjahresverzeichnis 1952 ff. 136

Es sei nur noch auf die wenigen folgenden ausländischen Nationalbibliographien verwiesen. Über die Erschließung des nationalen Schrifttums anderer Länder informiere man sich in den Bibliographien der Bibliographien oder sehe sich am besten die entsprechenden Verzeichnisse im Informationszentrum einer Universitätsbibliothek oder großen wissenschaftlichen Bibliothek an.

Östereichische Bibliographie. – Wien 1946 ff. 137

Das Schweizer Buch. – Zürich 1943 ff. Schweizer Bücherverzeichnis. Zürich 1951 ff 5jrl. 138

British National Bibliography. – London: British Library, Bibliographic Services Division 1950 ff. Erscheint wöchentlich, Jahresausgaben, Fünfjahresausgaben. Ordnung der Titel jeweils nach Dewey Dezimalklassifikation, Sachregister, Autoren- und Titelregister. 139

Bibliographie de la France. Notices établies par la Bibliothèque Nationale. Erscheint seit 1811, derzeit 2wöchentlich: **livres,** monatlich: **Publications en série,** 2monatlich: **Publications officielles,** vierteljrl. **Musique,** jrl. **Atlas, Cartes et Plans.** 140

Außerdem erscheint:

Biblio. Les livres de l'année. Paris 1971 ff., jrl. Französischsprachige Publikationen der ganzen Welt enthaltend. Ab 1980 ff u.d.T. **Répertoires livres hebdo.** Un an de nouveautés 141

Bibliografia Nazionale Italiana... Unter diesem Titel seit 1958 ff mtl mit Jahresausgaben 142
Vorläufer seit 1867

American book publishing record. – New York: Bowker. Berichtszeit 1876 ff. Erscheint seit 1960 ff 143
Monatlich mit Jahres- und Mehrjahreskumulationen. Retrospektive Kumulationen: ABPR Cumulative 1876-1949, 1950-1977

Zur Erstinformation kann man aber auch benutzen:

Cumulative book index. – New York, N.Y.: Wilson 1898 ff. mtl mit Vierteljahres- und Jahreskumulierungen, bis 1968 auch Mehrjahreskumulationen. Kreuzkatalog englischsprachiger Bücher der USA und der ganzen Welt (seit 1929 ff), für die Titelsuche hervorragend geeignet.
144

Knizhnaija letopis'... V.1.-. – Moskva: 1907 ff. 145

Eine jährliche Auswahl der russischen Buchproduktion ist zusammengestellt in:

Ezhegodnik nigi SSSR. Systematicheskij ukazatel', 1941-. – Moskva: Izd-vo Vsesoinznoi knizhnoi palaty 1946 ff. 146

Die Ermittlung der Literatur, die *außerhalb des Buchhandels* erscheint, ist recht schwierig. Verbände, Universitätsinstitute, wissenschaftliche Gesellschaften usw. geben Veröffentlichungen, Forschungsberichte und Kleinschrifttum heraus. Nur ein Teil dieses Schrifttums ist in den Nationalbibliographien angezeigt.

Das *unselbständige* Schrifttum eines Landes, also die Aufsätze in Zeitschriften, Sammelbänden, Kongreßberichten usw., ist durch die Fachbibliographien erschlossen.

Man wird Nationalbibliographien selten benutzen, gelegentlich sind sie zur Verifikation nützlich. Nationalbibliographien sind fast immer so angelegt, daß in ihnen auch sachlich gesucht werden kann. Gelegentlich sind Nationalbibliographien geeigneter, neuerschienene Fachbücher aufzuspüren, als die Buchhandelsbibliographien und etwas schleppend erscheinenden Fachbibliographien.

5.8. Buchhandelsbibliographien (books in print)

Die insbesondere für Buchhandelszwecke hergestellten Verzeichnisse lieferbarer Bücher (books in print) weisen für die einzelnen Länder die zu einem bestimmten Zeitraum im Buchhandel befindliche Literatur nach. Zumeist erscheinen diese Verzeichnisse jährlich neu, die verzeichnete Literatur ist nicht auf bestimmte Erscheinungsjahre begrenzt, jedoch sind sehr selten Bücher aufgelistet, die älter als 10 Jahre sind. Es sind jedoch nicht alle Publikationen eines nationalen Veröffentlichungswesens enthalten, so fehlt die Literatur, die nicht als typische Buchhandelsliteratur hergestellt wurde, z.B. Kataloge für Museen und Ausstellungen, Firmen- und Institutsreports sowie anderes Firmenschrifttum und Kleinschrifttum usw., weiterhin beteiligen sich nicht alle Verlage, insbesondere nicht die Minipressen und ad-hoc-Verlage an der Verzeichnung ihrer Publikationen. Dennoch geben die Buchhandelsverzeichnisse einen recht vollständigen Überblick über die jeweils wenige Jahre zurückliegende nationale, vom Buchhandel beschaffbare Buchproduktion. Da der Aufbau der Verzeichnisse entsprechend den Bedürfnissen der Buchhändler stets Autor- und auch Titelsuche erlaubt, in einigen Fällen sogar Sachregister bestehen, stehen mit diesen Verzeichnissen wichtige Hilfsmittel zur Suche und Verifikation von Titeln aus dem Bereich der geschichtswissenschaftlichen Buchliteratur zur Verfügung.

Für den deutschsprachigen Bereich ohne die DDR ist maßgebend:

Verzeichnis lieferbarer Bücher. VLB. German books in print. – Frankfurt: Verl. d. Buchhändler Vereinigung 1971 ff jrl   147
Erscheint jährlich im Spätherbst in 4 Bänden, im Frühjahr ein Ergänzungsband. Dies ist ein Bücherverzeichnis im Autorenalphabet, das auch Stichworte und Titel mit Verweisungen auf den Autor enthält.

Man kann also bereits in diesem Teil sachlich suchen. Außerdem gibt es ein ISBN-Register sowie ein Verlagsverzeichnis nach Verlagsnamen mit Adressen. Auch in Mikrofiche-Ausgabe vorliegend. Dazu gibt es das jährliche vierbändige:

VLB-Schlagwortverzeichnis, das sich gut zur sachlichen Suche eignet. Das VLB ist ein heute konkurrenzloses Verzeichnis von über 400 000 Titeln aus fast 4 000 Verlagen der Bundesrepublik und Berlin-West, Österreichs und der Schweiz. 148

Solche nationalsprachigen Verzeichnisse von im Buchhandel lieferbaren Büchern gibt es in vielen Ländern, bedeutsam könnte noch der folgende Titel sein:

Books in print 19.. – New York, N.Y.: Bowker. Dieses in mehreren Bänden in Jahresabstand neu vorliegende Verzeichnis käuflicher Buchliteratur bringt in den ersten Bänden die Literatur im Autorenalphabet, in den letzten Bänden nach Titeln. Hier werden z.Zt. etwas 660 000 Publikationen aufgeführt. Dies ist praktisch die gesamte englischsprachige Buchhandelsliteratur der Welt der letzten Jahre. Zwischen den Jahresausgaben ein Supplement. Für die sachliche Suche ist das dazugehörige **Subject guide to books in print 19..** aus dem gleichen Verlag notwendig. Hier werden nach rund 63 000 Sachbegriffen die Publikationen aufgelistet. Man kann sich also mit Hilfe dieses Titels recht spezialisierte Fachbibliographien zusammenstellen. 149

Zur Aktualisierung gibt der gleiche Verlag alle zwei Monate heraus:

Forthcoming books now including new books in print. 150

Da nicht alle Verlage aus Großbritannien eine Niederlassung in den Vereinigten Staaten haben, muß man für die englische Literatur heranziehen:

British Books in Print. Vol. 1.2. Author, Title, Subject. – London: Whitaker. Jrl. Die Ausgabe '83 enthält über 365 000 Titel. 151

Wegen der bedeutenden Beiträge der italienischen und französischen Historiographie seien hier auch noch die Buchhandelsverzeichnisse Italiens und Frankreichs genannt:

Les livres disponibles. French books in print. – Paris: Cercle de la librairie. Es erscheinen jrl. 3 Bde: Auteurs, Titres, Sujets. Der Jahrg. '84 weist mehr als 260 000 Titel nach. 152

Catalogo dei libri in commercio. – Milano: Ed. Bibliografica. Jrl. ebenfalls drei Bde: Autori, Titoli, Soggeti. Die Jahresausgabe '83 verzeichnet 175 000 Titel. Das Verzeichnis wird ergänzt durch einen Mikrofichekatalog: 153

Novità. Aggiornamento trimestrale al "Catalogo dei libri in commercio", der im gleichen Verlag erscheint. 154

Für den Bereich der weiteren englischsprachig publizierenden Länder kann nützlich sein:

International books in print 19.. English-language titles published outside the United States and the United Kingdom. – New York, München: Saur. 155

Im zweiten Teil, dem subject guide, läßt sich gut sachlich suchen.

6. Fachspezifische Auskunftsmittel

6.1. Internationale oder länderübergreifende Geschichte

6.1.1. Internationale Bibliographien der Bibliographien

Die umfassendsten und bedeutendsten, meist Vollständigkeit anstrebenden und international ausgerichteten Bibliographien der Bibliographien sind:

Petzholdt, Julius: Bibliotheca bibliographica. Kritisches Verzeichnis der das Gesammtgebiet der Bibliographie betreffenden Litteratur des In- und Auslandes. In systematischer Ordnung. – Leipzig: Engelmann 1866   156
Enthält (S. 771-866) eine noch heute nützliche Zusammenstellung älterer Bibliographien, Bibliotheks- und Buchhandelskataloge, Sammlungsbeschreibungen (z.B. von Flugschriften), Repertorien u.ä., teils annotiert.

Besterman, Theodore: A world bibliography of bibliographies and of bibliographical catalogues, calendars, abstracts, digests, indexes and the like. 4. Ed. Vol. 1-5. – Lausanne: Société bibliographique 1965-1966   157

A world bibliography of bibliographies 1964-1974. A list of works represented by Library of Congress printed catalog cards. A decennial Suppl. to Theodore Besterman: A World bibliography of bibliographies. Comp. Alice F. Toomey. Vol. 1, 2. – München: Verl. Dokumentation – 1977   158

Sheehy, Eugene P.: Guide to reference books. 9. Ed. – Chicago: American Library Association 1976   159
Mit Supplementen 1980 und 1982.

Walford's guide to reference material. 4. Ed. Vol. 1 -. – London: Library Association 1980 ff. - 160
Band 2 enthält die Sozial- und Geschichtswissenschaften, sowie Philosophie und Religionswissenschaften.

Totok-Weitzel: Handbuch der bibliographischen Nachschlagewerke. Bd 1, 2. Hrsg. von Hans-Jürgen und Dagmar Kernchen. 6. Aufl. – Frankfurt/M.: Klostermann 1984-1985 161
Das wichtigste deutsche Nachschlagewerk. Ausführlich annotierte Allgemein- (Bd 1) und Fachbibliographien (Bd 2).

Eine laufende Verzeichnung der selbständig, unselbständig oder "versteckt" (z.B. in Festschriften oder Sammelbänden) erschienenen Bibliographien erfolgt durch:

Bibliographie der Bibliographien. Monatliches Verzeichnis, bearb. und hrsg. von der Deutschen Bücherei. – Leipzig: Bibliographisches Institut 1. 1966 ff. 162
Verzeichnet die "in der DDR, der BRD und Westberlin erschienenen selbständigen und unselbständigen Bibliographien und Literaturverzeichnisse".

Bibliographische Berichte / Bibliographical Bulletin. Hrsg. von der Staatsbibliothek Preußischer Kulturbesitz. Bearb. von Werner Schochow. – Frankfurt/M.: Klostermann 1. 1959 ff. 163
Berichtet (mit einigem Verzug) auch über versteckte Allgemein- und Fachbibliographien auf Grund der Bestände der Staatsbibliothek in Berlin. Gerade für die außereuropäische Geschichte sehr nützlich. Band 26, 1984 (Heft 1) bietet eine hilfreiche Liste der laufend erscheinenden Bibliographien. In unregelmäßigen Abständen kumulierende Mehrjahresregister. Reprokumulation größerer Abschnitte geplant.

In beiden Werken kann man unter geschichtlichen Ereignissen, Personen- und geographischen Namen Bibliographien ermitteln. Wer also längere Zeit über ein historisches Thema arbeitet, sollte jährlich diese beiden Bibliographien durchsehen, um festzustellen, ob Literaturzusammenstellungen erfolgt sind. Doch kann man selbstverständlich auch die Fachbibliographien, die derartiges ebenfalls verzeichnen, konsultieren, doch ist dieser Weg oftmals etwas mühseliger.

Bibliographic index. A cumulative bibliography of bibliographies. – New York: Wilson 1937 ff. Auch Mehrjahreskumulationen 164

Fachspezifische Bibliographien von Bibliographien sind eher selten. Die umfassendste, international ausgerichtete stellt nach wie vor der Auszug von

Besterman, Theodore: History and geography. Vol. 1-4. – Totowa, N.J.: Rowman and Littlefield 1972   165

aus dem o.g. Gesamtwerk dar. Außerdem kann als ältere Zusammenstellung noch herangezogen werden:

Historical Bibliographies. A systematic and annotated guide. By Edith Margaret Coulter and Melanie Gerstenfeld. – New York: Russell & Russell 1965. XII, 206 S.   166

Den Studienanfänger sollte die Masse der hier verzeichneten Titel nicht beunruhigen. Für Seminar- oder Kursarbeiten genügt es meist, einige spezielle Fachbibliographien und die zur Verfügung stehenden systematischen und Schlagwortkataloge der Universitäts- und der Institutsbibliothek zu konsultieren.

6.1.2. Abgeschlossene Bibliographien, auch Auswahlbibliographien

Diese Schriftengattung stellt (neben den laufenden Bibliographien) zweifellos das wichtigste Arbeitsinstrument des Historikers dar (zu den daneben, teils ebenfalls wie Fachbibliographien zu nutzenden Bibliothekskatalogen, Handbüchern etc. s.u.). Schon frühzeitig wurde daher versucht, sämtliches erschienene historische Schrifttum zusammenzustellen und – systematisch aufbereitet – der gebildeten Welt darzubieten. Die wichtigsten älteren, Internationalität anstrebenden Fachbibliographien seien hier, nicht aus antiquarischem, sondern vor allem aus wissenschaftsgeschichtlichem Interesse heraus genannt:

Bolduanus, Paulus: Bibliotheca historica. – Leipzig: Schürer 1620.
                                    167

Struve, Burkhard Gotthelf: Selecta bibliotheca historica. – Jena: Bailliar 1705   168

Schuz, Heinrich: Commentarius criticus de scriptis et scriptoribus historicis. – Ingolstadt und München: Summer 1761   169

Meusel, Johann Georg: Neueste Litteratur der Geschichtskunde. Theil 1-6. – Erfurt: Keyser 1778-1780   170

Enslin, Theodor Christian Friedrich: Bibliotheca historico-geographica oder Verzeichniss aller brauchbaren, in Deutschland erschienenen Bücher über Geschichte, Geographie und deren Hülfswissenschaften. – Berlin und Landsberg: Selbstverlag 1825   171

Ersch, Johann Samuel: Literatur der Geschichte und deren Hülfswissenschaften. Seit Mitte des 18. Jahrhunderts bis auf die neueste Zeit, system. bearb. und mit den nötigen Registern versehen. Neue, fortgesetzte Ausgabe. – Leipzig: Brockhaus 1827. 1388 Sp.   172
Auszug aus dem vom gleichen Verfasser stammenden **Handbuch der deutschen Literatur.**

Langlois, Charles Victor: Manuel de bibliographie historique. 2. Auflage. Bd. 1.2. – Paris: Hachette 1901-1904 Reprint 1968   173

The American Historical Association's guide to historical literature. Ed. by George F. Howe. – New York: Macmillan 1961 (Diverse Reprints). XXXV, 962 S.   174
Erstmals 1931 erschienen, bietet diese umfassende, wenngleich leicht veraltete Übersicht auch einen guten Einstieg in die nichteuropäischen Kulturkreise. Insgesamt über 20 000 Titel verzeichnend (mit Annotationen).

Bücherkunde zur Weltgeschichte vom Untergang des Römischen Weltreiches bis zur Gegenwart. Bearb. von Günther Franz. – München: Oldenbourg 1956. XXIV, 544 S.   175

Bibliographie internationale des travaux historiques publiés dans les volumes de 'Mélanges' / Internationale Bibliographie der in Festschriften und Festgaben veröffentlichten Aufsätze geschichtlichen Inhalts. Tom. 1.2. – Paris: Colin 1955-1965   176
International ausgerichtete Festschrifteninhaltsbibliographie. Berichtszeitraum für Bd. 1: 1880-1939; Bd. 2: 1940-1950.

Die Geschichtsschreibung der DDR, soweit sie sich in Dissertationen manifestiert, wird in der nützlichen Zusammenstellung von Lücke dargestellt:

Lücke, Peter R.: Sowjetzonale Hochschulschriften aus dem Gebiet der Geschichte (1946-1963) – Bonn und Berlin: Bundesministerium für Gesamtdeutsche Fragen 1965. 98 S.   177

6.1.3. Einführungen und Quellenkunden

Hier werden nur die *allgemeinen* Einführungen, Quellenkunden usw. genannt, nicht aber diejenigen für einzelne Epochen oder Länder (hierzu s.u.).

Öttinger, Eduard Maria: Historisches Archiv, enthaltend ein systematisch-chronologisch geordnetes Verzeichnis von 1700 der brauchbarsten Quellen zum Studium der Staats-, Kirchen- und Rechtsgeschichte aller Zeiten und Nationen. – Karlsruhe: Groos 1841   178

Trillmich, Werner: Kleine Bücherkunde zur Geschichtswissenschaft. – Hamburg: Hoffmann und Campe 1949. VIII, 206 S.   179

Einführung in das Studium der Geschichte. Hrsg. von Walther Eckermann und Hubert Mohr. – Berlin: Deutscher Verlag der Wissenschaften 1966. XII, 535 S.   180
Standardwerk der DDR. Entsprechende Periodisierung im Sinn des historischen Materialismus.

Herre, Paul: Quellenkunde zur Weltgeschichte. Ein Handbuch. Unter Mitwirkung von Adolf Hofmeister und Rudolf Stübe bearb. und hrsg. von Paul Herre. – Leipzig: Dieterich 1910. XII, 400 S.   181

Menges, Franz: Quellen zur westeuropäischen Geschichte und Kultur in bayerischen Bibliotheken. – München: Verlag Dokumentation 1977. 1515 S. (Dokumentation Westeuropa; 2)   182

Brunner, Karl: Einführung in den Umgang mit Geschichte. – Wien: Literas-Verlag 1985. 268 S.   183
Unkonventionell, fast spannend geschriebenes Einführungswerk. Verzichtet auf die übliche "Quellenkunde", stellt statt dessen verschiedene Probleme der historischen Forschung (z.B. Quellenlage, Erkenntnis) anhand ausgewählter Beispiele und anschließender theoretischer Reflexion dar.

6.1.4. Handbücher, Lexika, Enzyklopädien

Für den Historiker ist neben der Konsultation moderner Lexika und moderner Kompendien natürlich auch eine Beschäftigung mit ältern, zeitgenössischen Handbüchern und Enzyklopädien erforderlich, einmal wegen der genauen Begrifflichkeit, zum anderen, weil sich manche Informationen nur hier finden. Daher wurden in den letzten Jahrzehnten auch die wichtigsten der älteren Werke neu herausgebracht. Auch die seinerzeit nicht speziell als "historisch" oder "geschichtlich" ausgewiesenen Allgemeinenzyklopädien liefern heute noch wertvolle historische Informationen, sei es, daß bestimmte Sachverhalte in späteren Enzyklopädien nicht mehr aufgeführt wurden, weil man sie für "überholt" hielt, sei es, daß einzelne Personen später keiner Erwähnung mehr für Wert gehalten wurden. Somit dokumentieren die älteren Werke nicht zuletzt auch den Prozeß historischen Erkenntnisfortschritts. Es können hier natürlich nur die wichtigsten dieser älteren Werke genannt werden.

Großes vollständiges Universal-Lexicon aller Wissenschaften und Künste, welche bißhero durch menschlichen Verstand und Witz erfunden und verbessert worden ... – Leipzig: Johann Heinrich Zedler T. 1-64, 1732-1750; Supl. 1-4, 1751-1754. (Reprint 1961-64)   184
Nach dem Verleger meist **Zedler** genanntes, wichtigstes deutsches Werk des 18. Jahrhunderts. Reiche bibliographische Angaben.

Ersch, Johann Samuel u. Johann Gottfried Gruber: Allgemeine Encyclopädie der Wissenschaften und Künste, in alphabetischer Folge von genannten Schriftstellern bearbeitet und hrsg. von J.S. Ersch und J.G. Gruber. Sect. 1: A-G; Sect. 2: H-Ligatur; Sect. 3: O-Phyxios. – Leipzig 1818-1889.   185
Zitiert "Ersch - Gruber". Zum Teil sehr umfangreiche, monographieähnliche Artikel in systematischer Anordnung (der Artikel Griechenland z.B. umfaßt 8 Bände!).

Oekonomisch-technologische Encyklopädie oder allgemeines System der Staats-, Stadt-, Haus- und Landwirtschaft und der Kunstgeschichte in alphabetischer Ordnung. Hrsg. von Johann Georg Krünitz. Bd. 1-242. – Berlin: Pauli 1773-1858.   186
Zitiert "Krünitz". Außerordentlich wichtiges Nachschlagewerk für die Geschichte der Naturwissenschaften sowie die Wirtschafts- und Sozialgeschichte.

Neben diesen großen Faktenlexika sind vor allem ob ihrer geistesgeschichtlichen Bedeutung zu nennen:

Bayle, Pierre: Dictionaire historique et critique. T. 1.2. – Rotterdam: R. Leers 1697   187
Grundlegendes Werk vor der großangelegten Enzyklopädie von Diderot und D'Alembert. Erlebte zahlreiche Neuauflagen.

Supplément au dictionnaire historique, géographique, généalogique & des éditions de Basle de 1732 & 1733. T. 1-3. – Basle: Veuve Jean Christ   187a

Chaufipié, Jacques George de: Nouveau dictionnaire historique et critique pour servir de supplément ou de continuation au dictionnaire historique et critique de Pierre Bayle. T. 1-4. – Amsterdam: Z. Chatelain 1750-1756.   187b

Diderot, Denis u. Jean le Rond d'Alembert: Encyclopédie, ou Dictionnaire raisonné des sciences, des arts et des métiers, par une Société des gens des lettres. Mis en ordre et publié par M. Diderot, et, quant à la partie mathématique, par M. d'Alembert. Vol. 1-35. – Paris: Briasson 1751-1780.   188
Verschiedene Neuauflagen. Das Werk bleibt grundlegend für die gesamte Kultur- und Geistesgeschichte der Aufklärungszeit.

Es können hier nur einige der wichtigsten modernen in- und ausländischen Enzyklopädien und Lexika genannt werden:

Meyers Enzyklopädisches Lexikon. 9. Aufl. Bd. 1-25; Nachträge Bd. 26. – Mannheim: Bibliographisches Institut 1971-1980   189

Eine aktualisierte, wenngleich kürzere Ausgabe:

Meyers Großes Universallexikon in 12 Bänden. Bd. 1-6. – Mannheim: Bibliographisches Institut 1981-1982   190

Dazu kommt die in der DDR erscheinende Ausgabe:

Meyers Neues Lexikon. 2. Aufl. Bd. 1-18. – Leipzig: Bibliographisches Institut 1972-1978   191

Einen interessanten Einblick in das 19. Jahrhundert eröffnet daneben noch die Benutzung der 6. Auflage von Meyers', in dem das Wissen vor dem 1. Weltkrieg zusammengefaßt ist:

Meyers Großes Konversationslexikon. 6. Aufl. Bd. 1-20. 1902-1908; Suppl. 21-24. 1910-1913; "Kriegsnachträge" 1-3. 1916-1920. – Leipzig und Wien: Bibliographisches Institut 1902-1920   192

Brockhaus Enzyklopädie. 17. Auflage. Bd. 1-21. Ergänzungen 22-23. – Wiesbaden: Brockhaus 1966-1976   193

Etwas kürzer, aber aktueller:

Der Große Brockhaus. 18. Aufl. Bd 1-12. – Wiesbaden: Brockhaus 1977-1981   194

The New Encyclopaedia Britannica. 15. ed. Vol. 1-32. – Chicago, London: 1984-85.   195

Setzt die Tradition der bereits im 18. Jahrhundert entstandenen **Encyclopaedia Britannica** fort. Sie besteht mittlerweile aus einem 10 Bände umfassenden, enzyklopädischen Lexikon (Micropaedia), einer zwanzigbändigen ausführlichen Enzyklopädie (Macropaedia) und einer einführenden systematischen Übersicht (Propaedia). Daneben sind 3 weitere englischsprachige Lexika von Bedeutung:

Encyclopedia Americana. International edition in 30 Vol. – New York: Americana Corporation 1986   196

Chamber's Encyclopaedia. Vol. 1-15. – New York: 1967   197

Collier's Encyclopedia with bibliography and index. Vol. 1-24. – New York 1950-1968   198

Alle drei werden durch laufende Jahrbücher aktualisiert.

Für den französischen Sprachraum (Ursprungsland der Enzyklopädie, vgl. o.) liegt vor:

Encyclopaedia universalis. Vol. 1-20. Paris: 1968-1983   199

Darüber hinaus ist zur Zeit im Entstehen begriffen:

Grand Dictionnaire encyclopédique Larusse. 1 ff. – Paris: Larusse 1982 ff.   200

Wichtig und stets bei Arbeiten über diese Länder zu konsultieren sind auch die großen Enzyklopädien der anderen Länder:

Enciclopedia italiana di scienze, lettere ed arti. T. 1-36. Appendici 1-4. – Rom: 1949-1981   201

Enciclopedia universal ilustrada europeo-americana. 1-70. Bd. 1-10 Apéndices. – Madrid: Espasa-Calpe 1958-1968   202

Wird jährlich um ein "Suplemento anual" ergänzt.

Svensk uppslagsbok. 2. Aufl. Bd. 1-32. – Malmö: 1947-1955   203

Grote Winkler Prins Encyclopedie. 8. Aufl. Bd. 1-25. – Amsterdam: Elsevier 1979-1982   204

Die sowjetische Enzyklopädie **Bolschaja Sovetskaja Enciclopedija** liegt auch in englischer Übersetzung vor:

Great Soviet Encyclopedia. A translation of the 3rd ed. Vol. 1-30. – New York: Macmillan 1970-1982   205

Für den jüdischen Kulturkreis liegen mehrere, umfassende Nachschlagewerke vor. Die ältere, gleichwohl für die Geschichte und Kultur des Judentums vor dem 1. Weltkrieg bedeutsame Enzyklopädie sollte ebenfalls (auch für die Geschichte der anderen Völker) noch konsultiert werden:

Jewish Encyclopedia. A descriptive record of the history, religion, literature, and customs of the Jewish people from the earliest times to the present day. Ed. by Isidore Singer. Vol. 1-12. – New York: Funk & Wagnalls 1901-1916   206

Die Herausgabe der in den zwanziger Jahren in Deutschland erscheinenden

Encyclopaedia Judaica. Das Judentum in Geschichte und Gegenwart. Red. Jakob Klatzkin. – Berlin: Eschkol 1928 ff   207
mußte 1933 abgebrochen werden. Daneben bleibt weiterhin wichtig:

Universal Jewish encyclopaedia. ... an authoritative and popular presentation of Jews and Judaism since the earliest times. Ed. by Isaac Landmann. Vol. 1-10. – New York: The Universal Jewish encyclopaedia Inc. 1939-1943   208

Neueste, heute maßgebliche Ausgabe:

Encyclopaedia Judaica. Vol. 1-16. – Jerusalem: Encyclopaedia Judaica 1971-1972   209

Daneben finden sich schon früh eine Reihe von *spezifisch historischen Nachschlagewerken.* Auch hier wird man auf die älteren Werke bisweilen zurückgreifen wollen:

Iselin, Jakob Christoph: Neu-vermehrtes historisch- und geographisches Allgemeines Lexikon. T. 1-4. Suppl. 1.2. – Basel: Johann Brandmüller 1726-1742.   210

Bolms Geschichts-Lexikon. Bd. 1.2. – Berlin: August Bolm 1881.
213

Handbuch der europäischen Geschichte. Hrsg. von Theodor Schieder.
Bd. 1-7. – Stuttgart: Union Verlag 1968-81   214
Reicht zeitlich vom Übergang der Antike zum Mittelalter (incl. Völker-
wanderung) bis ins 20. Jahrhundert.

Weltgeschichte in Daten. Hrsg. von Alfred Anderle und Werner Basler.
2. Aufl. – Berlin: Deutscher Verlag der Wissenschaften 1973. 1282 S.
215
Die gesamte Weltgeschichte wird gemäß marxistischer Epochengliederung chronologisch dargestellt. Umfangreiche Berücksichtigung der
Wirtschaftsgeschichte.

Fuchs, Konrad und Heribert Raab: Dtv-Wörterbuch zur Geschichte. 5.
Aufl. Bd. 1.2. – München: Deutscher Taschenbuchverlag 1983. 892 S.
(Dtv-TB 3036. 3037)   216
Mit reichen Literaturhinweisen. Zur Anschaffung empfohlen.

Langer, William L.: An encyclopedia of world history: Ancient, medieval and modern, chronologically arranged. 5. Aufl. – Boston: Hough-
ton Mifflin 1972. 1569 S.   217
Der amerikanische "Ploetz".

Dictionary of world history. Gen ed.: Gerald M.D. Howat. – London:
Nelson 1973. XXVII, 1720 S.   218

Mourre, Michel: Dictionnaire encyclopédique d'histoire. T. 1-8. – Paris: Bordas 1978.   219
Reich illustriert, läßt dieses umfassende Lexikon leider Hinweise auf
weiterführende Literatur vermissen. Systematisches Schlagwortregister
erleichtert die Arbeit auch für den Benutzer, der der französischen
Sprache nicht sonderlich mächtig ist.

**Haberkern, Eugen und Joseph F. Wallach: Hilfswörterbuch für Histo-
riker.** Mittelalter und Neuzeit. 6. Aufl. T. 1.2. – München: Francke 1980.
678 S. (Uni-Taschenbücher; 119.120)   220
Literaturhinweise fehlen; das Buch ist aber für Anfänger gut geeignet.

Wörterbuch zur Geschichte. Begriffe und Fachausdrücke. Hrsg. von
Erich Bayer. 4. Aufl. – Stuttgart: Kröner 1980. XI, 561 S. (Kröners Taschenausgabe; 289.)   221

Beste Kurzeinführung. Standardwerk, eigene Anschaffung empfehlenswert! Ca. 5 000 Stichwörter mit wenigen, weiterführenden Literaturangaben. Auch die antike und die außereuropäische Geschichte sind hinreichend berücksichtigt.

Der große Ploetz. Auszug aus der Geschichte. Begr. von Karl J. Ploetz. 29. Aufl. – Freiburg: Ploetz 1981. XX, 1688 S.   222
Das leicht benutzbare, faktenreiche Standardwerk liegt nunmehr in der 29. Aufl. (mal "Ploetz", dann wieder "großer Ploetz" genannt) vor (1. Aufl. von 1863) und ist für die schnelle Daten- und Faktensuche gut geeignet. Ergänzend muß man jedoch immer (gerade für die außereuropäischen Länder) auch andere Nachschlagewerke konsultieren.

Wörterbuch der Geschichte. Hrsg. und red. bearb. von Horst Bartel und Dieter Fricke. Bd. 1.2. – Köln: Pahl-Rugenstein 1984   222a
Es handelt es sich um das Standardwerk der DDR-Historiographie und sollte wegen der terminologisch unterschiedlichen Diktion herangezogen werden.

Auf jeden Fall zur eigenen Anschaffung zu empfehlen ist der schon von der Schule her bekannte dtv-Atlas zur Weltgeschichte:

Kinder, Hermann u. Werner Hilgemann: Dtv-Atlas zur Weltgeschichte. Karten und chronologischer Abriß. 17. Aufl. Bd. 1.2. – München: Dt. Taschenbuch-Verlag 1981   222b

Neben diesen allgemein ausgerichteten Lexika sollte man für Spezialthemen kennen:

Rothenburg, F.R. von: Wörterbuch aller in Deutschland und den angrenzenden Ländern seit dem Jahre 113 v. Chr. bis 1833 n. Chr. vorgefallenen Schlachten, Belagerungen und Gefechte. 3. Aufl. – Wien: Hirschfeld 1835   223

Dupuy, Richard E. and Trevor N. Dupuy: The encyclopedia of military history. From 3500 b.C. to the present. – New York: Harper & Row 1970. XIII, 1406 S.   224
Chronologisch und geographisch aufgebaut. Genaue Verzeichnung aller kriegerischen Ereignisse. Vgl. auch Neuzeit (s.u. Nrn. 571 ff.)

Für die Übersetzung der im Mittelalter und in der frühen Neuzeit noch allgemein üblichen latinisierten Orts- und Gebietsnamen ist heranzuziehen:

Graesse, Johann Georg Theodor; Friedrich Benedict u. Helmut Plechl: Orbis Latinus. Lexikon lateinischer geographischer Namen des Mittelalters und der Neuzeit. Bd. 1-3. – Braunschweig: Klinkhardt und Biermann 1972. 225

Eine kürzere Ausgabe:

Graesse, Johann Georg Theodor; Friedrich Benedict u. Helmut Plechl: Orbis Latinus. Lexikon lateinischer geographischer Namen. Handausgabe. Lateinisch-deutsch; deutsch-lateinisch. Hrsg. und bearb. von Helmut Plechl. 4. Aufl. – Braunschweig: Klinkhardt und Biermann 1971. VIII, 579 S. 226

Weniger zur schnellen Fakteninformation, sondern eher zum Kennenlernen größerer Zusammenhänge gedacht sind die oft sehr umfangreichen, meist als Gemeinschaftswerke zahlreicher Gelehrter entstandenen Gesamtdarstellungen, die zudem den Vorteil haben, daß in ihnen oft sowohl ausführliche Quellenverzeichnisse angegeben werden, wie auch weiterführende Literaturhinweise verzeichnet sind.

Die wichtigsten seien hier genannt:

Peuples et civilisations. Histoire générale. Fondée par Louis Halphen et Philippe Sagnac. T. 1-22. – Paris: Presses Univ. de France 1926-75. (Div. Neuauflagen) 227

Wichtigstes Gesamtwerk der französischen Historiographie. Sehr zu empfehlen.

Historia mundi. Ein Handbuch der Weltgeschichte in 10 Bänden. Begr. von Fritz Kern. Hrsg. von Fritz Valjavec unter Mitw. des Instituts für Europäische Geschichte in Mainz.Bd. 1-10. – Bern: Francke 1952-61

228

Propyläen Weltgeschichte. Eine Universalgeschichte. Hrsg. von Golo Mann und Alfred Heuss. Bd. 1-10. – Berlin: Propyläen Verlag 1960-65. Reprint (zu sehr erschwinglichem Preis): 1986 229

Wichtigstes deutschsprachiges Werk einer internationalen Autorengemeinschaft. Kulturhistorisch orientiert, werden alle Weltkulturen ausführlich behandelt. Die Ergänzungsbände **Summa historica. Die Grundzüge der welthistorischen Epochen** und **Bilder und Dokumente zur Weltgeschichte** runden das Bild theoretisch und visuell ab. Ausführliche Bibliographie im 1. Ergänzungsband S. 541-687.

Daneben (wegen der Gliederung in Einzelbände und wegen des geringen Preises auch für den schmalen Geldbeutel erschwinglich) sollte herangezogen werden:

Fischer-Weltgeschichte. Wissenschaftliche Leitung: Jean Bollack. Bd. 1-36. – Frankfurt a.M.: Fischer Taschenbuch Verlag 1965-83.   230
Sehr übersichtlich durch eine äußere Gliederung in 36 Bände, wobei auch die antiken Staaten des Orients und Ägyptens und die außereuropäischen Staaten und Kulturkreise hinreichende Berücksichtigung finden. Einige Bände haben bereits mehrere Auflagen erfahren. 1. Vorgeschichte; 2.-4. Alter Orient; 5.-8. Antike; 9.-11. Mittelalter; 12. Renaissance, Reformation; 13.-15. Byzanz und Islam; 16.-20. Asien; 21.-23. Lateinamerika; 24.-27. Europa in der Neuzeit; 28. 29. Imperialismus und Kolonialismus; 30. USA; 31. Rußland/Sowjetunion; 32. Afrika; 33. Asien; 34.-36. 20. Jahrhundert   231
Literaturübersichten am Ende jedes Bandes.

Der Textteil knapp und nur als Einführung brauchbar, die reichen bibliographischen Angaben aber auch für weitergehende Studien gut verwertbar:

Nouvelle Clio. L'histoire et ses problèmes. Collection dirigée par Robert Boutruche et Paul Lemerle. 1 ff. – Paris: Presses Univ. de France 1963 ff   232

Eher kulturgeschichtlich orientiert ist das unter den Auspizien der Vereinten Nationen herausgegebene Sammelwerk:

History of mankind. Cultural and scientific development. Bd 1 ff – London: Allen & Unwin 1963 ff   233

Darüber hinaus bieten die wirtschafts- und sozialgeschichtlichen Werke einen guten Einstieg in diesen sonst eher etwas vernachlässigten (zugunsten der allgemeinen politischen Geschichte) Teilbereich:

The Cambridge economic history of Europe. Vol. 1-8. – Cambridge: University Press 1941 ff (mehrere Nachdrucke)   234
Umfangreiche Bibliographien in jedem Band.

Europäische Wirtschaftsgeschichte. Hrsg. von K. Borchardt. Bd. 1-5. – Stuttgart: Fischer 1976-1980   235
Ursprünglich 1973 in 6 Bänden von Carlo Cipolla als "Fontana economic History of Europe" herausgegebenes englisches Standardwerk. Auswahlbibliographien in jedem Band.

Handbuch der europäischen Wirtschafts- und Sozialgeschichte. Hrsg. von Hermann Kellenbenz. Bd. 1-6. – Stuttgart: Klett-Cotta 1980 ff

236

Handbuch der Wirtschaftsgeschichte. Hrsg. vom Institut für Wirtschaftsgeschichte der Akademie der Wissenschaften der DDR. Bd. 1.2. – Berlin: Deutscher Verlag der Wissenschaften 1981   237

Wirtschafts-Ploetz. Die Wirtschaftsgeschichte zum Nachschlagen. Hrsg. von Hugo Ott und Hermann Schäfer. – Freiburg: Ploetz 1983. 534 S.   238
Umfangreiche Kapitel zu wirtschaftshistorischen Themen. Zahlreiche Statistiken, Tabellen und Zeitübersichten.

6.1.5. Laufende Fachbibliographien und Forschungsberichte

Die wichtigsten, weil im Idealfall immer aktuell gehaltenen Informationen bezieht der Historiker natürlich aus der laufenden Berichterstattung in Fachzeitschriften. Eine Reihe dieser Zeitschriften wird weiter unten genannt. Viele von ihnen haben einen mehr oder weniger ausführlichen Rezensionsteil, sodaß eine relativ aktuelle Information gewährleistet ist. Aus manchen dieser Übersichten und Literaturzusammenstellungen haben sich mit der Zeit selbständig erscheinende Bibliographien entwickelt, die auf nationaler oder regionaler Ebene oft mit dem Anspruch auf Vollständigkeit regelmäßig erscheinende Bibliographien zu einem bestimmten Themenkreis herausgeben. Die international ausgerichteten Bibliographien können demgegenüber oft nur eine Auswahl bieten. Hier und im folgenden werden lediglich die international oder supranational ausgerichteten Bibliographien angezeigt. Für einzelne Regionen und Zeitabschnitte wird auf die entsprechenden Abschnitte weiter unten verwiesen.

Der Versuch einer umfassenden Verzeichnung findet sich in der

Bibliothek Standort
Signatur

International bibliography of historical sciences. Internationale Bibliographie der Geschichtswissenschaften. Bibliographie internationale des sciences historiques. Edited with the contribution of the National Committees by Michael François and Nicolas Tolu. – München: Saur 1. 1926 ff (1930 ff)   239

Wertet ca. 3 000 Zeitschriften laufend aus und bietet eine repräsentative Auswahl von jährlich ca. 8 000 Titeln aus dem Gesamtbereich der Geschichtswissenschaft. Recht großer, oft mehrjähriger Berichtsverzug.

Literaturberichte über Neuerscheinungen zur außerdeutschen Geschichte. Hrsg. von Walther Kienast. – München: Oldenbourg 1962 ff (Historische Zeitschrift; Sonderheft 1 ff)   240
Sonderbesprechungen wichtiger Neuerscheinungen aller wichtigen außerdeutschen Länder, abgelöst seit Anfang der 70er Jahre durch thematisch enger begrenzte Einzelhefte. Genaue und gesonderte Verzeichnung siehe bei den jeweiligen Ländern und Epochen.

Bibliography of historical works issued in the United Kingdom. 1946/56 ff. – London: Univ. of London, Inst. of Historical Research 1957 ff
                                                                      241
In 5-Jahresabständen erscheinendes Verzeichnis. Es enthält die Monographien zur gesamten Weltgeschichte, die in Großbritannien veröffentlicht wurden.

Für die Zeit von 1940-1945 liegt vor (auch Zeitschriftenaufsätze verzeichnend):

Bibliography of historical writings published in Great Britain and the Empire. – London: Univ. of London 1947   242

Einzelne formale Gruppen sind darüber hinaus gut erschlossen, nämlich die *Festschriften* und die *Rezensionen:*

Bibliographie internationale des travaux historiques publiés dans les volumes de 'mélanges'. Internationale Bibliographie der in **Festschriften** und Festgaben veröffentlichten Aufsätze geschichtlichen Inhalts ... Sous la dir. de Hans Nabholz et Gerhard Ritter. T. 1.2. – Paris: Colin 1955-1965   243
Teil 1 umfaßt die Jahre 1880-1939, Teil 2 die Jahre 1940-1950.

Index to book reviews in historical periodicals. Comp. by John W. Brewster and Deborah Gentry. 1972 ff. – Metuchen, N.J.: Scarecrow Press 1976 ff   244

Über die Städtegeschichte informiert neben den weiter unten genannten nationalen Verzeichnissen:

Commission Internationale pour l'Histoire des Villes. Guide international d'histoire urbaine. Prép. par la Commission sous la dir. de Philippe Wolff. 1 ff. – Paris: Klincksieck 1977 ff   245
Bd 1 (Europa) ist bereits erschienen, Bd. 2 (übrige Staaten) geplant.

Internationale Zeitschriftentitel – Bibliographien

An älteren Zusammenstellungen sind nach wie vor nützlich:

Kramm, Heinrich: Bibliographie historischer Zeitschriften 1939-1951. Bd. 1-3. – Marburg: Rasch 1952-1954   246
Hier werden vor allem auch landeskundliche Zeitschriften stärker berücksichtigt.

Boehm, Erich u. Lalit Adolphus: Historical periodicals. – Santa Barbara, Calif.: Clio 1961   247

Kirby, J.K.: A guide to historical periodicals in the English language. – London: Historical Association 1970 (Helps fo students of history. 80)   248

Daneben ist im Erscheinen begriffen:

Historical periodicals directory. Ed. by Eric H. Boehm; Barbara H. Pope and Marie S. Ensign. Vol. 1-5. – Santa Barbara, Calif.: Clio 1981 ff.   249
Band 1, umfassend die in den USA und Canada erscheinenden Zeitschriften (1 500 Einträge), sowie Band 2, die Zeitschriften Nord-, West-, Zentral- und Südeuropas umfassend (4 500 Einträge), liegen bereits vor. Geplant sind: 3. Ost- und Südosteuropa und Sowjetunion; 4: Übrige Welt; 5: Internationale Organisationen, Addenda und Indices.

Verzeichnet historische Zeitschriften im engeren Sinne (also keine Serien und laufend erscheinenden Bibliographien). Weit gefaßter Geschichtsbegriff, vor allem sind über die ereignisgeschichtlich orientierten Zeitschriften hinaus auch die Wirtschafts- und Sozialgeschichte sowie die Wissenschaftsgeschichte berücksichtigt. Somit ist das Werk nicht nur für Historiker nützlich, sondern auch für verwandte (und bisweilen historisch arbeitende) Disziplinen wie Soziologie, Philosophie, Jura, Wirtschaftswissenschaften und für die Geschichte der Naturwissenschaften. Es werden nicht nur streng wissenschaftliche Werke aufgeführt, sondern auch allgemeine, teils auch populärwissenschaftliche

Periodica. Für einen weltweiten Überblick über die vorhandenen Zeitschriften (laufende bzw. solche die nach 1960 ihr Erscheinen eingestellt haben) sicherlich sehr nützlich, doch macht die alphabetische Anordnung ein systematisches Suchen unmöglich, jedenfalls solange das für Band 5 angekündigte Register noch nicht vorliegt.

The combined retrospective index-set to journals in history, 1938-1974. With an introduction and user's guide. Executive ed. Annadel N. Wile. Vol. 1.-11. – Washington: Carrollton Press 1977-78. (C.R.I.S. Combined retrospective index sets.) 250

Verzeichnet die in den Jahren 1938-1974 in 243 ausgewählten anglo-amerikanischen Zeitschriften (zur Sinologie, Geschichte und Politik) erschienene Literatur zur gesamten Weltgeschichte. Sachliche Hauptgruppen (342), danach Feingliederung durch Stichwörter. Verfasserregister. Findet eine Fortsetzung durch:

Annual Bulletin of historical literature. No. 60, 1974 ff. – London: Historical Association 1977 ff 251

In Deutschland existierte vor dem ersten Weltkrieg ein vorzügliches Organ der in Deutschland erschienenen oder sich auf Deutschland beziehenden Historiographie, nämlich die

Jahresberichte der Geschichtswissenschaft. Im Auftrag der Historischen Gesellschaft zu Berlin. Hrsg. von F. Abraham; J. Hermann. Bd. 1 (1878) -36 (1913). (Mehr nicht ersch.) – Berlin 1880-1913. 252

Zunächst jährlich, später halbjährlich wurden von ausgewiesenen Kennern der jeweiligen Epochen in Sammelbesprechungen die wichtigsten Neuerscheinungen vorgestellt. (Näheres s. u. Nr. 531 ff.)

Aus der Berichterstattung in **American historical review** (vom Jahre 1895-1975), der von der American Historical Association hrsg. Zeitschrift, gingen (zunächst als Beilage, dann selbständig) seit 1. 1976 die **Recently published articles** hervor. Pro Jahr werden 15 000 Titel in systematischer Ordnung angezeigt, jedoch nicht weiter erschlossen (keine Register). Gleichwohl handelt es sich um die wichtigste amerikanische laufende Bibliographie zur Weltgeschichte.

Research in progress in English and history in Britain, Ireland, Canada, Australia and New Zealand. 1. 1975 ff. – London, New York 1975 ff 253

Internationaler Forschungsbericht mit Schwerpunkt zur Historiographie der Britischen Inseln. Unzureichende Beschreibung der angezeigten Werke, da lediglich Kurztitelaufnahmen angefertigt wurden.

6.1.6. Hilfswissenschaften

Unter dem Begriff *Historische Hilfswissenschaften* werden hier alle "handwerklich – methodischen Fähigkeiten und Sachkenntnisse" (Brandt) verstanden, soweit sie für das Studium des Mittelalters und der Neuzeit gebraucht werden (Hilfswissenschaften der Alten Geschichte weisen demgegenüber einige Besonderheiten auf und werden darum bei der Alten Geschichte mitbehandelt), also Historische Geographie, Chronologie, Genealogie, Paläographie, Archivistik und Urkundenlehre, Heraldik, Sphragistik und Numismatik. Die Zeiten, da man glaubte, auf derartige "antiquierte" Teildisziplinen der Geschichtswissenschaft verzichten zu können, dürften längst der Vergangenheit angehören. Im Gegenteil: Erst die soliden Vorarbeiten der Hilfswissenschaften (oft auch Basis- oder Grundwissenschaften genannt) ermöglichen eine auf fundiertem Quellenmaterial aufgebaute historische Forschung. Die Begrifflichkeit wurde im ausgehenden 18. Jahrhundert geprägt.

Immer noch gewinnbringend zu lesen:

Canzler, Friedrich Gottlieb: Allgemeines Literararchiv für Geschichte, Statistik, Handlung, deren Nebenwissenschaften und Hülfsmittel. – Göttingen: Vandenhoeck und Ruprecht 1791-1797   254

Fessmaier, Johann Georg: Grundriß der historischen Hülfswissenschaften, vorzüglich nach Gatterer. – Landshut: Weber 1802-

255

Fabri, Johann E.: Encyklopädie der historischen Hauptwissenschaften und deren Hülfs-Doktrinen Archäologie, Altertumskunde, Chronologie, Diplomatik, Epigraphik, Genealogie, Heraldik, Hieroglyphik, Mythologie, Numismatik, Sphragistik, Toponomie, Politische Arithmetik. – Erlangen: Palm 1808   256
Vgl. auch Ersch/Gruber (o. Nr. 185)

Eine nützlich und unbedingt anschaffungswürdige Einführung bietet:

Brandt, Ahasver von: Werkzeug des Historikers. Eine Einführung in die historischen Hilfswissenschaften. Ergänzende Bibliographie von Jochen Goetze. 10. Aufl. – Stuttgart: Kohlhammer 1983. 210 S. (Urban-Taschenbuch; 33)   257
Es handelt sich um die nunmehr bereits in 10. Auflage vorliegende Standardeinführung, deren Literaturverzeichnis (Stand von 1972) aktualisiert wurde.

Im folgenden wird die wichtigste Literatur zu den Hilfswissenschaften im einzelnen vorgestellt. Zur Literatur einzelner Länder und Regionen vgl. weiter unten. 6.2.6. ff

6.1.6.1. Archivistik

Bibliographie analytique internationale des publications relatives à l'archivistique et aux archives. (Publications parues en 1958 et 1959 et complément aux bibliographies publ. dans les volumes précédentes d'Archivum.) – Paris: Pr. univ. de France 1964. VIII, 290 S. (Archivum. Fasc. bibliographique; 1)   258

Duchein, Michel: International Council on Archives. Conseil international des archives. **Basic international Bibliography of archive administration.** Bibliographie internationale fondamentale d'archivistique. – München: Verlag Dokumentation 1978. 250 S. (Archivum; 25)   259

Demandt, Karl E.: Laterculus notarum. Lateinisch-deutsche Interpretationshilfen für spätmittelalterliche und frühneuzeitliche Archivalien. Mit 4 Tafeln spezieller Zahlenschreibungen des 14.-16. Jahrhunderts. 3. Aufl. – Marburg 1979. 331 S. (Veröffentlichungen der Archivschule Marburg, Institut für Archivwissenschaft; 7)   260

6.1.6.2. Genealogie

Ribbe, Wolfgang u. Eckart Henning: Taschenbuch für Familiengeschichtsforschung. Begr. von Friedrich Wecken. 9. Aufl. – Neustadt a.d. Aisch: Degener 1980. 422 S.   261
Zur Zeit die beste Einführung. Bietet Quellenkunde, weiterführende Literaturhinweise und praktische Tips für den Umgang mit genealogischem Material.

Außerdem von denselben Verfassern:

Henning, Eckart u. Wolfgang Ribbe: Handbuch der Genealogie. – Neustadt an der Aisch: Degener 1972   262

Dimpfel, Rudolf: Biographische Nachschlagewerke. Adelslexika, Wappenbücher. Systematische Zusammenstellung für Historiker und Genealogen. – Leipzig: Heims 1922. 128 S. Reprint 1978   263

6.1.6.3. Heraldik

Alle zur Heraldik (Wappenkunde) gehörenden Fragen werden auch bei den sphragistischen Bibliographien, Handbüchern usw. mitbearbeitet.

Galbreath, Donald L. u. Léon Jéquier: Lehrbuch der Heraldik. – München: Battenberg 1978. 343 S.   264
Übersetzung des Standardwerks **Manuel du blason.** Als Einführung nach wie vor am besten geeignet. Chronologisch-systematische Quellenkunde.

Henning, Eckart u. Gabriele Jochums: Bibliographie zur Heraldik. Schrifttum Deutschlands und Österreichs bis 1980. – Köln: Böhlau 1984. 546 S. (Bibliographie der historischen Hilfswissenschaften; 1)   265
Grundlegendes Werk. Es ist für alle heraldischen und zum Teil auch sphragistischen Fragestellungen heranzuziehen.

Wappenfibel. Handbuch der Heraldik. Hrsg. vom **"Herold", Verein für Heraldik, Genealogie und Verwandte Wissenschaften.** Begr. von Adolf M. Hildebrandt. Bearb. vom Herolds-Ausschuß der Deutschen Wappenrolle. 17. Aufl. – Neustadt a.d. Aisch: Degener 1981. 248 S.   266
Eher für Laien, Familienforscher und Hobbygenealogen geeignet.

Das zur Zeit grundlegende Handbuch (noch nicht abgeschlossen) für die gesamte Heraldik ist:

Siebmacher, Johann: Großes und allgemeines Wappenbuch. Neu hrsg. von Otto T. von Hefner. Einleitungs-Bd. Bd. 1 ff. – Nürnberg: Bauer & Raspe 1856 ff   267
Nur über folgende Register zu benutzen:

Jäger-Sunstenau, Hanns: General-Index zu den Siebmacher'schen Wappenbüchern 1605-1967. – Graz: Akademische Druck- und Verlagsanstalt 1984. 47, 586, XXIII S. 268

Kenfenheuer, Johann J.: Alphabetisches Namensregister bürgerlicher deutscher Wappenvorkommen. – Hoffnungsthal-Köln: Pilgram 1937. 264 S. 269

Henning, Eckart: Nachweise bürgerlicher Wappen in Deutschland. 1937-1973. – Neustadt a.d. Aisch: Degener 1975. 132 S. (Genealogische Informationen; 2) 270

Als ältestes Werk sei aus wissenschaftsgeschichtlichem Interesse heraus genannt:

Bernd, Christian Samuel Theodor: Allgemeine Schriftenkunde der gesammten Wappenwissenschaft, mit beurtheilenden, und anderen zur Bücher- u. Gelehrtengeschichte gehörenden Bemerkungen u. Nachweisungen. Th. 1-4. – Bonn, Leipzig: Weigel in Komm. 1830-1841. 271

Regelmäßige Fortschrittsberichte und Auswahlbibliographien zur Heraldik finden sich im **Archivum heraldicum.**

6.1.6.4. Historische Geographie

Einführungen in die historische Geographie:

Jäger, Helmut: Historische Geographie. 2. Aufl. – Braunschweig: Westermann 1973 (Das geographische Seminar; 10) 272

Umfangreiches Lexikon:

Raum und Bevölkerung in der Weltgeschichte. Bevölkerungs-Ploetz. 3. Aufl. Bd 1-4. – Freiburg: Plötz 1965-1968 273
Aufgeteilt in Bd 1: Kartenteil; Bd 2: Vorzeit bis Mittelalter; Bd 3: Vom Mittelalter zur Neuzeit; Bd 4: Bevölkerung und Raum in Neuerer und Neuester Zeit.

Darüber hinaus liegt eine Bibliographie vor:

Franz, Günther: Historische Kartographie. Forschung und Bibliographie. 2. Aufl. – Hannover 1962 (Veröffentlichungen der Akademie für Raumforschung und Landesplanung; 29) 274

Als Faktennachschlagewerk darüber hinaus von Nutzen (allerdings auf den westeuropäischen Raum beschränkt):

Gysseling, Maurits: Toponymisch Woordenboek van België, Nederland, Luxemburg, Noord-Frankrijk en West-Duitsland (voor 1226). Bd 1.2. – Ohne Ort: 1960 (Boustoffen en studien voor de geschiedenis en de Lexicografie van het Nederlands; 6, 1.2)   275

6.1.6.5. Numismatik

Die ältere Einführung

Clain-Stefanelli, Elvira E.: Select numismatic bibliography. – New York: Stack 1965. 406 S.   276

ist mittlerweile ersetzt durch:

Clain-Stefanelli, Elvira E.: Numismatic Bibliography. – München: Battenberg 1985. XXII, 1848 S.   277
Grundlegende abgeschlossene Bibliographie, nicht immer zuverlässig. (Vgl. die Rezension von E. Henning in **Der Herold** 11, 1984-1985, 167 f.), gleichwohl ob des Umfangs und der Aktualität zu empfehlen.

Weiterhin sollte bei allen numismatischen Fragestellungen (vor allem wenn keine bibliographischen Zusammenstellungen für einzelne Länder vorliegen) zu Rate gezogen werden:

Grierson, Philip: Bibliographie numismatique. 2. éd. – Bruxelles 1979. 359 S. (Cercle d'Etudes Numismatiques. Travaux; 9)   278
Zuerst 1954 erschienen, verzeichnet die abgeschlossene, internationale Auswahlbibliographie außer Monographien und Zeitschriftenaufsätzen hauptsächlich der europäischen Numismatik auch Auktionskataloge wichtiger Handelshäuser.

Halbjährlich wird von einem international zusammengesetzten Team ein Referateorgan zur gesamten Numismatik unter den Auspizien der American Numismatic Society herausgegeben:

Numismatic literature. Publ. by the American Numismatic Society. 1. 1947 ff. – New York: American Numismatic Soc. 1949 ff.   279
Der Katalog dieser Gesellschaft wurde 1962 in bewährter Manier vervielfältigt (Titelkartendruck) und kann somit als retrospektive Bibliographie benutzt werden:

Dictionary catalogue of the Library of the American Numismatic Society. Vol. 1-6. – Boston: Hall 1962   280

Neben den allgemeinen historischen Lexika, die natürlich oft auch Erläuterungen zu numismatischen Problemen bieten, gibt es das schon etwas ältere Standardlexikon vor allem zur mittelalterlichen Numismatik:

Wörterbuch der Münzkunde. Hrsg. von Friedrich Frh. von Schrötter. – Berlin: de Gruyter 1930. XVI, 777 S. Reprint 1970   281
Erläutert zuverlässig und solide den gesamten Bereich der internationalen Numismatik.

Da außer Schrötters Werk kein neueres numismatisches Lexikon für alle Bereiche und historische Epochen existiert (Schrötters Schwerpunkt liegt auf antiker und mittelalterlicher Münzkunde), sind als meist zuverlässiger und oftmals gut illustrierter Ersatz Sammlerlexika heranzuziehen:

Fengler, Heinz; Gerhard Gierow u. Willy Unger: Lexikon der Numismatik. – Innsbruck: Pinguin-Verlag; Frankfurt a.M.: Umschau-Verlag 1976. 429 S.   282
Hier wird jedoch fast ausschließlich die Münzkunde der Neuzeit behandelt.

An dieser Stelle seien auch die beiden wichtigsten Werke zur Papiergeldforschung kurz genannt:

Pick, Albert: Papiergeld Lexikon. – München: Mosaik Verlag 1978. 416 S.   283
Gute und umfassende Einführung.

Pick, Albert: Standard catalog of world paper money. Ed. by Colin R. Bruce and Neil Shafer. 4. ed. Vol. 1.2. – München: Battenberg 1982-84.
                    284
Der Katalog ist auf Sammlerbedürfnisse zugeschnitten.

6.1.6.6. Paläographie

Eine ca. 300 Titel umfassende Bibliographie der wichtigsten paläographischen Arbeiten liefert **Bernhard Bischoff** in **Dahlmann-Waitz** (s. u.

Nr. 508) Abschnitt 14. Darüber hinaus ist als reiche Übersicht (ca. 9 000 Titel) zu konsultieren:

Mateu Ibars, J. u. Mateu M.D. Ibars: Bibliografia paleográfica. – Barcelona 1974. 932 S.   285

Allgemeine Einführungen (mit kurzen Literaturübersichten) liefern:

Bischoff, Bernhard: Paläographie des römischen Altertums und des abendländischen Mittelalters. – Berlin: Erich Schmidt 1979. 361 S. (Grundlagen der Germanistik; 24)   286

Förster, Hans: Abriß der lateinischen Paläographie. 2. Aufl. – Stuttgart: Hiersemann 1963. 322 S. Reprint 1981   287

Außerdem liegt eine Bibliographie zur Schriftentwicklung vor:

Sattler, Paul u. Götz von Selle: Bibliographie zur Geschichte der Schrift bis in das Jahr 1930. – Linz: Winkler 1935. XX, 234 S. (Archiv für Bibliographie. Beiheft; 17)   288
Fortgesetzt wird diese Arbeit mit unregelmäßig erscheinenden Berichten in einer der für die Mittelalterforschung wichtigen Zeitschrift, nämlich **Scriptorium**.

6.1.6.7. Sphragistik

Zum gesamten Bereich der Sphragistik sind immer auch die entsprechenden Werke der Heraldik heranzuziehen.

Umfassend und solide gearbeitet ist das die gesamte Sphragistik behandelnde Werk:

Tourneur-Nicodème, Mariette: Bibliographie générale de la sigillographie. – Besançon: Jacques & Demontrond 1933. 63 S.   289
Ursprünglich 1924-1927 in verschiedenen Lieferungen erschienen, wird es fortgesetzt durch:

Tourneur-Nicodème, Mariette: Bibliographie générale de la sigillographie. Supplément. In: Archives, bibliothèques et musées 30, 1959, 127-197.   290
Da neuere Gesamtdarstellungen und Handbücher fehlen, ist man nach wie vor auf das ältere Werk von

Ewald, Wilhelm: Siegelkunde. – München: Oldenbourg 1914. XI, 244 S. (Handbuch der mittelalterlichen und neueren Geschichte; Abt. 4)

291

welches 1969 neu aufgelegt wurde, angewiesen.

Ursprünglich lediglich für den Sammler von Siegeln gedacht, bietet das Werk von

Kittel, Erich: Siegel. – Braunschweig: Klinkhardt und Biermann 1970. V, 530 S. (Bibliothek für Kunst- und Antiquitätenfreunde; 11)   292
durch seine ausführliche Auswahlbibliographie (in systematischer Aufbereitung) auch dem Historiker gute Dienste.

6.1.7. Vor- und Frühgeschichte

Die Urgeschichte kann im Rahmen dieser Einführung leider nicht behandelt werden. Auch die Vor- und Frühgeschichte kann nicht in extenso behandelt werden, doch steht mit der Bibliographie von **Gerlach u. Hachmann** (s.u. Nr. 298) dem Interessierten ein vorzügliches Arbeitsinstrument zur Verfügung.

Hier und im folgenden findet sich die allgemeine und länderübergreifende Literatur. Zur Vor- und Frühgeschichte einzelner Länder oder Landschaften vgl. die Literatur weiter unten. Die grundlegende Einführung stellt nach wie vor dar:

Müller-Karpe, Hermann: Einführung in die Vorgeschichte. – München: Beck 1975. 113 S.   293
Allgemeine Einführung, Begriffsdefinitionen, Methodologie, Quellenlage, Chronologie und Chorologie. Reichhaltiger – bibliographisch jedoch nur schwer nutzbarer – Anmerkungsteil.

Aus der Feder desselben Autors stammt das voluminöse Handbuch:

Bibliothek Standort	**Müller-Karp, Hermann: Handbuch der Vorgeschichte.** Bd. 1-4. – München: Beck 1966-1980. Nach Epochen gegliedert: 1. Altsteinzeit; 2. Jungsteinzeit; 3. Kupferzeit; 4. Bronzezeit. 294
Signatur	

Daneben ist, obgleich in den Ergebnissen manchmal leicht veraltet, als umfangreichstes Sachlexikon immer noch mit Gewinn heranzuziehen:

Reallexikon der Vorgeschichte. Unter Mitwirkung zahlreicher Fachgelehrter hrsg. von Max Ebert. Bd. 1-15. – Berlin: de Gruyter 1924-1932
295

Eher für den Ethnologen und Anthropologen als den Vorgeschichtler wichtig, wenngleich auch für letzteren manches Nützliche enthaltend, ist der

Catalogue of the library of the Peabody Museum of Archeology and Ethnology, Harvard University. A (Authors): Vol. 1-26; B (Subjects): Vol. 1-28. – Boston: Hall 1963
296

Einen wissenschaftsgeschichtlichen, ausführlichen Überblick bietet:

Kühn, Herbert: Geschichte der Vorgeschichtsforschung. – Berlin: de Gruyter 1976. XIX, 1048 S.
297

Die umfassendste und beste Bibliographie der Bibliographien stellt

Gerlach, Gudrun u. Rolf Hachmann: Verzeichnis vor- und frühgeschichtlicher Bibliographien. – Berlin: de Gruyter 1971. IV, 269 S. mit Abb. (Beiheft zum 50. Bericht der Römisch-Germanischen Kommission des Deutschen Archäologischen Institutes)
298

dar. Über 3000 Titel, reichlich annotiert, Überblicke über die Forschungssituation in den einzelnen Ländern und Landschaften. Laufende Forschungsberichte werden in der Zeitschrift **Germania.** Anzeiger der Römisch-Germanischen Kommission des Deutschen Archäologischen Instituts vorgestellt.

Darüber hinaus liegt eine neuere Auswahlbibliographie vor:
Römisch-Germanische Kommission des Deutschen Archäologischen Instituts. **Ausgewählte Bibliographie zur Vorgeschichte von Mitteleuropa.** Hrsg. von Rolf Hachmann. – Wiesbaden: Steiner 1984. LXIII, 390 S.
299

6.1.8. Geschichte des klassischen Altertums

Früher wurde Alte Geschichte oft zusammen mit bzw. neben der klassischen Philologie und der Archäologie sowie den althistorischen

Hilfswissenschaften Epigraphik und Numismatik betrieben. Diesem Geschichtsverständnis schloß sich oftmals auch die organisatorische Verteilung der Lehrstühle an. Heute wird die Alte Geschichte jedoch meist mit den übrigen historischen Disziplinen zusammengelegt. Gleichwohl richtet sich die Verzeichnung der Literatur (manchmal auch die Bibliotheksorganisation) oft noch an den alten Gegebenheiten aus. Daher wird auch die altertumswissenschaftliche Literatur, die zum Verständnis der Geschichte der Antike erforderlich ist, kurz vorgestellt. Altertum, bzw. der synonym gebrauchte Begriff Antike wird hier als gesamter antiker Raum, zeitlich eingegrenzt jedoch auf die Epoche vom archaischen Griechenland bis zur Völkerwanderungszeit, verstanden (ohne Orientalistik). Die Geschichte einzelner römischer Provinzen und ihre vorrömische Geschichte (v.a. Britannia, Gallia, Germania, Hispania) wird demgegenüber unter den heutigen Ländergrenzen dargestellt.

Zu allen Fragen ist als grundlegend heranzuziehen:

Bogun, Volker: Wie finde ich Literatur zu klassischer Philologie, Mittellatein, Neulatein und Byzantinistik mit Ausblicken auf einige Randgebiete. – Berlin: Berlin-Verlag 1986. (Orientierungshilfen; 23)   300
Eine kurze Einführung, die auch weiterführende bibliographische Angaben enthält, findet sich bei

Bengtson, Hermann: Einführung in die alte Geschichte. 8. Aufl. – München: Beck 1979. VIII, 217 S.   301

Die vollständigste, ältere und ob ihrer grundlegenden methodischen Erörterungen noch immer lesenswerte Bibliographie

Hübner, Emil: Bibliographie der klassischen Altertumswissenschaft. Grundriß zu Vorlesungen über die Geschichte und Encyklopädie der klassischen Philologie. 2. Aufl. – Berlin: Hertz 1889. XIII, 434 S. Reprint 1973   302
bietet eine "Übersicht über die gesamte Entwicklung unserer Disciplin in sachlicher und chronologischer Folge" und ist in dieser und in bibliographischer Hinsicht noch nicht ersetzt.

Dagegen ist die "Studienbibliographie" von Brockmeyer, früher sehr empfohlen, und mit ca. 1 200 Titeln ohnehin recht knapp bemessen, mittlerweile völlig überholt:

Brockmeyer, Norbert u. Ernst F. Schultheiß: Studienbibliographie Alte Geschichte. – Wiesbaden: Steiner 1973. XI, 148 S.   303

Statt dessen sollte man lieber auf die Bibliographien von I. Weiler (s.u. Nr. 305) für Griechenland, K. Christ (Nr. 309, 310, 312) für Rom und die ausführlichen Literaturzusammenstellungen in den Werken von W. Schuller, J. Bleicken, W. Dahlheim und J. Martin (Nr. 308, 313, 314 u. 315) zurückgreifen.

Eher archäologische als historische Literatur bietet:

Heizer, Robert F.; Thomas R. Hester u. Carol Graves: Archaeology: A bibliographical guide to the basic literature. – New York. Garland 1980. XI, 434 S. (Garland-Reference-Library of social sciences. 54)   304
Doch gerade zur Geschichte der Archäologie und zur altertumswissenschaftlichen Quellenfrage insgesamt wird auch der Althistoriker diese Zusammenstellung mit Gewinn nutzen können und wichtige Anregungen finden.

6.1.8.1. Einführungen und Quellenkunden

Weiler, Ingomar: Griechische Geschichte. Einführung, Quellenkunde, Bibliographie. – Darmstadt: Wissenschaftliche Buchges. 1976. XII, 304 S.   305
Nach Epochen und Sachgruppen geordnete Einführung mit ausführlicher Bibliographie und Forschungsberichten.

Gründliche Einführung mit vergleichenden Annotationen stellen die beiden folgenden Titel dar:

Defradas, Jean: Guide de l'étudiant helléniste. – Paris: Presses Universitaires de France 1968. 158 S.   306

Kessels, A.H.M. u. J. Willem Verdenius: A concise bibliographie of Greek language and literature. – Apeldoorn: Administratief Centrum 1979. VI, 287 S.   307
Beide Werke sind jedoch eher philologisch als historisch ausgerichtet und verzeichnen nur die bibliographisch selbständig erschienene Literatur. Gleichwohl für eine schnelle Suche sehr geeignet.

Neben einer allgemeinen Darstellung bietet das Werk

Schuller, Wolfgang: Griechische Geschichte. – München: Oldenbourg 1980. 232 S. (Oldenbourg Grundriss der Geschichte. 1)   308
auch einen Überblick über die Probleme und Haupttendenzen der gegenwärtigen Forschung sowie eine umfangreiche, sachlich gegliederte Bibliographie.

Christ, Karl: Römische Geschichte. Einführung, Quellenkunde, Bibliographie. 3. Aufl. – Darmstadt: Wissenschaftliche Buchgesellschaft 1980. XV, 330 S.   309
Nach Epochen und Sachgruppen geordnete Einführung mit ausführlicher annotierter Bibliographie und Übersichtsabschnitten über den gegenwärtigen Stand der Forschung. Eher einführenden Charakter hat das Werk desselben Autors:

Christ, Karl: Die Römer. 2. Aufl. – München: Beck 1984   310
Obwohl das Werk von Grimal eher philologisch ausgerichtet ist und lediglich bibliographisch selbständige Literatur verzeichnet, empfiehlt es sich für einen schnellen Einstieg durchaus:

Grimal, Pierre: Guide de l'étudiant latiniste. – Paris: Presses Universitaires 1971. 319 S.   311

Eine Auswahlbibliographie stellt das Werk von Christ dar:

Christ, Karl: Römische Geschichte. Eine Auswahlbibliographie. – Darmstadt Wissenschaftliche Buchgesellschaft 1976 XXV, 544 S.   312
Themen- und Epochengliederung des Werkes sind übersichtlich und vorbildlich. Umso bedauerlicher, daß bis dato keine aktualisierte Neuauflage in Sicht ist.

Nach dem gleichen Konzept wie Schuller's Griechische Geschichte (s.o. Nr. 308) sind auch die folgenden Darstellungen mit den Forschungsübersichten "Grundprobleme und Tendenzen der Forschung" und ausführlichen, sachlich gegliederten Literaturzusammenstellungen aufgebaut:

Bleicken, Jochen: Geschichte der Römischen Republik. – München: Oldenbourg 1980. 256 S. (Oldenbourg Grundriß der Geschichte. 2)
313

Dahlheim, Werner: Geschichte der römischen Kaiserzeit. – München: Oldenbourg 1984. 257 S. (Oldenbourg Grundriß der Geschichte. 3)
314

In Vorbereitung befindet sich darüber hinaus der folgende Band der gleichen Reihe:

Martin, Jochen: Spätantike und Völkerwanderung. 315

6.1.8.2. Abgeschlossene Bibliographien für den Gesamtzeitraum des Altertums

Die Verzeichnung altertumswissenschaftlicher Literatur setzt sehr früh ein (gute Übersicht für die älteren Bibliographien bei Hübner, s.o. Nr. 302), beschränkt sich jedoch meist auf die Nennung der Editionen klassischer Autoren und der dazugehörenden Sekundärliteratur. Immer noch mit Nutzen heranzuziehen, weil viele ältere Ausgaben aus den Beständen der Göttinger Universitätsbibliothek und der Herzoglichen Bibliothek zu Wolfenbüttel berücksichtigend, ist das Werk des Göttinger Altphilologen und Bibliothekars:

Schweiger, Franz L.A.: Handbuch der klassischen Bibliographie. 1. Teil: Griechische Schriftsteller; 2. Teil: Lateinische Schriftsteller. – Leipzig: Fleischer 1830-1834. Reprint 1962 316

Zu Ende des 19. Jahrhunderts setzte dann eine regelmäßige Verzeichnung aller auf dem Gebiet des klassischen Altertums erschienenen Titel ein:

Engelmann, Wilhelm: Bibliotheca scriptorum classicorum. 8. Aufl., umfassend die Literatur von 1700 bis 1878. T. 1.2. – Leipzig: Engelmann 1880-1882. Reprint 1959 317
Der Berichtszeitraum umfaßt somit das gesamte 18. Jahrhundert und das 19. bis kurz vor Erscheinen der beiden Bände.

Fortgesetzt durch:

Klussmann, Rudolf: Bibliotheca scriptorum classicorum et Graecorum et Latinorum. Die Literatur von 1878 bis einschließlich 1896 einschließlich umfassend. Bd. 1.2. – Leipzig: Reisland 1909-1913. Reprint 1961 318
Gleicher Aufbau wie das Werk von Engelmann. Wird fortgesetzt durch:

Lambrino, Scarlat: Bibliographie de l'antiquité classique 1896-1914. – Paris: Les Belles Lettres 1951 (Collection de bibliographie classique. 1,1) 319

Nur der rein philologisch ausgerichtete Teil 1: "Auteurs et textes" ist erschienen. Der 2. Teil: "Matières et disciplines" fehlt. Wird fortgesetzt durch:

Marouzeau, Jules: Dix années de bibliographie classique. Bibliographie critique et analytique de l'antiquité gréco-latine pour la période 1914-1924. P. 1.2. – Paris: Les Belles Lettres 1927-1928. XV, 1285 S. Reprint 1967   320
Schließt sich in der äußeren Form und zeitlich an **Lambrino** an und wird selbst durch die **Année philologique** fortgesetzt.

Der Vollständigkeit halber – obgleich eher archäologisch und kunsthistorisch als historisch orientiert – sei genannt:

Borroni, Fabia: "Il Cicognara". Bibliografia dell'archeologia classica e dell'arte italiana. 12 T. – Florenz: Sansoni 1954-1967   321

6.1.8.3. Laufende Bibliographien und Forschungsberichte

Bibliothek Standort
Signatur

L'Année philologique. Bibliographie critique et analytique de l'antiquité gréco-latine. 1. 1924/26 ff. – Paris: Les Belles Lettres 1928 ff   322
Begründet von Jean Marouzeau (s.o. Nr. 320), stellt die jährlich erscheinende, international ausgerichtete Bibliographie das grundlegende Werk der gesamten Altertumswissenschaften einschließlich der Patristik und der Antikenrezeption in der Neuzeit (insb. Humanismus) dar. Abstracts erschließen die wichtigsten Zeitschriftenaufsätze und Bücher. Darüber hinaus werden Rezensionen verzeichnet. 2-3jähriger Berichtsverzug bei jährlich ca. 12 000 Titeln (ca. 1 000 ausgewertete Zeitschriften). Vorzügliche, umfangreiche Register. Demgegenüber erscheint nicht mehr das ehemals führende deutsche Organ:

Bibliotheca philologica classica. Index librorum, periodicorum, dissertationum, commentationum vel seorsum vel in periodicis expressarum, recensionum. 1. 1875-65, 1938. – Leipzig: Reisland 1875-1941 (Jahresbericht über die Fortschritte der klassischen Altertumswissenschaft. Beiblatt)   323

Eine sehr aktuelle Berichterstattung, ca. nur 1/2 Jahr Verzug, zeichnet aus die

Archäologische Bibliographie. Hrsg. vom Deutschen Archäologischen Institut. Bearb. von Werner Hermann. – Berlin: De Gruyter 1. 1932 ff   324
Die wichtigste, laufende Auswahlbibliographie zur gesamten klassischen Archäologie (mit Ausblicken auf Randgebiete) auf der Grundlage der Bestände der Bibliothek des Deutschen Archäologischen Institutes in Rom unter Beteiligung der Außenstellen in Athen, Madrid und Istanbul. Pro Jahr ca. 8 000 - 10 000 Titel, Bücher, Zeitschriftenaufsätze, Kongreßbeiträge, Rezensionen, Ausstellungskataloge etc. Hervorgegangen aus der laufenden Berichterstattung in **Archäologischer Anzeiger,** danach **Bibliographie zum Jahrbuch des Deutschen Archäologischen Instituts.**

Wichtig außerdem:

Fasti archaeologici. Annual bulletin of classical archaeology. Publ. by the International Association for Classical Archaeology. 1. 1946 ff. – Florenz: Sansoni 1948 ff   325
Langer Berichtsverzug, nimmt jedoch viele in den übrigen Bibliographien nicht verzeichnete Grabungsberichte auf.

Ein ausgezeichnetes, laufendes *Rezensionsorgan* (mit einer vierteljährlich erscheinenden "Bibliographischen Beilage") stellt der "Gnomon" dar:

Gnomon. Kritische Zeitschrift für die gesamte klassische Altertumswissenschaft. – München: Beck 1. 1925 ff   326
Auswählende, für die gesamte Altertumswissenschaft wichtigste deutsche Rezensionszeitschrift (relativ aktuell). Neben ausführlichen Rezensionen stehen Sammelrezensionen mehrerer Werke zum gleichen Thema und diverse Miszellen. Erlaubt bei regelmäßigem Durchblättern, auch der Beilage, einen umfassenden Überblick über die altertumswissenschaftliche Diskussion.

Einen Sonderfall von laufender Bibliographie stellen die sog. *Fortschrittsberichte* dar (besonders im Historismus sehr beliebt), die sich nicht auf das Anzeigen einzelner Titel beschränken, sondern oft in einer Art Sammelrezension oder in einem räsonnierenden Überblick ein Gesamtbild der in einem vorgegebenen Zeitraum (meist ein Jahr) erschienenen wissenschaftlichen Literatur zu einem bestimmten Thema zu geben versuchen. Eine Literaturverzeichnung dieser Art setzt gute Kenntnisse des Fachs und eine intensive Beschäftigung mit den Neuerscheinungen voraus. Daher findet man diese überaus gut benutzbaren und hilfreichen Zusammenstellungen immer seltener:

Jahresbericht über die Fortschritte der klassischen Altertumswissenschaft. Begr. von Conrad Bursian. 1. 1873 - 285, 1945/55. – Göttingen: Vandenhoeck & Ruprecht 1875-1956   327

Lustrum. Internationale Forschungsberichte aus dem Bereich des klassischen Altertums. 1. 1956 ff. – Göttingen: Vandenhoeck & Ruprecht 1957 ff   328

Während **Bursian** in seinen Jahresberichten einen Überblick über alle altertumswissenschaftlichen Fächer zu geben suchte, bietet **Lustrum** jeweils einen umfassenden Literaturbericht (Editionen, Übersetzungen, Kommentare, Einzelfragen) über einen einzelnen Autor der griechisch-römischen Antike.

Der Hellenismus in der deutschen Forschung 1938-1948. Unter Mitwirkung zahlreicher Fachgelehrter herausgegeben von Emil Kiessling. – Wiesbaden: Harrassowitz 1956. IX, 171 S.   329

Wichtige Bibliographie für die Antikenrezeption in Deutschland während des Nationalsozialismus, des 2. Weltkriegs und in der unmittelbaren Nachkriegszeit. Diese bibliographische Übersicht (initiiert vom Institut International des Recherches Hellénistiques) gibt es nur für Deutschland, obgleich ähnliche Berichte ursprünglich auch für andere Länder vorgesehen waren.

Rounds, Dorothy: Articles on antiquity in Festschriften. The ancient Near East, the Old Testament, Greece, Rome, Roman law, Byzantium. An index. – Cambridge, Mass.: Harvard Univers. Press 1962. XX, 560 S.   330

Festschriften (anglo-amerikanisch meist ebenfalls "Festschriften" genannt; franz.: Mélanges; ital.: Studi in onore) gehören seit langem (1. Festschrift 1867 für den Bonner Altphilologen und Bibliothekar Friedrich Ritschl) zum festen Bestandteil der akademischen Öffentlichkeit. Die bibliographische Verzeichnung derselben ist jedoch meist unzureichend. Im systematischen Katalog werden sie oft zu einer Formalgruppe zusammengefaßt, da der behandelte Themenkomplex sich einer Feinsystematisierung häufig entzieht. Die einzelnen Aufsätze werden jedoch über die Verzeichnung in Festschriftenbibliographien hinaus meist auch in den jeweiligen Fachbibliographien angezeigt. Oft enthalten Festschriften eine umfassende Bibliographie des Gefeierten.

Die gedruckten Bibliothekskataloge altertumswissenschaftlicher Spezialbibliotheken können gleichzeitig wie abgeschlossene Bibliographien genutzt werden:

Kataloge der Bibliothek des Deutschen Archäologischen Instituts in Rom. Bd 1-13. – Boston: Hall 1969   331
Die ca. 100 000 Bände umfassende Bibliothek des Deutschen Archäologischen Instituts gehört zu den wichtigsten Spezialbibliotheken im Gesamtbereich der klassischen Altertumswissenschaften. Dementsprechend weist ihr Katalog nicht nur sämtliche archäologische Spezialliteratur im engeren Sinne nach, sondern die gesamte, das klassische Altertum einschließlich des Nachlebens und der antiken Hilfswissenschaften betreffende Literatur. Die hier vorgelegten Kataloge (vervielfältigte Titelkarten) ersetzten die in den Jahren 1911-1932 gedruckten Kataloge.

Daneben kann der gedruckte Katalog einer nicht unbedeutenden Spezialsammlung in Deutschland (eher philologisch ausgerichtet) herangezogen werden:

Stadtbibliothek Frankfurt am Main. **Katalog der Abteilung Klassische Altertumswissenschaft.** Bd. 1.2. – Ansbach: Brügel 1926   332
Namen-, Sach- und Titelregister.

Dissertationsverzeichnisse:

Thompson, Lawrence S.: A bibliography of American doctoral dissertations in classical studies and related fields. – Hamden, Conn.: Shoe String Press 1968. XII, 250 S.   333
Verzeichnet Dissertationen an amerikanischen Universitäten bis 1965. Eher philologisch ausgerichtet.

Thompson, Lawrence S.: A bibliography of dissertations in classical studies. American 1964-1972; British 1950-1972. With a cumulative index 1861-1972. – Hamden, Conn.: Shoe String Press 1976. VIII, 296 S.   334

Dissertationen an amerikanischen und englischen Universitäten im Berichtszeitraum mit Nachträgen und einem Gesamtregister.

Drexhage, Hans-Joachim: Deutschsprachige Dissertationen zur alten Geschichte 1844-1978. – Wiesbaden: Steiner 1980. 142 S.   335
Da nur die deutschsprachigen Dissertationen aufgenommen wurden, fallen die meisten Dissertationen des 19. Jahrhunderts in Deutschland fort, da sie selbstverständlich auf lateinisch verfaßt waren. Auch wird der Begriff "Alte Geschichte" sehr eng gefaßt. Gutes Sachregister.

Die archäologischen Nachkriegsdissertationen verzeichnet:

Lindenlaub, Marie L.: Deutschsprachige Dissertationen zur Archäologie des Mittelmeerraumes 1945-1977. – Berlin: Deutsches Archäologisches Institut 1979. 288 S.   336
Ca. 800 Nachkriegsdissertationen in der Systematik der **Archäologischen Bibliographie** (s.o. Nr. 320).

Eine laufende, jährlich erscheinende Verzeichnung archäologischer Dissertationen an Universitäten in der Bundesrepublik Deutschland, Österreichs und der Schweiz findet sich im

Jahrbuch des Deutschen Archäologischen Instituts, Berlin, eine ebenfalls jährlich erscheinende Auflistung der althistorischen Dissertationen im **Chiron. Mitteilungen der Kommission für Alte Geschichte und Epigraphik des Deutschen Archäologischen Instituts, München.**

6.1.8.4. Gesamtdarstellungen, Handbücher und Lexika

Cambridge ancient history. Vol. 1-12; Plates 1-5. – Cambridge: University Press 1923-1982   337
Nicht mehr ganz aktuelles, grundlegendes Werk. Nicht alle Bände wurden neu bearbeitet, einzelne Teile wurden nur nachgedruckt.

Der umfassendste Versuch einer handbuchartigen Zusammenstellung des gesamten Wisssens vom klassischen Altertum geht in den Ursprüngen noch auf das 19. Jahrhundert zurück:

Handbuch der Altertumswissenschaft. Begründet von Iwan von Müller, erweitert von Walter Otto, fortgeführt von Hermann Bengtson. – München: Beck 1885 ff   338

Allumfassend und grundlegend für die gesamte Altertumswissenschaft. Daneben erscheint als Abt. VI das

Handbuch der Archäologie. Im Rahmen des Handbuchs der Altertumswissenschaft hrsg. von Ulrich Hausmann. – München: Beck 1969 ff

339

Bringt den Stoff in Form von Einzelabhandlungen zu bestimmten Themenbereichen (z.B. Römische Sarkophage; Antike Gemmen), für die jeweils einzelnen Bände wurden kompetente Bearbeiter gewonnen.

Die wichtigsten deutschsprachigen Gesamtdarstellungen der griechischen und römischen Geschichte:

Bengtson, Hermann: Griechische Geschichte von den Anfängen bis in die römische Kaiserzeit. 5. Aufl. – München: Beck 1977. XIX, 600 S. (Handbuch der Altertumswissenschaft. Abt. 3, Teil 4)   340

Bengtson, Hermann: Grundriß der römischen Geschichte. Mit Quellenkunde. 3. Aufl. – München: Beck 1982 (Handbuch der Altertumswissenschaft. Abt. 3, Teil 5)   341

Behandelt die römische Geschichte bis zum Jahre 284 n. Chr. Ein Band über die **Spätantike** (von **Alexander Demandt**) ist in Vorbereitung.

Beide Bände sind auch textgleich als sog. Sonderausgaben erschienen. Vom Kauf dieser Ausgaben kann jedoch nur abgeraten werden, da so elementare Dinge wie Anmerkungsapparat und Literaturverzeichnis fehlen.

Bibliothek Standort
Signatur

Paulys Real-Encyclopädie der classischen Altertumswissenschaft. Neue Bearbeitung ... hrsg. von Georg Wissowa. Reihe 1, 1-47; Reihe 2, 1-19; Suppl. 1-15; Indices; Reg. der Nachträge und Suppl. – München: Druckenmüller 1893-1980

342

Zitiert als: **RE,** oft auch als: **Pauly-Wissowa.**

Umfassendstes, zuverlässiges, in manchen Teilen freilich veraltetes Lexikon zur gesamten klassischen Altertumswissenschaft (mit Ausblicken auf Randgebiete).

Umfangreiche, namentlich gezeichnete Artikel. Die Nachträge und Supplemente sind durch 2 Register erschlossen:

Murphy, John P.: Index to the supplements and supplement volumes of Pauly-Wissowa's R.E. 2. ed. – Chicago: Ares 1980 343

Gärtner, Hans und Albert Wunsch: Register der Nachträge und Supplemente zur RE. – München: Druckenmüller 1980 344

Einen überarbeiteten und oftmals aktualisierten Auszug aus der Real-Encyclopädie stellt der fünfbändige **Kleine Pauly** dar, der auch als Taschenbuchausgabe zu einem sehr günstigen Preis erschienen ist:

Der Kleine Pauly. Lexikon der Antike. Auf der Grundlage von Pauly's Realencyclopädie der classischen Altertumswissenschaft. Hrsg. von Konrat Ziegler und Walther Sondheimer. Bd 1-5. – München: Druckenmüller 1964-1975, auch München: DTV 1979 345

Reallexikon für Antike und Christentum. Sachwörterbuch zur Auseinandersetzung des Christentums mit der antiken Welt. Hrsg. von Theodor Klauser. Bd. 1 ff. – Stuttgart: Hiersemann 1941 ff 346
Bislang Bd 1-12: A und O - Gürtel erschienen, ist dieses Lexikon besonders für die Hohe Kaiserzeit und die Spätantike wichtig.

Wörterbuch der Antike. Mit Berücksichtigung ihres Fortwirkens. Hrsg. von Paul Kroh. 8. Aufl. – Stuttgart: Kröner 1976. 832 S. (Kröners Taschenausgabe. 96) 347
Sehr empfohlenes, knappes Wörterbuch für das gesamte Altertum, das Christentum und auch das Nachleben der Antike.

Lexikon der Alten Welt. Hrsg. von Karl Andresen und Hartmut Erbse. – Zürich: Artemis 1964. XV, 3524 Spalten 348
Auch als Taschenbuch (dann in verschiedene Sachgruppen aufgeteilt) erschienen. Ergänzend neben dem Kleinen Pauly heranzuziehen, da mit Skizzen und Aufrißzeichnungen (z.B. von Grabungen) besser versehen. Enthält einige übergreifende Artikel.

The Oxford classical dictionary. Ed. by Nicolas Hammond and Howard H. Scullard. 2. ed. – Oxford: Clarendon Press 1970. XXII, 1176 S.
349
Wichtigstes englischsprachiges Lexikon. Berücksichtigt nicht die Zeit nach Konstantins Tod und auch kaum das Christentum.

Lexikon der Antike. Hrsg. von Johannes Irmscher. 5. Aufl. – Leipzig: Bibliographisches Institut 1982. 639 S. 350
Neueres Standardwerk der DDR-Historiographie. Nach grundlegen-

den, programmatischen Bekenntnissen zur marxistisch-leninistischen Geschichtsschreibung folgen durchweg solide Artikel, die stärker als dies bei bundesdeutschen Publikationen der Fall ist, auch die Alltagsaspekte des antiken Lebens und die materielle Kultur (Handwerk, Technik) berücksichtigen. Lizenzausgabe für die Bundesrepublik Deutschland:

Irmscher, Johannes: Das große Lexikon der Antike. 4. Aufl. – München: Heyne 1983. 603 S. 351

Enciclopedia dell'arte antica, classica e orientale. Ed. Ranuccio Bianchi Bandinelli e Giovanni Beccati. Vol. 1-7; Suppl. – Roma: Ist. della Enciclopedia Italiana 1958 ff. 352
Gezeichnete Artikel zu überwiegend archäologischen und kunsthistorischen Schlagwörtern.

Handbücher und Lexika zur antiken Mythologie

Ausführliches Lexikon der griechischen und römischen Mythologie. Hrsg. von W.H. Roscher. Bd. 1-6; Suppl. 1-4. – Leipzig: Teubner 1884-1937. Reprint 1965 353
Auch als **Roscher** zitiert. Grundlegendes deutschsprachiges Werk, ganz dem Historismus verhaftet.

Daremberg, Charles Victor und Edmond Saglio: Dictionnaire des antiquités grecques et romaines, d'après les textes et les monuments. – Paris: Hachette 1881-1919 354
Das führende Lexikon zur griechisch-römischen Mythologie. Daneben gibt es zwei kürzere, aber aktuellere Taschenlexika:

Hunger, Herbert: Lexikon der griechischen und römischen Mythologie. Mit Hinweisen auf das Fortwirken antiker Stoffe und Motive in der bildenden Kunst, Literatur und Musik des Abendlandes bis zur Gegenwart. 7. Aufl. – Wien: Hollinek 1975. XII, 444 S., auch als Taschenbuch (rororo 6178) 355

Als wissenschaftliches Großprojekt auf mehrere Bände geplant, besticht das

Lexicon iconographicum mythologiae classicae (LIMC). Red. von Hans C. Ackerman und Jean-Robert Gisler. Bd. 1 ff. – Zürich: Artemis 1981 ff 356

vor allem durch seine vorzüglichen Illustrationen. Umfangreiche Bibliographie zu den einzelnen Abschnitten.

Lexika antiker Autoren:

Zwei Lexika antiker Autoren müssen hier genannt werden:

Kroh, Paul: Lexikon der antiken Autoren. – Stuttgart: Kröner 1972. XVI, 675 S. (Kröners Taschenausgabe. 366)   357

Tusculum-Lexikon griechischer und lateinischer Autoren des Altertums und des Mittelalters. 3. Aufl. – München: Artemis 1982. XXIII, 862 S.   358

Beide sind nebeneinander zu benutzen, wobei das Tusculum-Lexikon stärker auch frühchristliche und mittelalterliche Autoren berücksichtigt.

Über die Wissenschaftsgeschichte informiert recht zuverlässig:

Pfeiffer, Rudolf: Geschichte der klassischen Philologie. Von den Anfängen bis zum Ende des Hellenismus. 2. Aufl. – München: Beck 1978. 372 S.   359

Pfeiffer, Rudolf: Die klassische Philologie von Petrarca bis Mommsen. – München: Beck 1982. 260 S.   360

Obwohl es im deutschen Titel etwas unkorrekt "klassische Philologie" heißt, wird in diesem Standardwerk die gesamte Altertumswissenschaft behandelt (einschließlich der Nachbarwissenschaften Epigraphik, Numismatik und Archäologie). Dieses Werk ist grundlegend für jede Beschäftigung mit der Geschichte der Altertumswissenschaften. Enthält Hinweise auf die älteren, wichtigen Beschreibungen und Gesamtdarstellungen (z.B. Bursian)

6.1.8.5. Spezialbibliographien und Forschungsberichte zu einzelnen Themenbereichen

Alexander der Große

Burich, Nancy J.: Alexander the Great. A bibliography. – Kent: Kent State University Press 1970. XXIII, 153 S.   361

Weiterhin ist zur Alexanderforschung stets der kritische Literaturbericht von **Ernst Badian: Alexander the Great 1948-1967.** In: Classical World. 65. 1971. S. 37-56 und S. 77-83   362
heranzuziehen.

Augustus

Haller, Bertram: Augustus und seine Politik: Ausgewählte Bibliographie. – In: Aufstieg und Niedergang der römischen Welt. II, 2. 1975. S. 55-74.   363
Verzeichnet in der Chronologie des Erscheinens ca. 350 Titel, keine sachliche Erschließung.

Caesar

Kroymann, Jürgen: Caesar und das Corpus Caesarianum in der neueren Forschung. Gesamtbibliographie 1945-1970. – In: Aufstieg und Niedergang der römischen Welt. I, 3. 1973. S. 457-487   364

Gesche, Helga: Caesar. – Darmstadt: Wissensch. Buchgesellschaft 1976. (Erträge der Forschung. 51)   365
Enthält einen ausführlichen Forschungsbericht und eine umfangreiche Bibliographie.

Catilina

Criniti, Nicola: Bibliografia catilinaria. Milano: Ed. Vita e pensiero 1971. 84 S. (Publicazioni dell'Universitá cattolica del S. Cuore. Saggi e ricerche. Ser. 3. Scienze storiche. 6)   366

Epigraphik

Clauss, Manfred: Ausgewählte Bibliographie zur lateinischen Epigraphik der römischen Kaiserzeit (1.-3. Jht.). – In: Aufstieg und Niedergang der römischen Welt. II, 1. 1974. S. 796-855   367

Etrusker

Defosse, Pol: Bibliographie étrusque. T. 1.-3. – Brüssel: Latomus 1967 ff
368
Bislang ist erst Teil 2 (Veröffentlichungen von 1927-1950) mit ca.

5 000 Titeln erschienen. Wird nach Fertigstellung die umfassendste Bibliographie zu diesem Gebiet darstellen. Titel zur etruskischen Geschichte finden sich auch in den anderen altertumswissenschaftlichen Bibliographien, z.B. in der **Année philologique** und in der **Archäologischen Bibliographie** (s.o. Nrn. 322, 324)

Homer

Packard, David W.: A bibliography of Homeric scholarship. Preliminary edition 1930-1970. – Malibu, Calif.: Undena Publ. 1974. VI, 183 S.

369

Josephus

Schreckenberg, Heinz: Bibliographie zu Flavius Josephus. Bd. 1.2. – Leiden: Brill 1968-1979. XVII, 336 S. (Arbeiten zur Literatur und Geschichte des hellenistischen Judentums. 1.2)   370

Kindheit und Jugend

Karras, Margret und Josef Wiesehöfer: Kindheit und Jugend in der Antike. Eine Bibliographie. – Bonn: Habelt 1981. XI, 123 S.   371

Numismatik

Christ, Karl: Antike Numismatik. Einführung und Bibliographie. – Darmstadt: Wiss. Buchges. 1972. 107 S.   372
Ausführliche Literaturübersicht. Fortlaufende Literaturberichte bringen die Zeitschriften **Numismatic literature, Numismatic chronicle** sowie die **Schweizer Münzblätter.**

Alföldi-Rosenbaum, Maria: Antike Numismatik. Teil 1.2. – Mainz: Zabern 1978. XLV, 323 S.   373
Handbuch mit umfangreicher, systematisch aufgebauter Bibliographie.

Göbl, Robert: Antike Numismatik. Band 1.2. – München: Battenberg 1978.   374
Sehr empfohlenes Handbuch.

Principat

Wickert, Lothar: Neue Forschungen zum römischen Prinzipat. In: Aufstieg und Niedergang der römischen Welt. II, 1. 1974. S. 3-76

375

Prosopographie

Pflaum, Hans-Georg: Le progrès des recherches prosopographiques concernant l'époque du Haut-Empire durant le dernier quart de siècle (1945-1970). – In: Austieg und Niedergang der römischen Welt. II, 1. 1974. S. 113-135

376

Römische Rechtsgeschichte

Bibliografia di storia antica e diritto romano. – Roma: L'Erma di Bretschneider 1971. 257 S.

377

Sallust

Leeman, Anton Daniel: A systematical bibliography of Sallust (1879-1964). Rev. ed. – Leiden: Brill 1965. XII, 109 S. (Mnemosyne Suppl. 4)

378

Severer und Soldatenkaiser

Walser, Gerold und Thomas Pékary: Die Krise des römischen Reiches. Bericht über die Forschungen zur Geschichte des 3. Jahrhunderts (193-284 n.Chr.) von 1939-1959. – Berlin: De Gruyter 1962. XI, 146 S.

379

Walser, Gerold: Die Severer in der Forschung 1960-1972. – In: Aufstieg und Niedergang der römischen Welt. II, 2. 1975. S. 614-656

380

Sklaverei

Bibliographie zur antiken Sklaverei. Hrsg. von Joseph Vogt und Heinz Bellen. Neu bearb. von Elisabeth Herrmann. Teil 1.2. – Bochum: Brockmeyer 1983. XII, 391 S.

381

Strabo

Strabone. Saggio di bibliografia 1469-1978. A cura di A.M. Biraschi e P.
Maribelli. – Perugia: Universitá degli studi 1981. 137 S.   382

Vergil

Mambelli, Giuliano: Gli studi virgiliani nel secolo XX. Vol. 1.2. – Firenze: Sansoni 1940   383

Mambelli, Giuliano: Gli annali delle edizioni virgiliane. Firenze:
Olschki 1954. 392 S. (Biblioteca di bibliografia italiana. 27)   384

The Classical World Bibliography of Vergil. With a new introduction
by Walter Donlan. – New York: Garland 1978. XI, 176 S. (Garland Reference Library of the humanities. 96)   385

6.1.9. Geschichte von Byzanz

Trotz der Wichtigkeit der byzantinischen Geschichte und Kultur
insbesondere auch für die Ost-West Beziehungen während des Mittelalters können hier nur die allerwichtigsten Werke aufgeführt werden,
die auch für den Historiker, der sich nur am Rande mit der Geschichte
und Kultur von Byzanz beschäftigt, von Bedeutung sind.

Eine recht lesbare Einführung in die Byzantinistik liefert:

Moravcsik, Gyula: Einführung in die Byzantinologie. – Darmstadt:
Wiss. Buchgesellschaft 1976. 186 S.   386
Hier finden sich auch die wichtigsten, weiterführenden Literaturan-
gaben und eine Reihe der einschlägigen Zeitschriftentitel aufgeführt.

Daneben befinden sich zwei große Lexika zur Byzantinistik in der
Erscheinungsphase:

Bibliothek Standort
Signatur

Reallexikon der Byzantinistik. Mit Unterstützung
zahlreicher Fachgenossen hrsg. von Peter Wirth.
Reihe A, Bd. 1 ff. – Amsterdam: Hakkert 1968 ff
      387
Soll einmal 50 Bände umfassen, jedoch geht die
Veröffentlichung sehr schleppend voran. Reiche
bibliographische Angaben in der 1. Lieferung. Bisher erschienen: Abaktistos - Abendland und Byzanz.

Reallexikon zur byzantinischen Kunst. Hrsg. von Klaus Wessel und Marcel Restle. Bd. 1 ff. – Stuttgart: Hiersemann 1963 ff   388
Bislang erschienen: Abendmahl - Koimesis
Der Katalog der wichtigsten Spezialbibliothek für Byzantinistik und vor allem auch byzantinische Kunstgeschichte erlaubt eine retrospektive, flächendeckende Suche:

Harvard University: **Dictionary catalogue of the Byzantine collection** of the Dumbarton Oaks Research Library, Washington, D.C. Vol 1-12. – Boston, Mass: Hall 1975   389
Die 90000 Bände umfassende Bibliothek gehört zu den bedeutendsten ihrer Art und besitzt außer Byzantinistik im engeren Sinne auch sehr viele Werke zur byzantinischen Kunstgeschichte und Archäologie, Islamkunde, Mittelalter und Slawistik. Ca. 170000 Katalogeintragungen in Form eines Kreuzkataloges.

Rasch und zuverlässig informieren die leider schon etwas älteren Forschungsberichte:

Dölger, Franz und Alfons Schneider: Byzanz. – Bern: Francke 1952. 328 S. (Wissenschaftliche Forschungsberichte. Geisteswissenschaftliche Reihe. 5)   390
Neben dem Forschungsbericht von A. Dölger über die byzantinische Geschichte und Literatur (Berichtszeitraum 1938-1950) findet sich auch ein Bericht von A. Schneider über byzantinische und frühchristliche Kunstgeschichte. Fortgesetzt durch:

Wirth, Peter: Literaturbericht über byzantinische Geschichte. In: Historische Zeitschrift. Sonderheft 3. 1969, S. 575-640. Berichtszeitraum 1945-1967   391

Über den Spezialbereich der byzantinischen Numismatik informiert:

Malter, Joel: Byzantine numismatic Bibliography 1950-1965. – Chicago: Argonaut Publications 1968. 59 S.   392

6.1.10. Geschichte des Mittelalters

Unter Mittelalter wird hier und im folgenden (unbeschadet der laufenden Diskussion über die Periodisierung) der Zeitraum von ca. 500 bis 1500 verstanden. Die beste Einführung stellt dar:

Caenegem, Raoul Charles van: Guide to the sources of medieval history. With the collaboration of François L. Ganshof. – Amsterdam; New York; Oxford: North-Holland Publ. Co. 1978. XV, 428 S. (Europe in the middle ages. Selected studies. 2) 393
Berichtszeitraum bis ca. 1975. Ursprünglich als Konzept einer Vorlesung dienend, ersetzt obige Ausgabe die 1. niederländische Auflage von 1962, die 1964 unter dem Titel: **Kurze Quellenkunde des westeuropäischen Mittelalters** auch auf deutsch erschienen ist. Das sehr hilfreiche Nachschlagewerk gliedert sich in 5 Teile: 1: Fragen der Textüberlieferung und Quellenkunde. 2: Hinweise auf Bibliotheken und Archive, in denen mittelalterliche Handschriften aufbewahrt werden. 3: "Große Quellensammlungen". 4: Historische Nachschlagewerke und Lexika ("Reference works"). 5: Kritische und annotierte bibliographische Einführung in die Hilfswissenschaften.

Weitere grundlegende Einführungen:

Paetow, Louis, J.: A guide to the study of medieval history. Rev. ed. comp. by Gray C. Boyce and Lynn Thorndike. – Millwood, N.Y.: Kraus Repr. 1980. CXII, 643 S. 394
Es handelt sich um ein Reprint der 3. Auflage von 1931. Fortgesetzt für die Jahre 1930-1975 wird das Werk durch die Auswahlbibliographie von:

Boyce, Gray C.: Literature on medieval history 1930-1975. A supplement to Louis John Paetow's A guide to the study of medieval history. Vol. 1-5. – Millwood, N.Y.: Kraus Internat. Publ. 1981 395
Vol. 1-4: Bibliography. 5: Index.

Eine knappe Studieneinführung bietet:

Pacaut, Marcel: Guide de l'étudiant en histoire médiévale. – Paris 1973 396

Eine umfangreiche, abgeschlossene Bibliographie stellt folgendes Werk dar (vom Jahre 300 n. Chr. bis ca. 1 600 n. Chr.):

Crosby, Everett Uberto; Charles Julian Bishko und Robert Leland Kellogg: Medieval Studies. A bibliographical guide. – New York: Garland 1983. XXV, 1131 S. (Garland Reference Library of the humanities. 427) 397
Übersichtlich gegliedert, reich annotiert, jedoch lediglich Autoren- und Herausgeberregister, keine Sacherschließung.

Rouse, Richard; J.D. Claxton und M.D. Metzger: Serial bibliographies for medieval studies.- Berkeley: Univ. of California Press 1969. XIII, 150 S. 398

Als Bibliographie der periodisch erscheinenden Bibliographien in systematischem Aufbau und mit Annotationen versehen über Fach- und Allgemeinbibliographien aus dem Gesamtgebiet der mittelalterlichen Geschichtsforschung.

Eine internationale, laufende Literaturverzeichnung erfolgt durchdie folgenden drei Bibliographien:

International medieval bibliography. Hrsg. von Robert Stuart Hoyt und Peter Hayes Sawyer. – Leeds 1968 ff 399

Anfangs jährlich, ab 1971 halbjährlich, getragen von der Medieval Academy of America und wertet ca. 1 000 Zeitschriften laufend aus (ca. 10 000 Titel pro Jahr).

Cahiers de civilisation médiévale. X^e - XIIe siècles. Bibliographie. – Poitiers: Univ. de Poitiers; Centre d'Etudes Supérieures Médiévales 1958 ff 400

Ab 12. 1969 selbständig, die Jahrgänge 1. 1958-11. 1968 waren Bestandteil der gleichnamigen Zeitschrift. Mehrjähriger Berichtsverzug. Schwerpunkt liegt auf dem Hochmittelalter. Leichter Zugriff über Schlagworte, verzeichnet auch Aufsätze.

Medioevo latino. Bollettino bibliografico della cultura europea dal secolo VI al XIII. Vol. 1 ff. – Spoleto: Centro Italiano di Studi sull'Alto Medioevo 1980 ff 401

Obwohl vorwiegend literatur- und sprachwissenschaftlich orientiert, verzeichnet diese Bibliographie (die über 100 laufende Zeitschriften auswertet) auch Literatur zur Geschichte, Politik, Kulturgeschichte und Handschriftenkunde des 6.-13. Jahrhunderts.

Einen etwas älteren, nur mehr wissenschaftsgeschichtlich interessanten Fortschrittsbericht liefert:

Hampe, Karl: Mittelalterliche Geschichte. – Gotha: Perthes 1922. VIII, 150 S. (Wissenschaftliche Forschungsberichte. Geisteswissenschaftliche Reihe. 7) 402

Die zur Zeit aktuellste Verzeichnung des **Répertoire International des Médiévistes:** Centre International de la Recherche Scientifique. Institut de Recherche et d'Histoire des Textes: Répertoire International des Médiévistes. International Directory of Medievalists. Vol. 1.2. 5. Aufl. – Paris: Saur 1979   403

Über die in Festschriften erschienene Literatur zum Mittelalter informiert:

Williams, Harry F.: An index of mediaeval studies published in Festschriften 1865-1946. With special reference to Romanic material. – Berkeley: Univ. of California Press 1951. X, 165 S.   404
Schwerpunkt liegt auf dem Früh- und Hochmittelalter.

Quellenkunde des Mittelalters:

Potthast, August: Bibliotheca historica medii aevi. Wegweiser durch die Geschichtswerke des europäischen Mittelalters von 375 bis 1500. 2. Aufl. Bd. 1.2. – Berlin: Weber 1896. CXLVII, 1749 S. Reprint 1954
405
Erstmals 1868 erschienen, blieb der **Potthast** lange Zeit das Standardwerk zu den mittelalterlichen Geschichtsquellen (Verfassungsgeschichte, Politische und Kulturgeschichte).

Hundert Jahre später ist als Gemeinschaftswerk eine sich als **Novus Potthast** bezeichnende Quellensammlung:

Repertorium fontium historiae medii aevi. Primum ab Augusto Potthast digestum, nunc cura collegii historicorum e pluribus nationibus emendatum et auctum. – Romae: Ist. Storico Italiano per il Medio Evo 1962 ff   406
I. Series collectionum 1962; II. Fontes A-B 1967; III. Fontes C 1970; IV. Fontes D-E-F-Gezerot 1976
Wird nach Fertigstellung das international wichtigste und grundlegende Werk sein, doch läßt der schleppende Fortgang einen Abschluß des Werkes in nächster Zukunft nicht vermuten.

Chevalier, Ulysse: Répertoire des sources historiques du moyen âge. 1, 1.2; 2, 1.2. – Paris: Picard (2: Montbéliard: Soc. Anonyme d'Imprimerie Montbéliardaise) 1894-1907   407
Älteres, gleichwohl immer noch lektürewürdiges Werk (v.a. auch wegen vieler älterer Ausgaben, die in den neueren Werken nicht ver-

zeichnet sind, die man aber u.a. aus wissenschaftsgeschichtlichen Gründen nicht missen möchte). Als "Bio-Bibliographie" und "Topo-Bibliographie" gegliedert, erlaubt es einen schnellen Zugriff.

Eine sehr nützliche, sachlich gegliederte, Quellenkunde stellt dar:

Génicot, Léopold: Typologie des sources du moyen âge occidental. Louvain 1972 ff   408
Breit angelegte, nicht chronologisch oder geographisch, sondern nach Sachgruppen aufgebaute Typologie der Quellen. Sachgruppen z.B.: La céramique; Les documents nécrologiques u.ä.

Lexika und Handbücher zum Mittelalter:

Bibliothek Standort
Signatur

Lexikon des Mittelalters. Bd. 1-7 (geplant). – München: Artemis-Verlag 1977 ff   409
Lieferungswerk auf 7 Bände geplant (je ca. 1 000 S.), zur Zeit bis zum Buchstaben D gediehen. Reicht bis zum Ende des 15. Jahrhunderts. Umfaßt alle Bereiche des Mittelalters, also neben politischer und Verfassungsgeschichte auch Wirtschafts- und Sozialgeschichte, Kunst, Religion, Naturwissenschaften, Technik und Medizin. Neben Zentraleuropa werden auch die skandinavischen, die ost- und südeuropäischen Länder sowie Byzanz und die islamischen Gebiete gebührend berücksichtigt. Ausführliche Literaturhinweise. Gezeichnete Artikel.

Neben dem **Lexikon des Mittelalters** ist stets heranzuziehen:

Die deutsche Literatur des Mittelalters: Verfasserlexikon. Begr. von Wolfgang Stammler, fortgef. von Karl Langosch. 2. Aufl. Bd. 1-6 (geplant) – Berlin; New York: De Gruyter 1978 -   410
Wird nach Fertigstellung die 1. Ausgabe von Stammler und Langosch (erschienen 1931-1955) ersetzen. Behandelt deutsche und lateinische Autoren (letztere in Auswahl) bis zum Ende des 15. Jahrhunderts. Weiterführende Literaturhinweise am Ende der Kapitel.

Als nützliches, besonders für das Frühmittelalter heranzuziehendes Nachschlagewerk kann auch das **Reallexikon für Antike und Christentum** empfohlen werden (s.o. Nr. 346).

Dictionary of the Middle Ages. By Joseph Reese Strayer, ed. in chief. Vol. 1 ff. – New York: Scribner 1982 - 411
Bislang Bd 1-5 (Aachen - Groote) erschienen. Berücksichtigt das gesamte Mittelalter. Sehr knapp gehaltene Artikel.

Als bekannteste und umfangreichste Gesamtdarstellung mittelalterlicher Geschichte wird man trotz des Alters immer konsultieren müssen:

Cambridge mediaeval history. Planned by John B. Bury, ed. by Henry M. Gwatkin. Vol. 1-8. Incl. Maps. – Cambridge: Univ. Press 1911-36. Reprint 1957-66 412
Daneben, wenngleich weitaus kürzer und knapper, sind zwei neuere Werke heranzuziehen:

Duby, Georges: Le Moyen Age. T. 1-3. – Genf: Skira 1984 413

Pitz, Ernst: Europa im Früh- und Hochmittelalter. – Stuttgart: Klett-Cotta 1982. 248 S. (Studienbuch Geschichte. 3) 414

Trotz des anderes vermuten lassenden Titels eine Gesamtdarstellung des Mittelalters liefert:

Jakobs, Hermann: Kirchenreform und Hochmittelalter 1046-1215. – München: Oldenbourg 1984. 288 S. (Oldenbourg Grundriß der Geschichte. 7) 415
Guter Überblick über den Forschungsstand. Umfangreiche Bibliographie.

Hilfswissenschaften:

Die allgemeinen Hilfswissenschaften werden weiter oben behandelt. Hier genügt der Hinweis auf zwei spezifisch auf das Mittelalter zugeschnittene Werke.

Clavis mediaevalis. Kleines Wörterbuch der Mittelalterforschung. In Gemeinschaft mit Renate Klauser hrsg. von Otto Meyer. – Wiesbaden: Harrassowitz 1962. 311 S. Reprint 1966 416
Behandelt alle historischen Hilfswissenschaften zum Mittelalter. Bietet darüber hinaus eine gute Bibliographie.

Die mittelalterliche Chronologie vorwiegend Europas (aller Kulturbereiche) behandelt:

Storey, Robin L.: Chronology of the medieval world. 800 to 1491. Gen. ed. Neville Williams. – London: Barrie & Jenkins 1973. XII, 705 S.

417

Beispiele für Spezialbibliographien zum Mittelalter:

Ketzer

Grundmann, Herbert: Bibliographie zur Ketzergeschichte des Mittelalters 1900-1966. – Rom: Ed. di storia e letteratura 1967. 93 S. (Sussidi eruditi. 20)

418

Kreuzzüge

Mayer, Hans Eberhard: Bibliographie zur Geschichte der Kreuzzüge. – Hannover: Hahn 1960. XXXII, 272 S.

419

Fortgeführt durch:

Mayer, Hans Eberhard: Literaturbericht über die Geschichte der Kreuzzüge. In: Historische Zeitschrift; Sonderheft 3. 1969. S. 641-731. (Berichtszeitraum 1958-1967)

420

Etwas weniger ergiebig:

Aziz, Suryal Atiya: The crusade. Historiography and bibliography. – Bloomington 1962. 170 S.

421

Mönchtum

Constable, Giles: Medieval Monasticism. A select bibliography. – Toronto & Buffalo: University of Toronto Press 1977. (Toronto medieval bibliographies. 6)

422

6.1.11. Geschichte der Neuzeit

Die Neuzeit wird hier (ungeachtet möglicher Periodisierungsprobleme) als der Zeitraum zwischen 1492/1519 und 1789 aufgefaßt. In Fällen, in denen einzelne Bibliographien oder Kataloge auch darüber hinaus (z.B. bis 1918) Titelmaterial verzeichnen, werden die Bibliographien nur hier genannt.

Es gibt über die unten genannten hinaus zahlreiche Einführungen in die Neuere Geschichte oder in das Studium der Neueren Geschichte. Man sollte prüfen, ob es sich lohnt, für den eigenen Bedarf eine allgemeine Einführung zu kaufen, oder ob man sich nicht lieber mehrere Einführungen in bestimmte Epochen oder in die Geschichte bestimmter Staaten anschafft.

6.1.11.1. Einführungen

Opgenoorth, Ernst: Einführung in das Studium der neueren Geschichte. 2. Aufl. – Braunschweig: Westermann 1974. 236 S.   423

Schneider, Boris: Einführung in die neuere Geschichte. – Stuttgart: Kohlhammer 1974. 147 S.   424

Borowsky, Peter; Barbara Vogel und Heide Wunder: Einführung in die Geschichtswissenschaft. Bd. 1.2. – Opladen: Westdeutscher Verlag 1975   425
Bd 1: Grundprobleme, Arbeitsorganisation, Hilfsmittel; Bd. 2: Materialien zu Theorie und Methode.

Eine gute Einführung (mit ausführlicher Bibliographie) in die europäische Geschichte des 16. Jahrhunderts bietet:

Lutz, Heinrich: Reformation und Gegenreformation. 2. Aufl. – München: Oldenbourg 1982. 247 S. (Oldenbourg Grundriß der Geschichte. 10)   426

6.1.11.2. Bibliographien

Es liegen zwei abgeschlossene Auswahlbibliographien für den gesamten Bereich der Weltgeschichte (wenngleich meist europazentriert) vor:

Bibliography of modern history. Ed. by John Roach. – Cambridge: Univ. Press 1968. XXIV, 338 S. (The new Cambridge modern history. Supplement)   427

The European bibliography. Hrsg. von Hjalman Pehrsson and Hanna Wulf. – Leyden: Sijthoff 1965. VIII, 472 S.   428

Reichlich annotiert. Weitere Bibliographien s. bei den einzelnen Ländern. Darüber hinaus liegen für das 15./16. und das 18. Jahrhundert wichtige, jährlich erscheinende Bibliographien vor:

Bibliographie internationale de l'humanisme et de la renaissance. Publ. par: Fédération Internationale des Sociétés et Instituts pour l'Etude de la Renaissance. 1. 1965 ff. – Genève: Droz 1966 ff   429
Jährlich ca. 7000 Titel, gewonnen durch die Auswertung von rd. 2000 Zeitschriften durch mehrere kooperierende nationale Institutionen mit Unterstützung der UNESCO. Primär- und Sekundärliteratur zu den Persönlichkeiten der Renaissance im 1. Teil; der 2. Teil enthält die Verzeichnung der Literatur der Einzeldisziplinen. Mehrere Jahre Berichtsverzug. Weitere Titel, insb. zur Reformation s. Abschnitt 6.2.7. ff

The eighteenth century. A current bibliography. N.S. 1. 1975 ff. – New York: AMS Press 1978 ff   430
Ursprünglich (seit 1925) in **Philological quarterly** erschienen, seit 1975 selbständig; oft sehr ausführliche Annotationen (kleinere abstracts). Historische Literatur zum 18. Jahrhundert im Abschnitt II: Historical, Social and Economic Studies.

Die Literatur der Reformation wird in einer übersichtlichen, ganz Europa umfassenden Bibliographie dargeboten:

Bibliographie de la Réforme 1450 - 1648. Ouvrages parus de 1940 à 1960. Hrsg. von der Commission internationale d'histoire ecclésiastique comparée. Bd. 1-7. – Leiden 1960-1970.   431
Nach Ländern geordnetes, Vollständigkeit anstrebendes Verzeichnis. Zur Reformation im deutschsprachigen Bereich vgl. **Schottenloher** (s.o. Nr. 577)

6.1.11.3. Handbücher und Lexika

The new Cambridge modern history. Vol. 1-14. – Cambridge: Univ. Press 1957-79   432
Zuerst 1902-1926 erschienen, erreichte dieses Standardwerk verschiedene Auflagen. Keine bibliographischen Hinweise. Stattdessen erschien als Supplement: **Roach, John: A bibliography of modern history.** (s.o. Nr. 427).

138

Propyläen Geschichte Europas. Red. Wolfram Mitte. Bd. 1-6. – Frankfurt a.M.: Propyläen Verlag 1975-79   433
Nicht so solide gearbeitet wie die **Propyläen Weltgeschichte** (s.o. Nr. 229), setzt die **Propyläen Geschichte Europas** erst im Spätmittelalter ein. Eher zu empfehlen ist das **Handbuch der europäischen Geschichte,** hrsg. von Th. Schieder (s.o. Nr. 214).

6.1.11.4. Politische und Militärgeschichte sowie Diplomatik

Eine umfassende Bibliographie von Nachschlagewerken zur Militärgeschichte stellt dar:

Craig, Hardin: A bibliography of encyclopedias and dictionaries dealing with military, naval and maritime affairs, 1577-1965. 3. ed. – Houston, Tex.: Fondren Library, Rice Univ. 1965. 101, XI S.   434

Carter, Charles Howard: The Western European Powers 1500-1700. – London: Sources of History 1971. 347 S. (Studies in the uses of historical evidence.)   435

Pohler, Johann: Bibliotheca historico-militaris. Systematische Übersicht der Erscheinungen aller Sprachen auf dem Gebiete der Geschichte der Kriege und Kriegswissenschaft seit Erfindung der Buchdruckerkunst bis zum Schluß des Jahres 1880. – Kassel und Leipzig 1887-1899. Reprint 1961   436
Abgeschlossene (retrospektive) Bibliographie. Verzeichnet international alle Erscheinungen seit Mitte des 15. Jahrhunderts bis 1880. Die Feinsystematik erlaubt eine schnelle und präzise Suche.

Comité International des Sciences Historiques. Commission Internationale d'Histoire Militaire Comparée. Comité de Bibliographie. **Bibliographie internationale d'histoire militaire.** Année 1. 1974/76 ff. – Berne: Bibl. Militaire Fédérale 1978 ff   437

Repertorium der diplomatischen Vertreter aller Länder seit dem Westfälischen Frieden (1648). Répertoire des représentants diplomatiques des tous les pays depuis la Paix de Westphalie (1648). ... Hrsg. nach den Beiträgen der Mitarb. in den einzelnen Ländern ... von Ludwig Bitter. Bd. 1-3. – Versch. Verlage: 1936-65   438

Militärgeschichtliches Forschungsamt. Handbuch zur deutschen Militärgeschichte 1648-1939. Begr. von Hans Meier-Welcker. Hrsg. Friedrich Forstmeier und Wolfgang von Groote. Bd. 1-6. – München: Bernard & Graefe 1979-81   439
Ein Handbuch zur Militärgeschichte; es ist auch für die allgemeine Geschichte von Nutzen. Daneben ist auch das folgende, mit vielen weiterführenden Literaturhinweisen ausgestattete Buch zu berücksichtigen:

Showalter, Dennis: German military history. A critical bibliography. – New York: Garland 1984. XXXIII, 331 S. (Military History Bibliographies. 3) (Garland Reference Library of social science. 113)   440

Bromley, John Selwyn: A select List of works on Europe and Europe overseas 1715-1815. Ed. for the Oxford Eighteenth Century Group. – Oxford: Clarendon Pr. 1956. XII, 132 S.   441

6.1.11.5. Personalbibliographien

Es folgen einige Auswahlbibliographien von Editionen und Sekundärlitatur beispielhaft ausgewählter Denker der frühen Neuzeit (15.-18. Jahrhundert). Derartige Personalbibliographien beziehen oft auch das kulturelle Umfeld der jeweils behandelten Person mit ein.

Althusius

Wyduckel, Dieter: Althusius-Bibliographie. Bibliographie zur politischen Ideengeschichte und Staatslehre, zum Staatsrecht und zur Verfassungsgeschichte des 16. bis 18. Jahrhunderts. Hrsg. von Hans Ulrich Scupin und Ulrich Scheuner. Bd. 1.2. – Berlin 1973   442

Campanella

Firpo, Luigi: Bibliografia degli scritti di Tommaso Campanella. Pubblicazione promossa dalla Reale Accad. delle scienze di Torino nel 3 centenario della morte di T. Campanella. – Torino 1940. VIII, 255 S.
                                                                                  443

Grillo, Francesco: **Tommaso Campanella in America.** A critical bibliography and a profile by Francesco Grillo. – New York: Vanni 1954. 109 S. 444

Descartes

Guibert, Albert Jean: Bibliographie des œuvres de René Descartes publiées au XVIIe siècle. – Paris: Centre national de la recherche scientifique 1976. 233 S. 445

Sebba, Gregor: Bibliographia Cartesiana. A critical guide to the Descartes literature, 1800-1960. – The Hague: Nijhoff 1964. XV, 510 S. (Archives internationales d'histoire des idées. 5) 446

Diderot

Bibliographie de Diderot. Répertoire analytique international. – Genève: Droz 1980. LVIII, 902 S.
(Histoire des idées et critique littéraire. 187) 447

Grotius

Ter Meulen, Jacob: Concise Bibliography of Hugo Grotius. Preceded by an abridged genealogy by I.E.A. van Beresteyn, and a sketch of Grotius' life, adopted from the catalogue of the Grotius Exhibition, the Hague 1925. – Leyden: Sijthoff 1925 448

Ter Meulen, Jacob: Liste bibliographique de 76 éditions et traductions du De iure belli ac pacis de Hugo Grotius. – Leiden: Brill 1925. 49 S. 449

Ter Meulen, Jacob und Pieter Johan Jurriaan Diermanse: Bibliographie des écrits imprimés de Hugo Grotius. – La Haye: Nijhoff 1950. XXIV, 708 S. 450

Ter Meulen, Jacob und Pieter Johan Jurriaan Diermanse: Bibliographie des écrits sur Hugo Grotius imprimés au XVIIe siècle. – La Haye: Nijhoff 1961. XX, 224 S. 451

Leibniz

Müller, Kurt: Leibniz-Bibliographie. Die Literatur über Leibniz. – Frankfurt a.M. 1967 (Veröffentlichungen des Leibniz-Archivs. 1)   452

Locke

Hall, Roland und Roger Woolhouse: 80 Years of Locke scholarship. A bibliographical guide. – Edinburgh: Univ. Pr. 1983. X, 215 S.   453

Machiavelli

Bertelli, Sergio und Piero Innocenti: Bibliografia machiavelliana. – Verona: Ed. Valdonega 1979. CCLXXI, 433 S.   454

Montesquieu

Cabeen, David Clark: Montesquieu. A bibliography. – New York: The New York Public Library 1947. 87 S.   455

Savonarola

Ferrara, Mario: Nuova bibliografia savonaroliana. Ed. riveduta e arrecchita di oltre 300 schede rispetto alla prima del 1958. – Vaduz: Topos Verlag 1981. 230 S.   456

6.1.12. Geschichte der Neuesten Zeit

Der Terminus bezeichnet die Zeit von der Französischen Revolution 1789 bis zum Ende des 2. Weltkrieges 1945. Die Zeit danach wird in dieser Einführung nicht mehr behandelt.

Da (wie für die übrigen Epochen auch) umfassende retrospektive Bibliographien nicht vorliegen, wird man für die erste Information auf gedruckte Bibliothekskataloge zurückgreifen. Gedruckte Kataloge großer Spezialbibliotheken können in praxi gleichsam als abgeschlossene (retrospektive) Bibliographien benutzt werden. Die Verzeichnung der Bestände (nicht nur der monographischen Literatur, sondern oft auch der in der Bibliothek vorhandenen Archivalien, Flugblätter, maschinenschriftlichen Dissertationen etc.) liegt meist über dem allgemeinen

Standard (oftmals auch Katalogisierung von wichtigen Zeitschriften und Sammelbandbeiträgen, Aufnahme von Sonderdrucken, Broschüren und Ephemera.) Da neben dem alphabetischen Katalog auch der systematische im Druck vorliegt (oder, wie im angloamerikanischen Bereich oft üblich, ein Kreuzkatalog vorhanden ist), können umfängliche, retrospektive Sucharbeiten in einer nahezu Vollständigkeit versprechenden Weise schnell durchgeführt werden, ohne daß man auf ältere laufende Bibliographien (so es sie gibt) oder mühsames "von-Zitat-zu-Zitat-Hüpfen" angewiesen ist. Die Notwendigkeit der Zuhilfenahme einer laufenden Spezialbibliographie und der entsprechenden Rezensionsorgane für die aktuelle Literatur bleibt natürlich weiterhin bestehen.

6.1.12.1. Bibliothekskataloge

Bibliothek Standort
Signatur

The library catalogs of the Hoover Institution on War, Revolution and Peace. Stanford University. Catalog of Western language collections. Vol. 1-63. Nebst Suppl. 1 ff. – Boston, Mass.: Hall 1969 ff
457

Es werden nicht nur die im Titel genannten Themenbereiche gesammelt, sondern darüber hinaus die gesamte Literatur zur Weltgeschichte des 20. Jahrhunderts, außerdem auch Archivalien und Dokumente. Anlage: Kreuzkatalog. Neben den Beständen in westlichen Sprachen finden sich noch zahlreiche Sonderbände, vor allem in chinesischer und japanischer Sprache.

Auch die 1915 gegründete "Weltkriegsbücherei" in Stuttgart, mittlerweile "Bibliothek für Zeitgeschichte", hat ihren Katalog vervielfältigt:

Bibliothek Standort
Signatur

Bibliothek für Zeitgeschichte, Weltkriegsbücherei, Stuttgart. Alphabetischer Katalog. Bd. 1-11. – Boston, Mass.: Hall 1968   458

Neben die alphabetischen Teile tritt hier der sehr fein gegliederte systematische Katalog ("Classified Catalogue") mit ca. 35 000 Eintragungen, gegliedert in Sach-, Geschichts- und Länderteil. Leider wurde das Schlagwortregister nicht mit abgedruckt.

Obwohl der Schwerpunkt der Sammlung des Instituts für Zeitgeschichte, München, auf der deutschen Geschichte liegt, sei der gedruckte Katalog der Sammlung, der auch sehr viele Titel zur internationalen und ausländischen Geschichte enthält, an dieser Stelle vorgestellt:

Bibliothek Standort	**Bibliothek des Instituts für Zeitgeschichte München. Alphabetischer Katalog.** Bd. 1-5. – Boston, Mass.: Hall 1967 ff 459
	Der Katalog gliedert sich, was die Suche sehr erleichtert, in einen alphabetischen Katalog, einen
Signatur	Sachkatalog, einen Länderkatalog und einen biographischen Katalog, alle mit z.t. umfangreichen

Nachträgen. Der Bestand der Bibliothek von ca. 60 000 Titeln wird somit gut erschlossen, vor allem da auch "einschlägige Aufsätze" aus Fachzeitschriften mitverzeichnet sind. (Auswahlkriterien unklar).

Stärker sozial- als ereignisgeschichtlich orientiert sind die Bestände in folgenden Katalogen:

Alfabetische Catalogus van de Boeken en Brochures van het Internationaal Instituut voor Sociale Geschiedenis, Amsterdam. Bd. 1-12; Suppl. 1.2. – Boston, Mass: Hall 1970-1975   460
Leider nur alphabetisch, was eine sachliche Suche natürlich unmöglich macht. Es handelt sich um den Bestand des wohl bedeutendsten Forschungsinstituts zur Internationalen Sozialgeschichte.

Die Bestände einer kleineren, aber wichtigen Spezialbibliothek mögen darüber hinaus zur Recherche herangezogen werden (relativ aktueller Stand):

Catalogue of the Marx Memorial Library, London. Vol. 1-3. – Boston, Mass.: Hall 1979 -   461
1. Book catalogue, authors. Foreign language books; 2. Book catalogue, subjects. Special collections; 3. Pamphlet collection.
Darüber hinaus sind von einigen der laufenden Bibliographien Kumulationen erschienen (s.u. Nrn. 466 und 467).

6.1.12.2. Laufende Bibliographien

Der Standard der laufenden Verzeichnung zur internationalen Neuesten Geschichte muß als unzureichend bezeichnet werden. Lediglich die

Bibliothek Standort	
Signatur	

Historical abstracts. Vol. 1 ff. – Santa Barbara, Calif.: American Bibliogr. Center 1955 ff   **462** sorgen für eine relativ schnelle und umfassende Information über neuzeitliche Geschichte (gerechnet ab 1775). In den letzten Jahren erscheint die Bibliographie ohne die Geschichte Nordamerikas, da hierfür das Referateorgan

America. History and Life   **463**
zuständig ist. Erscheint in 2 Teilen: Part A: für die Jahre 1775-1914, Part B: (mit gleitendem Berichtsschluß) für die Jahre nach 1914. Wertet über 2 000 Zeitschriften laufend aus, kann jedoch die Beschäftigung mit den nationalen, regionalen und lokalen Bibliographien nicht ersetzen. Jahres- und Fünfjahresregister.

Sehr viel erfreulicher sieht die bibliographische Situation für die internationale Geschichte des 20. Jahrhunderts aus. Seit Ende des 1. Weltkrieges wird von der "Weltkriegsbücherei" eine jährliche Bibliographie herausgegeben:

Bibliothek Standort	
Signatur	

Jahresbibliographie. Bibliothek für Zeitgeschichte – Weltkriegsbücherei Stuttgart. Jg. 1, 1920/1921 ff. – München: Bernard & Graefe 1921 ff

    464
Früher unter dem Titel **Bücherschau der Weltkriegsbücherei** bzw. **Neue Folge der Bücherschau der Weltkriegsbücherei.** Grundlage bilden die laufenden Neuerwerbungen. Der Schwerpunkt liegt auf der Literatur zu den beiden Weltkriegen.

Daneben verzeichnen die **Vierteljahreshefte für Zeitgeschichte** in ihrer Beilage

Bibliothek Standort
Signatur

Bibliographie zur Zeitgeschichte. Beilage der Vierteljahreshefte für Zeitgeschichte. Jg. 1 ff. – Stuttgart: Deutsche Verlags-Anstalt 1953 ff   465

laufend sämtliche Neuerscheinungen und werten außerdem eine Reihe Zeitschriften und Sammelwerke aus. Beide Bibliographien sind wegen des unterschiedlichen Schwerpunkts (die Jahresbibliographie der Bibliothek für Zeitgeschichte ist stärker international ausgerichtet) parallel zu benutzen. Für die Berichtsjahre 1945-1950 liegt eine eigene Bibliographie vor:

Herre, Franz und Hellmuth Auerbach: Bibliographie zur Zeitgeschichte und zum Zweiten Weltkrieg für die Jahre 1945-50. – München: Inst. für Zeitgeschichte 1955. 254 S.   466

Des weiteren wurden die wichtigsten bibliographischen Angaben aus den Jahrgängen von der Gründung der Zeitschrift im Jahre 1953 an bis 1980 reprokumuliert:

Bibliothek Standort
Signatur

Bibliographie zur Zeitgeschichte 1953-1980. Im Auftr. des Inst. für Zeitgeschichte München hrsg. von Thilo Vogelsang und Hellmuth Auerbach. Bd. 1-3. – München: Saur 1982-83.   467

1. Allgemeiner Teil. Hilfsmittel, Geschichtswissenschaft, Gesellschaft und Politik, Biographien; 2. Geschichte des 20. Jahrhunderts bis 1945; 3. Geschichte des 20 Jahrhunderts seit 1945.

6.1.12.3. Abgeschlossene Bibliographien zu einzelnen Epochen der internationalen Geschichte (in der Chronologie der Ereignisse vorgestellt)

Napoleon

Kircheisen, Friedrich Max: Bibliographie des napoleonischen Zeitalters, einschl. d. Vereinigten Staaten von Nordamerika. Bd. 1-2.1. (Mehr nicht ersch.) – Berlin: Mittler 1908 - 12. 1..1908; 2.1. Napoleon I. und seine Familie. Memoiren, Briefwechsel, Biographien. 1912. 468

Nationalismus

Winkler, Heinrich August und Thomas Schnabel: Bibliographie zum Nationalismus. – Göttingen: Vandenhoeck und Ruprecht 1979. 155 S. (Arbeitsbücher zur modernen Geschichte. 7) 469

Imperialismus und Kolonialismus

Wehler, Hans-Ulrich: Bibliographie zum Imperialismus. – Göttingen: Vandenhoeck und Ruprecht 1977 (Arbeitsbücher zur modernen Geschichte. 3) 470

Halstead, John P. und Serafino Porcari: Modern European imperialism: A bibliography of books and articles 1815-1972. Vol. 1.2. – Boston, Mass.: Hall 1974 471
Umfassendste Bibliographie ca. 30 000 Titel, außerdem werden alle Quellen verzeichnet.

Colonialism in Africa. 1870-1960. Ed. by Lewis Henry Gann and Peter Duignan. – Cambridge: Univ. Pr. 1973 ff 472

Die Literatur zur *Frauenbewegung* wird in dem entsprechenden Abschnitt der deutschen Geschichte vorgestellt.

Arbeiter- und Gewerkschaftsbewegung

Maimann, Helene und Roswitha Böhm: Arbeitergeschichte und Arbeiterbewegung. Dissertationen und Diplomarbeiten in Österreich 1918-1978. – Wien: Österreich. Bundesverlag. 1978.195 S. 473

Schriften zur ausländischen Arbeiterbewegung in der Bibliothek des Archivs der sozialen Demokratie (Friedrich-Ebert-Stiftung). – Bonn: Friedrich-Ebert-Stiftung 1978 ff   474
Es handelt sich um laufende Zugangslisten dieser recht bedeutenden Spezialbibliothek.

Allen, Victor Leonard: International Bibliography of trade unionism. – London: Merlin 1968. VIII, 180 S.   475

Sozialismus und Kommunismus

Stammhammer, Josef: Bibliographie des Socialismus und Communismus. Bd. 1-3. – Jena: Fischer 1893-1909   476
Diese ältere Bibliographie wurde aufgenommen, weil sie sehr viel Kleinschrifttum von heute weitgehend unbekannten Autoren der Jahrhundertwende enthält, das mittlerweile für die Sozialgeschichtsschreibung eine nicht unwichtige Quelle darstellt.

Sworakowski, Witold S.: The Communist International and its front organizations. A research guide and checklist of holdings in American and European libraries. – Stanford, Calif.: Hoover Inst. on War, Revolution, and Peace 1965. 493 S. (Hoover Institution bibliographical Series. 21)   477
Mit Hinweisen auf Bibliotheks- und Archivbestände.

Erster Weltkrieg

Enser, Alfred George Sidney: A Subject Bibliography of the First World War. Books in English 1914-1978. – London: Deutsch 1979. 485 S.   478

Erster und Zweiter Weltkrieg

Neben den oben (s. Nrn 457 ff) vorgestellten, gedruckten Bibliothekskatalogen zur Vorgeschichte und zu den Ursachen, Verlauf und Nachwirkungen der beiden Weltkriege erschienen mehrere Spezialbibliographien.

Allgemeine Bibliographie für den gesamten Zeitraum der beiden Weltkriege, die allerdings nur die englischsprachige Literatur berücksichtigt, ist:

Bayliss, Gwyn M.: Bibliographic guide to the two world wars. An annotated survey of English-language reference materials. – London: Bowker 1977. XV, 578 S. 479

Ca. 2500 Titel, die wiederum weiterführende Literatur verzeichnen. Das französische Pendant dazu ist:

Hornung, J.: Les deux guerres mondiales: 1914-1918, 1939-1945. Notes bibliographiques. In: Bulletin des Bibliothèques de France. 9. 1964. 463-487. 480
Kurze, nützliche bibliographische Übersicht.

Zwei gedruckte Bibliothekskataloge der New York Publik Library verzeichnen die in dieser größten öffentlichen amerikanischen Bibliothek vorhandenen Bestände (analog zum Schlagwortsystem dieser Bibliothek) zu den beiden Weltkriegen (Titelkartenkopien):

The New York Public Library. Reference Department. Subject catalog of the World War I colllection. Vol. 1-4. – Boston: Hall 1961. XIV, 2772 S. 481

The New York Public Library. The Research Libraries. Subject catalog of the World War II collection. Vol. 1-3. – Boston, Mass.: Hall 1977 482
Insgesamt ca. 100000 Einträge (Mehrfachnennungen möglich). Über ein Schlagwortregister leicht und schnell zu benutzen.

Über den 1. Weltkrieg, seine Vorgeschichte, den Verlauf, die Waffenstillstandsverhandlungen, die Pariser Friedenskonferenz und die Friedensschlüsse (vor allem Versailles und St. Germain) handeln zwei vom Institut für Zeitgeschichte herausgegebene Literaturübersichten:

Gunzenhäuser, Max: Die Bibliographien zur Geschichte des Ersten Weltkrieges. Literaturbericht und Bibliographie. – Frankfurt a.M.: Bernard & Graefe 1964. 63 S. (Schriften der Bibliothek für Zeitgeschichte. 3) 483

Gunzenhäuser, Max: Die Pariser Friedenskonferenz 1919 und die Friedensverträge 1919-1920. Literaturbericht und Bibliographie. – Frankfurt a.M.: Bernard & Graefe 1970. VII, 287 S. (Schriften der Bibliothek für Zeitgeschichte. 9) 484
Beide Werke stellen Auswahlbibliographien dar und fußen auf den Beständen des Münchener Instituts. Sie enthalten nicht nur Bibliogra-

phien, sondern auch Übersichten über die erschienene Literatur, Hinweise auf Sondersammlungen und die wichtigsten Quelleneditionen.

Daneben liegt für den Ersten Weltkrieg eine aktuelle und umfängliche Literaturübersicht aus der Bibliothek für Zeitgeschichte vor:

Neue Forschungen zum Ersten Weltkrieg. Literaturberichte u. Bibliographie von 30 Mitgliedstaaten der 'Comm. internat. d'histoire militaire comparée'. Hrsg. von Jürgen Rohwer. – Koblenz: Bernard & Graefe 1985. VII, 406 S. (Schriften der Bibliothek für Zeitgeschichte, Weltkriegsbücherei Stuttgart. 25) 485

Die englischsprachige Forschung zum 2. Weltkrieg ist mittlerweile lückenlos in zwei aufeinander abgestimmten Fachbibliographien dokumentiert:

Enser, Alfred G.S.: A Subject Bibliography of the Second World War. Books in English 1939-1974. – London: Deutsch 1977. 592 S. 486

Enser, Alfred G.S.: A Subject Bibliography of the Second World War. Books in English 1975-1983. – Aldershot: Gower 1985. 225 S. 487

Eine Bibliographie zur Historiographie des Zweiten Weltkriegs (rein militärisch-amtlich) liefert das Heeresgeschichtliche Museum in Wien:

Heeresgeschichtliches Museum. Bibliographie zur internationalen militärisch-amtlichen Kriegsgeschichtsschreibung über den Zweiten Weltkrieg. Dokumentensammlungen, Großserien, Einzelstudien, Bibliographien. Behelf. Stand 28. Februar 1978. – Wien: Bundesministerium für Landesverteidigung 1978. 190 S. 488

Die Literatur zum für die Vorgeschichte des 2. Weltkrieges wichtigen Münchner Abkommen von 1938 ist verzeichnet bei:

Knuth: Das Münchner Abkommen von 1938. Auswahlbibliographie. – Bonn 1970. 15 S. (Wissenschaftliche Abteilung des Deutschen Bundestages. Bibliographien. 25) 489

Die Gesamtdarstellungen zum *Zweiten Weltkrieg* und erst recht die Spezialveröffentlichungen sind Legion. Die wichtigsten, handbuchartigen Nachschlagewerke sind:

Hillgruber, Andreas und Gerhard Hümmelchen: Chronik des Zweiten Weltkrieges. Kalendarium militärischer und politischer Ereignisse 1939-1945. Durchgesehene u. erg. Neuausg. – Königstein/Ts.: Athe-

näum 1978. 344 S. (Athenäum/Droste Taschenbücher Geschichte. 7218) 490
Sehr zuverlässige und detaillierte Darstellung.

Geschichte des Zweiten Weltkrieges. (T. 1: 2. Aufl.) T. 1.2. – Würzburg: Ploetz 1960. 491
Erweiterter Auszug aus der Ploetz-schen Sonderausgabe (25. Aufl.) Wichtig u.a.: Bd 2: Die Kriegsmittel, der die Wirtschafts- und Rüstungspolitik der beteiligten Staaten behandelt. Bedürfte einer Neuauflage.

Das englische Standardwerk bietet ca. 4000 anschaulich geschriebene Artikel, aber nur wenig weiterführende, englischsprachige Literatur:

The encyclopedia of World War II. Ed. by Thomas Parrish, chief consultant ed. Samuel L.A. Marshall. – London: Secker & Warburg 1978. XVI, 767 S. 492

Das französische Hauptwerk ist bibliographisch ebenfalls unergiebig:

Dictionnaire de la seconde guerre mondiale. Sous la dir. de Philippe Masson. T. 1.2. – Paris: Larousse 1979-80. 493

Die große, umfangreiche Darstellung des Zweiten Weltkrieges aus amtlicher russicher Sicht (Redaktion: Armeegeneral und späterer Verteidigungsminister Andrei A. Gretschko) liegt (bereits in mehreren Auflagen) auch auf deutsch vor:

Geschichte des Zweiten Weltkrieges 1939-1945. Hauptred.-Komm.: A.A. Gretschko. Bd 1-12. – Berlin: Militärverlag der DDR 1975 ff
494

Weitere thematisch angelegte Bibliographien aus dem gesamten Zeitraum der Neuesten Geschichte:

Floyd, Dale E.: The World Bibliography of armed land conflict from Waterloo to World War I. Vol. 1.2. – London: Prior 1979. 495

Albion, Robert Greenhalgh: Naval & maritime History. An annotated bibliography. 4. ed. – Newton, Abbot: David & Charles 1973. IX, 370 S.
496

Blackey, Robert: Modern Revolutions and revolutionists. A bibliography. – Santa Barbara, Calif.: Clio Books 1976. XXVII, 257 S. 497

Blackey, Robert: Revolutions and revolutionists. A comprehensive guide to the literature. – Santa Barbara, Calif.: ABC-Clio 1982. XXIV, 488 S. (War-Peace Bibliography Series. 17)   498

Foreign affairs bibliography. A selected and annotated list of books on international relations. 1919/32 ff. – New York: Harper (1952/1962 ff: Bowker) 1933 ff   499

Foreign affairs 50-year-bibliography. New evaluations of significant books on international relations 1920-1970, ed. by Byron Dexter. – New York: Bowker 1972. XXVII, 936 S.   500
Auswahlbibliographie für die Jahre 1920-1970 aus den vorgenannten Mehrjahresbänden.

6.1.13. Geschichtstheorie und Historiographie

Wenngleich das Interesse an theoretischen Fragen abgenommen hat und man der sog. Neuen Geschichtsschreibung diese Theorielosigkeit oft zum Vorwurf macht ('neohistoristische Rumpelkammer'), so seien doch die wichtigsten Bibliographien zur Theorie der Historiographie hier genannt. Es liegen drei abgeschlossene (relativ umfassend und aktuell) sowie eine wichtige laufende Bibliographie zu Theorien der Geschichtsschreibung und zur Geschichtsphilosophie vor:

Morelli, Umberto: Metodologia della ricerca storica. Bibliografia (1900-1970). – Torino: Giappichelli 1974. 197 S. (Pubblicazioni dell'Istituto di Scienze Politiche dell'Università di Torino. 30)   501
International ausgerichtet, ca. 1 500 Titelnachweise selbständig und unselbständig erschienener Literatur zur Theorie der Geschichtsschreibung.

Stephens, Lester D.: Historiography. A bibliography. – Metuchen, N.J.: Scarecrow Press 1975. VI, 271 S.   502
Verzeichnet überwiegend anglo-amerikanisches Schrifttum (ca. 2 000 Titel) mit kurzen Annotationen.

Berding, Helmut: Bibliographie zur Geschichtstheorie. – Göttingen: Vandenhoeck & Ruprecht 1977. 331 S. (Arbeitsbücher zur modernen Geschichte. 4)   503
Recht umfangreiche, sachlich gegliederte Bibliographie.

Bibliography of works in the philosophy of history. Comp. by John C. Rule. – Gravenhage: Mouton 1961 ff (History and theory. Beih. 1 ff)

504

Beiheft zur Zeitschrift: **History and theory.** Eine retrospektive Zusammenstellung für das 16.-18. Jh. erfolgte im Beiheft 12. 1972. Die laufende Verzeichnung erfolgt alle 3-4 Jahre in einem dann eigens erscheinenden Beiheft, zuletzt für die Jahre 1973-1977 als Beiheft 18. 1979.

Die Literatur (ca. 300 Titel) zur mündlichen Tradierung von Wissen ist nützlich zusammengestellt:

Havlice, Patricia Pate: Oral History. A Reference guide and annotated bibliography. – Jefferson: Mc Farland 1985. 140 S. 504a

6.2. Geschichte Zentraleuropas, insbesondere Deutschlands, Österreichs und der Schweiz im Mittelalter und in der Neuzeit.

Als geographischer Rahmen wird in etwa die Grenzziehung, wie sie für Europa im *Westfälischen Frieden von 1648* festgelegt wurde, zu Grunde gelegt, jedoch einschließlich der Schweiz und ohne die Spanischen Niederlande. Im übrigen empfiehlt es sich, die sich jeweils entsprechenden Abschnitte *Weltgeschichte, Zentraleuropäische Geschichte* und *Deutsche Landeskunde* parallel zu benutzen.

6.2.1. Bibliographien der Bibliographien

Sie werden bei den jeweiligen Fachgebieten und bei der mitteleuropäischen und deutschen Landesgeschichte vorgestellt.

6.2.2. Einführungen und Quellenkunde

Die nach wie vor beste und umfassendste Einführung (ohne Annotationen) mit den wichtigsten Bibliographien, Lexika, biographischen Hilfsmitteln, Handbüchern und Quellendarstellungen sowie Hinweisen auf Quelleneditionen liefert:

Bibliothek Standort
Signatur

Baumgart, Winfried: Bücherverzeichnis zur deutschen Geschichte. Hilfsmittel, Handbücher, Quellen. 6. Aufl. – München: DTV 1983. 258 S. (Dtv. 3247) 505

Dieses zuerst 1971 erschienene Büchlein sollte eigentlich jeder Student der Geschichte (auch im Nebenfach) besitzen. Für jede ernsthafte Beschäftigung mit der deutschen Geschichte (teils auch darüber hinausgehend der übrigen europäischen Staaten) ist es unerläßlich. Auf die entsprechenden Abschnitte des **Dahlmann-Waitz** wird ständig verwiesen.

Daneben kann herangezogen werden:

Meyer, Gerhard: Wege zur Fachliteratur. Geschichtswissenschaft. – München: Saur 1980. 144 S. (Uni-Taschenbücher. 1001) 506
Verzeichnet überwiegend Titel zur deutschen Geschichte, jedoch ohne Quelleneditionen.

Nur der bibliographischen Vollständigkeit halber sei das schon veraltete Werk über die österreichisch-ungarische Monarchie noch genannt:

Charmatz, Richard: Wegweiser durch die Literatur der österreichischen Geschichte. – Stuttgart: Cotta 1912. X, 138 S. 507

Das wichtigste und grundlegende Werk für alle Bereiche der deutschen Geschichte ist das monumentale Opus:

Bibliothek Standort
Signatur

Dahlmann, Friedrich C. und Georg Waitz: Quellenkunde der deutschen Geschichte. Bibliographie der Quellen und der Literatur zur deutschen Geschichte. Hrsg. von Hermann Heimpel und Herbert Geuss. 10. Aufl. Bd 1 ff. – Stuttgart: Hiersemann 1969 ff 508

Begründet im Jahre 1830 von dem Göttinger Historiker Dahlmann (Romantik), zieht sich die Neubearbeitung der 10. Aufl. (unter den Auspizien des Max-Planck-Institutes in Göttingen) seit nunmehr gut 20 Jahren hin. Daher ist weiterhin die 9. Aufl. mitzubenutzen (Leipzig 1931-1932). Von der 10. Aufl. sind bisher erschienen:
Abschnitt 1-123 Allgemeines: Quellenkunde, Einzelgebiete geschichtlichen Lebens, Allgemeine deutsche Landesgeschichte (Anfang).

Abschnitt 237-276 Deutschland im späten Mittelalter; Reformationsgeschichte.
Abschnitt 393-402 Weltkriege; Weimar

Außerdem liegt seit 1985 das Register für die Bände 1 und 2 (Abschnitte 1-57) vor:

Quellenkunde der deutschen Geschichte: Bibliographie der Quellen und der Literatur zur deutschen Geschichte/Dahlmann-Waitz. – 10. Aufl. unter Mitw. zahlr. Gelehrter hrsg. im Max-Planck-Inst. für Geschichte von Hermann Heimpel u. Herbert Geuss. – Stuttgart: Hiersemann. Register 1.2. 1985. 496 S. 509

6.2.3. Handbücher und Lexika

Ältere Enzyklopädien, Lexika und sonstige Nachschlagewerke vor allem der Aufklärungszeit verzeichnet und annotiert:

Raabe, Paul: Gelehrte Nachschlagewerke im 18. Jahrhundert in Deutschland. In: Gelehrte Bücher vom Humanismus bis zur Gegenwart. – Wiesbaden: Harrassowitz 1983. S. 97-117. (Wolfenbütteler Schriften zur Geschichte des Buchwesens. 9) 510

Für eine genaue Begrifflichkeit und eine Kenntnis der (lt. Vorwort) 'kategorialen Bedeutungsgehalte' sollte möglichst häufig folgendes grundlegende Werk benutzt werden:

Geschichtliche Grundbegriffe. Historisches Lexikon zur politisch-sozialen Sprache in Deutschland. Hrsg. von Otto Brunner und Werner Conze. Bd 1-6. – Stuttgart: Klett 1972 ff 511
Bislang erschienen Bd 1-5 (1972-1984), enthaltend die Buchstaben A-Soz. Folgt einer neuartigen Konzeption: Nicht mehr eine Vielzahl von Stichwörtern wird erläutert, sondern es werden eher monographische Abhandlungen über die zentralen und geschichtlich bedeutsamen Begriffe mit weiterführenden Literaturangaben geboten.
Einer ähnlichen Konzeption folgte auch schon ab der 9. Aufl. (1971 ff.)
Meyers Enzyklopädisches Lexikon (s.o. Nr. 189), das neben den eigentlichen Lexikonartikeln weitere 100 Sonderbeiträge (je ca. 10 Seiten) mit umfassender und allgemeiner Thematik enthält.

Für einen ersten, schnellen Einstieg bieten sich die beiden folgenden Faktenlexika an, beide jedoch mit nur unzureichenden bibliographisch weiterführenden Hinweisen, sodaß man für weitergehende Recherchen doch wieder auf andere Literaturauskunftsmittel zurückgreifen muß:

Lexikon der deutschen Geschichte: Personen, Ereignisse, Institutionen; von der Zeitwende bis zum Ausgang des 2. Weltkriegs. Unter Mitarbeit von Historikern und Archivaren hrsg. von Gerhard Taddey. – 2., überarb. Aufl. – Stuttgart: Kröner 1983. – X, 1 391 S.   512

1. Aufl. erschien 1977. Ca. 6 000 Artikel, knapp gehalten und namentlich gezeichnet, über Personen, Orte, Ereignisse und Institutionen. Räumlich wird das Gebiet des Heiligen Römischen Reiches Deutscher Nation berücksichtigt, die Schweiz also bis 1648, während Österreich bis 1945 mitbehandelt wird.

Rössler, Hellmuth und Günther Franz: Stichwörterbuch zur deutschen Geschichte. – München: Oldenbourg 1958. XL, 1 472 S.   513

Als wichtigste Handbücher und übergreifende Darstellungen zur deutschen Geschichte sind heranzuziehen:

Handbuch der deutschen Geschichte. Begr. von Otto Brandt, fortgef. von Arnold O. Meyer. Neu hrsg. von Leo Just. Bd 1-5. Nebst Erg.–Bd 1960 u. 1961. – Wiesbaden: Athenaion 1957 ff   514

Älteres, aber sehr solides Handbuch. Umfangreiche Quellenangaben und ausführliche Bibliographie.

Heute als Standardwerk (auch in der erschwinglichen Taschenbuchausgabe) meistbenutzt:

Bibliothek Standort
Signatur

Gebhardt, Bruno: Handbuch der deutschen Geschichte. Hrsg. von Herbert Grundmann. 9. Aufl. Bd 1-4, 2. – Stuttgart: Union Verl. 1970-76. Auch München: dtv 1973-1980   515

Deutsche Geschichte. Hrsg. von Joachim Leuschner. Bd 1-10. – Göttingen: Vandenhoeck & Ruprecht 1973-1984   516

Lehrbuch der deutschen Geschichte. Hrsg. von einem Autorenkollektiv unter Leitung von Joachim Streisand. Bd 1-12. – Berlin: Akad.-Verl. 1960-   517

Sehr nützlich für wirtschafts- und sozialgeschichtliche Fragen:

Handbuch der deutschen Wirtschafts- und Sozialgeschichte. Hrsg. von Hermann Aubin und Wolfgang Zorn. Bd 1.2. – Stuttgart: Klett 1971-76   518

Deutsche Geschichte. Hrsg. von Hans-Joachim Bartmuss, Stephan Doernberg. 3., durchges. Aufl. Bd 1-3. – Berlin: Dt. Verl. der Wiss. 1974-75.   519
1. Aufl. 1965-68. Älteres Standardhandbuch der DDR zur deutschen Geschichte. 1. Von den Anfängen bis 1789; 2. Von 1789 bis 1917; 3. Von 1917 bis zur Gegenwart.

Daneben das neuere und umfangreichere Werk:

Deutsche Geschichte in zwölf Bänden. Herausgeberkollegium: Horst Bartel (u.a.) Bd 1-12. – Berlin: Dt. Verl. der Wissenschaften 1982- (Auch als Lizenzausgabe: Köln: Pahl-Rugenstein)   520
Bisher sind die Bände 1-4 erschienen, die den Zeitraum bis zur Reichsgründung 1871 abdecken.

Standardwerke zur österreichischen Geschichte stellen sowohl das ältere, den gesamten Raum der österreichisch-ungarischen Doppelmonarchie behandelnde Werk:

Uhlirz, Karl und Mathilde Uhlirz: Handbuch der Geschichte Österreichs und seiner Nachbarländer Böhmen und Ungarn. Bd 1-4. – Graz: Leuschner & Lubensky 1927-44   521
sowie die mittlerweile bis zur Schlacht von Mohacs (1526) gediehene Neuauflage des Handbuchs dar:

Uhlirz, Karl und Mathilde Uhlirz: Handbuch der Geschichte Österreich-Ungarns. 2., neubearb. Aufl. Bd 1-. – Graz, Köln: Böhlau 1963.   522
Die Neuauflage enthält u.a. eine nützliche Zusammenstellung der Quellen und der Sekundärliteratur sowie einen Überblick über die Entwicklung der Forschung.

Auf die Grenzen des heutigen Österreich beschränkt (außer in den biographischen Artikeln):

Österreich-Lexikon. Hrsg. von Richard Bamberger u. Franz Maier-Bruck. Bd 1.2. – Wien: Österr. Bundesverl. 1966-67   523

Das wichtigste Handbuch zur Schweizer Geschichte:

Handbuch der Schweizer Geschichte. Bearb. von Emil Vogt und Ulrich Im Hof. 2. Aufl. Bd 1.2. – Zürich: Buchverl. Berichtshaus 1980. XX, XII, 1 320 S.   524

Nützlich darüber hinaus immer noch:

Historisch-biographisches Lexikon der Schweiz. Hrsg. von Heinrich Türler, Marcel Godet, Victor Attinger. Bd 1-7. Suppl. 1.2. – Neuenburg: Administration des Historisch-Biographischen Lexikons der Schweiz 1921-34   525

Außerdem erschien als 11. Beiheft zur **Schweizerischen Zeitschrift für Geschichte** eine Verzeichnung der wichtigsten einschlägigen Arbeiten zur Städtegeschichte der Schweiz:

Guyer, Paul: Bibliographie der Städtegeschichte der Schweiz. – Zürich: Leemann 1960. 70 S.   526

Für den Historiker nützliche Werke der *volkskundlichen* Forschung stellen dar das:

Handwörterbuch des deutschen Aberglaubens. Hrsg. von Hans Eduard Hofmann-Krayer. 10 Bde. – Berlin: De Gruyter 1927-42. (Handwörterbücher zur deutschen Volkskunde, Abt. 1)   527

sowie die

Enzyklopädie des Märchens. Handwörterbuch zur historischen und vergleichenden Erzählforschung. Hrsg. von Kurt Ranke und Hermann Bausinger. – Berlin: De Gruyter 1. 1975-   528

6.2.4. Laufende Bibliographien

Für den Historiker ist es natürlich von besonderer Wichtigkeit, ständig aktuell über die Neuerscheinungen seines Faches und vor allem auch der benachbarten Disziplinen unterrichtet zu sein. Daher entstanden schon in den vorigen Jahrhunderten verschiedene Referateorgane, meist in Fachzeitschriften, oder als Anhang und Beilage zu denselben.

Ende des vergangenen Jahrhunderts entstanden dann (nicht nur in Deutschland) eigenständige, jährlich erscheinende Übersichten, meist nicht in Form reiner Titelbibliographien (wie sie heute üblich sind), sondern in Form von Forschungsüberblicken und Sammelbesprechungen. Einige ältere Titel seien aus wissenschaftsgeschichtlichem Interesse hier vorgestellt:

Mittheilungen aus der historischen Litteratur. Hrsg. von der Historischen Gesellschaft in Berlin. – Berlin 1. 1873 ff   529

Bibliotheca historica. Vierteljährl. systemat. geordn. Übersicht der auf d. Geb. d. gesammten Geschichte in Deutschl. u. d. Ausl. neu ersch. Schriften u. Zeitschriften-Aufsätze. Hrsg. von Oscar Masslow. – Göttingen: Vandenhoeck & Ruprecht 1. 1888 ff   530

Die wichtigsten Gesamtverzeichnungen wurden die:

Jahresberichte der Geschichtswissenschaft. Im Auftrag der Historischen Gesellschaft zu Berlin. – Berlin 1. 1878 - 36. 1913.   531
Verzeichnete (bzw. strebte an zu verzeichnen) die in Deutschland erschienene Literatur zur gesamten Weltgeschichte, obgleich naturgemäß ein Schwerpunkt auf der europäischen Geschichte lag. Fortgeführt durch:

Jahresberichte der deutschen Geschichte. Hrsg. von Viktor Löwe u. Manfred Stimming. – Breslau: Priebatsch 1. 1918 (1920) - 7. 1924 (1926)
532
Verzeichnet die ausländischen Titel zur deutschen Geschichte nur sehr lückenhaft.

Jahresberichte für deutsche Geschichte. Hrsg. von Albert Brackmann und Fritz Hartung. – Leipzig: Koehler 1. 1925 - 15/16. 1939/40   533
Die Berichterstattung wurde durch die Kriegsereignisse unterbrochen. Die Veröffentlichungen deutscher Historiker zwischen 1939 und 1945 wurden später zusammengestellt. Die meisten Titel beziehen sich auf die deutsche Geschichte, dabei sind auch Ur- und Frühgeschichte (einschließlich Forschungen zum hoch im Kurse stehenden Germanentum) und Alte Geschichte vertreten:

Holtzmann, Walther und Gerhard Ritter: Die deutsche Geschichtswissenschaft im Zweiten Weltkrieg. Bibliographie des historischen Schrifttums deutscher Autoren 1939-1945. Hrsg. im Auftrag des Ver-

bandes der Historiker Deutschlands und der Monumenta Germaniae Historica. Halbbd 1.2. – Marburg/Lahn: Simons 1951   534
Nach dem 2. Weltkrieg wurden die Jahresberichte in der Bundesrepublik nicht weitergeführt. In der DDR wurden bald nach dem Kriege, nämlich 1949, die Jahresberichte unter der Federführung der Akademie der Wissenschaften zu Berlin (später: Akademie d. Wissenschaften der DDR) wieder aufgenommen.

Ziel ist, das gesamte internationale Schrifttum zur deutschen Geschichte bis 1945 zu verzeichnen:

Jahresberichte für deutsche Geschichte. N.F., hrsg. von der Akademie der Wissenschaften der DDR. Zentralinstitut für Geschichte, Abt. Information und Dokumentation. – Berlin: Akademieverlag 1. 1949 ff
535
Seit 26/27. 1974/75 in Zweijahresbänden. Umfassende, genaue Verzeichnung von ca. 12 000 Titeln pro Doppeljahrgang. Sachregister.

In der Bundesrepublik fehlt eine derartige zentrale Verzeichnung, wohl auch durch das Fehlen einer federführenden Institution bedingt. Der laufende bibliographische Nachweis der historisch relevanten Literatur erfolgt überwiegend in Fachzeitschriften (vgl. die Sonderberichte in: **Historische Zeitschrift**). Immerhin gibt es seit 1974 eine jährliche Dokumentation der laufenden Projekte:

Jahrbuch der historischen Forschung in der Bundesrepublik Deutschland. Hrsg. von der Arbeitsgemeinschaft Außeruniversitärer Historischer Forschungseinrichtungen in der Bundesrepublik Deutschland. 1. Berichtsteil. 2. Index der Forschung. – Stuttgart: Klett 1974 ff
536
Der auf freiwilligen Anzeigen beruhende Bericht über den jeweiligen Forschungsstand ist nicht immer zuverlässig. Es finden sich viele halbfertige oder nur in der Planung befindliche Projekte (auch bereits wieder aufgegebene oder zurückgestellte) darunter. Außerdem sind nicht alle literarischen Produktionen, die aus den Projekten erwachsen sind, genannt.

Demgegenüber ist die historische Forschung *Österreichs* und der *Schweiz* gut dokumentiert in:

Österreichische historische Bibliographie. Austrian historical bibliography. Hrsg. von Eric H. Boehm und Fritz Fellner. – Salzburg: Neugebauer 1. 1967 ff   537
Laufende Jahresbibliographie, leichte Benutzbarkeit durch Fünfjahresregister.

Eine laufende Verzeichnung der zur Schweizer Geschichte erschienenen Literatur setzt im Jahre 1913 ein. Wie auch sonst häufig, erscheinen die ersten Verzeichnisse noch als Beilagen oder Beiblätter einer Fachzeitschrift:

Anzeiger für schweizerische Geschichte. Beilage 1913-1918   538

Zeitschrift für schweizerische Geschichte. Beilage 1919/20-1935/37.
                                                                                          539

Nach 1945 werden diese beiden Verzeichnungen in einer eigenständigen laufenden Bibliographie weitergeführt:

Bibliographie der Schweizergeschichte. Bibliographie de l'histoire suisse. Hrsg. von der Schweizerischen Landesbibliothek. – Bern: Verl. Eidgenössische Drucksachen- und Materialzentrale 1946 ff   540
Weitere Werke zur Schweizer Landeskunde werden weiter unten (s.u. Nrn. 774-783) bei der allgemeinen Landeskunde der deutschen Länder verzeichnet.

6.2.5. Hilfswissenschaften

Zur theoretischen Durchdringung vgl. das oben bei Weltgeschichte Gesagte.

Archivistik

Archive im deutschsprachigen Raum. 2. Aufl. Bd. 1.2. – Berlin: De Gruyter 1974. (Minerva-Handbücher; 2.1)   541
Ersetzt die ältere Auflage von 1932. Enthält kleinere Übersichten, geordnet nach heutigen Bundesländergrenzen und Städten.

Die Veröffentlichungen der Archivverwaltungen sind nützlich zusammengestellt in:

Schmitz, Hans: Übersicht über die Veröffentlichungen der Archivverwaltungen und Archive in der Bundesrepublik Deutschland 1945-1970. Zsgest. mit Unterstützung d. Archivverwaltungen u. Archive. – Düsseldorf 1971. 115 S. (Der Archivar. Beiheft 1)   542
Für den Historiker sind natürlich vor allem die sogenannten Findbücher von Interesse, also Übersichten (Repertorien) über die vorhandenen Bestände an Archivgut.

Chronologie

Grotefend, Hermann: Zeitrechung des deutschen Mittelalters und der Neuzeit. Bd 1.2. – Hannover: Hahn 1891-98.   543
Standardwerk, verzeichnet alle zum Kalender der einzelnen deutschen Länder relevanten Daten (auch Heiligenkalender). Die gekürzte Taschenbuchausgabe sollte sich jeder Student zulegen:

Grotefend, Hermann: Taschenbuch der Zeitrechnung des deutschen Mittelalters und der Neuzeit. 12. Aufl. – Hannover: Hahn 1982. VII. 222 S.   544

Genealogie

Die Genealogie stellt eine wichtige Hilfswissenschaft dar, indem sie die familiären Zusammenhänge aufzuhellen und zu rekonstruieren sucht. Daher sind natürlich zu allen genealogischen Fragen auch die allgemeinen biographischen Hilfsmittel (s.o.Nrn 70 ff) heranzuziehen. Die wichtigste, wenngleich etwas kompliziert zu benutzende Bibliographie der gesamten deutschen genealogischen Forschung wurde früher von der Zentralstelle für deutsche Personen- und Familiengeschichte herausgegeben:

Familiengeschichtliche Bibliographie. 1.1900/1920 ff. – Neustadt/ Aisch: Degener 1925 ff   545
Die laufende Schweizer Bibliographie zur Genealogie entstand aus einer ständigen Berichterstattung im führenden Genealogenorgan. Seit 1934 berichtete **Der Schweizer Familienforscher** über laufende Neuerscheinungen, bis er durch die

Bibliographie der schweizerischen Familiengeschichte. Bibliographie généalogique suisse. – Basel: Schriftenverkaufsstelle der Schweizer Gesellschaft für Familienforschung 1946 ff   546
abgelöst wurde.

Falls irgendwann auch das Gesamtregister vorliegen sollte, wird

Der Schlüssel. Gesamtinhaltsverzeichnis mit Ortsquellennachweisen für genealogisch-heraldische und historische Zeitschriftenreihen. – Göttingen: Reise 1.1949 ff   547
ein vorzügliches Arbeitsinstrument darstellen. Wertet ca. 100 Zeitschriften aus.

Als einführendes Handbuch bestens geeignet:

Handbuch der Genealogie. Für den "Herold", Verein für Heraldik, Genealogie und verwandte Wissenschaften zu Berlin hrsg. von Ekkart Henning und Wolfgang Ribbe. – Neustadt a.d.A.: Degener 1972   548

Verdenhalven, Fritz: Familienkundliches Wörterbuch. 2. Aufl. – Neustadt a.d.A.: Degener 1969. 137 S.   549

Eine Quelle eigener Art für die Genealogie stellen die *Personalschriften* dar. Neben *Hochzeitsgedichten* (Enchiridien) sind hier vor allem die *Leichenpredigten* zu nennen. Bei dieser Schriftengattung handelt es sich um gedruckte (meist 2-3 Bögen starke) Heftchen, die neben einem Predigt- und Traktatenteil eine (oftmals ausführliche) Vita des Verstorbenen enthalten und damit für die genealogische Forschung von höchster Bedeutung sind. Die Sitte, Leichenpredigten gedruckt herauszugeben (analog zum heute üblichen Totenzettel), war in der protestantischen deutschen Ober- und Mittelschicht vom 16.-18. Jahrhundert stark verbreitet. Eine gute Einführung liefert:

Leichenpredigten. Eine Bestandsaufnahme. Bibliographie und Ergebnisse einer Umfrage. Hrsg. von Rudolf Lenz. – Marburg: Schwarz 1980. XVI, 198 S. (Marburger Personalschriften-Forschungen. 3)   550

Die wichtigsten Leichenpredigtensammlungen befinden sich in Gießen (Universitätsbibliothek), Göttingen (Niedersächsische Staats- und Universitätsbibliothek), Halle (Universitätsbibliothek, in der sogenannten Franke'schen Stiftung), Marburg (Universitätsbibliothek), München (Bayerische Staatsbibliothek) und Wolfenbüttel (Herzog August

Bibliotek: eigene Bestände und Depositum Stolberg). Letzteres ist der größte Bestand überhaupt. Alle Sammlungen sind durch gedruckte Kataloge erschlossen.

Heraldik

Die von 1900-1934 (mit gelegentlichen Rückblicken auf früher) erschienene Literatur zur Heraldik (und Sphragistik) wird verzeichnet bei:

Berchem, Egon Frhr. von: Heraldische Bibliographie. T. 1. – Leipzig: Zentralstelle für Deutsche Personen- und Familiengeschichte 1937. – In: Familiengeschichtliche Bibliographie. 5. 1937. S. 237-668 (s.o.Nr. 545)   551

Für die Jahre 1936-37 und 1938-1945 liegen ebenfalls Nachträge in der Familiengeschichtlichen Bibliographie vor (s.o.Nr. 545) Die in Deutschland und Östereich erschienene deutschsprachige Literatur wird bei

Henning, Eckart und Jochums, Gabriele: Bibliographie zur Heraldik. Schrifttum Deutschlands und Österreichs bis 1980. – Köln: Böhlau 1984. XXIII, 546 S. (Bibliographie der historischen Hilfswissenschaften. 1) systematisch erfaßt.   552

Beruht im wesentlichen auf den Beständen der Bibliothek des Berliner Vereins "Der Herold. Verein für Heraldik, Genealogie und verwandte Wissenschaften" und stellt die z.Zt. umfassendste und sehr gründlich gearbeitete Übersicht dar. Ausführliche Sachregister.

Numismatik

Eine gute Einführung in die österreich-ungarische Geldgeschichte der frühen Neuzeit liefert:

Probszt, Günther: Quellenkunde der Münz- und Geldgeschichte der ehemaligen Österreichisch-Ungarischen Monarchie. – Graz: Akad. Druck- u. Verl.-Anst. 1954. XII, 134 S.   553

6.2.6. Frühzeit und Mittelalter Zentraleuropas

6.2.6.1. Frühzeit

Da es hier nicht Aufgabe sein kann, auch die germanische Vor- und Frühgeschichte darzustellen (vgl. hierzu die laufende Berichterstattung in **Germania** und den übrigen angegebenen Zeitschriften) sollen hier lediglich die Standardwerke für die beiden deutschen Staaten genannt werden:

Reallexikon der germanischen Altertumskunde. Begr. von Johannes Hoops. Hrsg. von Heinrich Beck, Herbert Jankuhn. 2., völlig neu bearb. Aufl. – Berlin: De Gruyter 1.1973 ff   554
Die erste Aufl. erschien 1911-1919

Das Standardwerk der DDR-Forschung (eher darstellender Natur, aber mit reichlich weiterführender Literatur) ist:

Die Germanen. Geschichte und Kultur der germanischen Stämme in Mitteleuropa. Ein Handbuch in 2 Bänden. Ausgearbeitet von einem Autorenkollektiv unter Leitung von Bruno Krüger. Bd 1.2. – Berlin: Akademie-Verlag 1983. (Veröffentlichungen des Zentralinstituts für Alte Geschichte und Archäologie der Akademie der Wissenschaften der DDR; 4,1.2.)   555

6.2.6.2. Mittelalter

Einführungen in die Geschichte und das Studium des Mittelalters:

Quirin, Heinz: Einführung in das Studium der mittelalterlichen Geschichte. 4. Aufl. – Wiesbaden: Steiner 1985. IV, 363 S.   556
Zuerst 1950 erschienen, danach verschiedene Auflagen

Boockmann, Hartmut: Einführung in die Geschichte des Mittelalters. 3. Aufl. – München: Beck 1985. 164 S.   557

Die *Geschichtsquellen* des deutschen Mittelalters sind weitgehend durch gute Verzeichnisse erschlossen:

Wattenbach, Wilhelm: Deutschlands Geschichtsquellen im Mittelalter bis zur Mitte des dreizehnten Jahrhunderts. Bd 1.2. – Berlin: Hertz 1893-94   558

Lorenz, Ottokar: Deutschlands Geschichtsquellen im Mittelalter seit der Mitte des dreizehnten Jahrhunderts. 3. in Verbindung mit Arthur Goldmann umgearb. Aufl. Bd 1.2. – Berlin: Hertz 1886-87 Nachdruck 1966 559

Diese Werke sind mittlerweile überholt und durch Neuauflagen und Neubearbeitungen weitgehend ergänzt bzw. ersetzt:

Wattenbach, Wilhelm: Deutschlands Geschichtsquellen im Mittelalter. Vorzeit und Karolinger. Bearb. von Wilhelm Levison und Heinz Löwe. H. 1-5. Nebst Beiheft. – Weimar: Böhlau 1952-73. 560

Wattenbach, Wilhelm und Holtzmann, Robert: Deutschlands Geschichtsquellen im Mittelalter. Die Zeit der Sachsen und Salier. Neuausg. besorgt von Franz-Josef Schmale. T. 1-3. – Darmstadt: Wiss. Buchges. 1976 ff. 561

Wattenbach, Wilhelm und Schmale, Franz-Josef: Deutschlands Geschichtsquellen im Mittelalter. Vom Tode Kaiser Heinrichs V. bis zum Ende des Interregnum. Bd 1-. – Darmstadt: Wiss. Buchges. 1976 ff. 562

Lhotsky, Alphons: Quellenkunde zur mittelalterlichen Geschichte Österreichs. – Graz, Köln: Böhlau 1963. XII, 496 S. (Mitteilungen des Instituts für Österreichische Geschichtsforschung. Erg.-Bd 19) 563

Das umfangreichste, im Jahre 1819 vom Freiherrn vom Stein begründete Editionsprojekt stellt dar:

Bibliothek Standort
Signatur

Monumenta Germaniae historica. Hrsg. von Georg Heinrich Pertz. – Hannover: Hahn 1828 ff. 564

In den Sektionen I Scriptores; II Leges; III Diplomata; IV Epistolae; V Antiquitates; VI Quellen zur Geistesgeschichte des Mittelalters; VII Deutsches Mittelalter; VIII Libri memoriales und Libri memoriales et necrologia sind sämtliche relevanten Quellen des deutschen Mittelalters (in den jeweiligen Grenzen des Heiligen Römischen Reichs Deutscher Nation) ediert. Das laufende Zeitschriftenorgan der Monumenta Germaniae historica (abgekürzt: **MGH**) war das

1.1819-12.1874 **Archiv der Gesellschaft für ältere deutsche Geschichtskunde** zur Beförderung einer Gesammtausgabe der Quellenschriften deutscher Geschichten des Mittelalters. – Hannover: Hahn (ab 1825); Fortgeführt durch:

1.1876-50.1935 **Neues Archiv der Gesellschaft für ältere deutsche Geschichtskunde** zur Beförderung einer Gesammtausgabe der Quellenschriften deutscher Geschichte des Mittelalters. – Hannover: Hahn; dann:

1.1937-7.1944 **Deutsches Archiv für Geschichte des Mittelalters** und ab:

8.1950/51 ff. **Deutsches Archiv für Erforschung des Mittelalters.** Namens der Monumenta Germaniae Historica hrsg. von Friedrich Bäthgen (u.a.).

Ebenfalls von den Monumenta Germaniae historica herausgegeben:

Hochschulschriften zur Geschichte und Kultur des Mittelalters 1939 bis 1972/74 (Deutschland, Österreich, Schweiz). Zsgest. von Mitarbeitern der Monumenta Germaniae Historica. T. 1-3. – München: MGH 1975. (Monumenta Germaniae Historica. Hilfsmittel 1)   565

Bereits vorher sind zwei Hochschulschriftenverzeichnisse zur gleichen Thematik erschienen in:

Deutsches Archiv für Erforschung des Mittelalters. 10.1953/54 und 14.1958.   566

Eine 38 Bände (und einige Sonderbände) umfassende Auswahledition im Original und in deutscher Übersetzung bietet:

Ausgewählte Quellen zur deutschen Geschichte des Mittelalters und der Neuzeit. Freiherr-vom-Stein-Gedächtnisausgabe. Begr. von Rudolf Buchner und fortges. von Franz-Josef Schmale. Bd 1-38. – Darmstadt: Wiss. Buchges. 1955 ff
Abt. A: Ausgewählte Quellen zur Deutschen Geschichte des Mittelalters.   567

Ein nützliches Hilfsmittel zur Aufschlüsselung historischer Namen stellt dar:

Oesterley, Hermann: Historisch-geographisches Wörterbuch des deutschen Mittelalters. – Gotha: J. Perthes 1883. Reprint Aalen: Zeller 1962. III, 806 S.   568
Für die lateinisch-geographischen Namen vgl. Graesse (s.o. Nr. 225 f.)

Für die Geschichte des *Deutschen Ordens* liegen zwei abgeschlossene Spezialbibliographien vor:

Ten Haaf, Rudolf: Kurze Bibliographie zur Geschichte des Deutschen Ordens 1189-1561. – Kitzingen a.M.: Holzner 1949. 43 S.   569

Lampe, Karl Heinrich: Bibliographie des Deutschen Ordens bis 1959. Bearb. von Klemens Wieser. – Bonn-Godesberg: Verl. Wiss. Archiv 1975. XV, 347 S. (Quellen und Studien zur Geschichte des Deutschen Ordens. 3)   570

6.2.7. Geschichte der Neuzeit und Reformationsgeschichte

Hier wird die *Literatur zur gesamten Neuzeit* vorgestellt, außerdem die sich speziell auf das 16.-18. Jahrhundert beziehende Literatur.

Eine kommentierte Quellenkunde zur deutschen und mitteleuropäischen Geschichte von 1500 bis zur Gegenwart erscheint zur Zeit unter der Federführung des Mainzer Historikers Baumgart:

Quellenkunde zur deutschen Geschichte der Neuzeit von 1500 bis zur Gegenwart. Hrsg. von Winfried Baumgart. Bd 1-6. – Darmstadt: Wissenschaftliche Buchgesellschaft 1977 ff   571
Bislang erschienen:
Bd 3: **Absolutismus und Zeitalter der Französischen Revolution** (1715-1815). Bearb.: Klaus Müller. 1982. X, 208 S.   572
Bd 4: **Restauration, Liberalismus und nationale Bewegung** (1815-1870). Bearb. von Wolfram Siemann. 1982. X, 225 S.   573
Bd 5. 1,2.: **Das Zeitalter des Imperialismus und des Ersten Weltkrieges** (1871-1918). Bearb. von Winfried Baumgart. 1977. VIII, 117 S.; VIII, 137 S.   574

Das 16. Jahrhundert (auch Reformationszeitalter genannt) war in Zentraleuropa ganz entschieden von den geistigen Auseinandersetzungen im Gefolge der Reformation gekennzeichnet.

Als Einstieg gut geeignet:

Wohlfeil, Rainer: Einführung in die Geschichte der deutschen Reformation. – München: Beck 1982. 230 S.   575

Das ältere Werk

Quellenkunde der deutschen Reformationsgeschichte. Bd 1-3. – Gotha: Perthes 1915-23 Reprint 1966   576
ist noch nicht überholt. Die umfassendste Übersicht ca. 60 000 Titel selbständig und unselbständig erschienenes Schrifttum in sachlicher Anordnung stellt die im Auftrag der *Kommission zur Erforschung der Geschichte der Reformation und der Gegenreformation* erstellte Bibliographie von Schottenloher dar:

Bibliothek Standort
Signatur

Schottenloher, Karl: Bibliographie zur deutschen Geschichte im Zeitalter der Glaubensspaltung. 1517-1585. Bd 1-6. – Leipzig: 1933 – 40. 2. Aufl. Bd 1-7. – Stuttgart: Hiersemann 1956-66   577
Alle Bereiche der Kultur-, Geistes- und Sozialgeschichte umfassend (international). Bd. 7 wurde von Ulrich Türauf erstellt und enthält (in der gleichen sachlichen Anordnung wie das Hauptwerk) die von 1938-1960 erscheinende Literatur.
Außerdem ist ständig der erste Band (Allemagne. Pays Bas) der 1964 in 3. Aufl. erschienenen **Bibliographie de la Réforme 1450-1648** (s.o. Nr. 431) heranzuziehen.

Ein Hilfsmittel für biographische und bibliographische Suchen stellt dar:

Namensliste zur deutschen Geschichte des 16. Jahrhunderts. Als Stichwort-Verzeichnis für die Deutsche Bibliographie der Reformationszeit hrsg. von Wilhelm Maurer. – Leipzig: Hiersemann 1941
                                                                            578

Für das 16. Jahrhundert entsteht zur Zeit ein Nachweis aller im deutschen Sprachraum erschienenen Drucke:

Verzeichnis der im deutschen Sprachbereich erschienenen Drucke des 16. Jahrhunderts. Hrsg. von der Bayerischen Staatsbibliothek in München in Verbindung mit der Herzog August Bibliothek in Wolfenbüttel. Redaktion: Irmgard Bezzel. Bd 1 ff. – Stuttgart: Anton Hiersemann 1983 ff   579
Bislang erschienen: I. Abteilung: Bd 1-8, umfassend Aa-Hoe.
Geplant: II. Abteilung: Herausgeber, Kommentatoren, Übersetzer, literarische Beiträger

III. Abteilung: Druckorte, Drucker, Verleger
Abgekürzt: **VD 16.**

Das Projekt wird alle in diesem Zeitraum im deutschsprachigen Raum (Deutschland, Österreich, Schweiz, Elsaß) erschienene Literatur nachweisen und zwar in einer auf Autopsie beruhenden Verzeichnung. Zunächst werden die Bestände der beiden für Drucke des 16. Jahrhunderts bedeutendsten Bibliotheken in München und Wolfenbüttel bearbeitet; danach sollen die übrigen deutschen und ausländischen Bibliotheken mit bedeutenden Altbeständen für eine Mitarbeit gewonnen werden. Nicht enthalten sind: Karten, Atlanten, Musica practica und Einblattdrucke. Für Letzteres sollen gesonderte Verzeichnisse erstellt werden. Das Werk wird nach Abschluß alle vorhergehenden Verzeichnisse ersetzen.

Analog zum **VD 16** werden in Frankreich ebenfalls Anstrengungen unternommen, das Schrifttum des 16. Jahrhunderts zu erfassen. Obwohl die Straßburger Drucke auch im VD 16 erfaßt werden, sei hier wegen der Bedeutung dieser Stadt eine zudem vorzüglich gearbeitete Bibliographie genannt:

Benzing, Josef und Jean Muller: Bibliographie strasbourgeoise. Bibliographie des ouvrages imprimés à Strasbourg (Bas-Rhin) au XVIe siècle. Tom. 1-3. – Baden-Baden: Kröner 1981-1985 (Bibliotheca bibliographica Aureliana. 80; 90; 105) 580
Entstand im Rahmen der Bemühungen des "Répertoire bibliographique des livres imprimés en France au seizième siècle".

Das Quellenmaterial der Reformationszeit (meist Flugblätter und Flugschriften) ist auf sehr viele Bibliotheken, Archive und andere Sammelstellen verteilt. Da es zu seiner Entstehungszeit Verbrauchsgut war, fand es lange Zeit nicht den seiner Bedeutung angemessenen Platz in öffentlichen Sammlungen. Über die gesamte Problematik handelt:

Flugschriften als Massenmedium der Reformationszeit. Beiträge zum Tübinger Symposium 1980. Hrsg. von Hans-Joachim Köhler. – Stuttgart: Klett-Cotta 1981. XII, 636 S. (Spätmittelalter und Frühe Neuzeit. 13)
581
Dieses Werk stellt die vorläufigen Ergebnisse des Tübinger Großprojektes "Spätmittelalter und Frühe Neuzeit" vor.

Die bedeutendsten Flugschriften werden seit einigen Jahren bearbeitet und in kommentierten Volltexteditionen herausgegeben:

Deutsche illustrierte Flugblätter des 16. und 17. Jahrhunderts. Hrsg. von Wolfgang Harms. Bd 1 ff. – München: Kraus 1980 ff   582
Bd 1-3: Die Sammlung der Herzog August Bibliothek in Wolfenbüttel. (davon Band 2 erschienen: Historica)   583
Bd 4: Die Sammlung der Hessischen Landes- und Hochschulbibliothek in Darmstadt   584
Bd 5: Die Sammlung Hermann in der Bibliothèque Nationale et Universitaire in Straßburg.   585

Daneben werden weitere wichtige Sammlungen mit Hinweisen auf die sie aufbewahrenden Bibliotheken beschrieben:

Pegg, Michael A.: A Catalogue of German reformation pamphlets (1516-1550) in Swiss libraries. – Baden-Baden: Kröner 1983. 467 S. (Bibliotheca bibliographica Aureliana. 99)   586

Pegg, Michael A.: A Catalogue of German reformation pamphlets (1516-1546) in libraries of Great Britain and Ireland. – Baden-Baden: Kröner 1973. XIX, 339 S. (Bibliotheca bibliographica Aureliana. 45)
        587

Pegg, Michael A.: Bibliotheca Lindesiana and other collections of German sixteenth-century pamphlets in libraries of Britain and France. – Baden-Baden: Kröner 1977. 197 S. (Bibliotheca bibliographica Aureliana. 66)   588

Wegen der überragenden Bedeutung des geistesgeschichtlichen Hintergrunds im Reformationszeitalter sollte man nicht auf die Konsultation einzelner Personalbibliographien ihrer bedeutendsten Vertreter verzichten, da in diesen oft genug auch die politische und Kulturgeschichte ihrer Zeit behandelt werden:

Bugenhagen

Geisenhof, Georg: Bibliotheca Bugenhagiana. Bibliographie der Druckschriften des Johann Bugenhagen. – Leipzig: Heinsius 1908. X, 469 S. (Bugenhagiana. 1) (Quellen und Darstellungen aus der Geschichte des Reformationsjahrhunderts. 6)   589

Bullinger

Heinrich-Bullinger-Bibliographie. Bd. 1-2. – Zürich: Theologischer Verlag 1972-1977 1: Beschreibendes Verzeichnis der gedruckten Werke von Heinrich Bullinger. Bearb. von Joachim Staedtke. 1972 2: Beschreibendes Verzeichnis der Literatur über Heinrich Bullinger. Bearb. von Erland ter Kenrath. 1977   590

Calvin

Erichson, Alfred: Bibliographia Calviniana. Catalogus chronologicus operum Calvini. Catalogus systematicus operum quae sunt de Calvino cum indice auctorum alphabetico. – Berolini: Schwetschke 1900. 161 S.   591

Niesel, Wilhelm: Calvin-Bibliographie 1901-1959. – München: Kaiser 1961   592

Kempff, Dionysius: A Bibliography of Calviniana, 1959-1974. – Leiden: Brill 1975. 249 S. (Studies in medieval and reformation thought. 15)   593

Erasmus von Rotterdam

Bezzel, Irmgard: Erasmusdrucke des 16. Jahrhunderts in bayerischen Bibliotheken. Ein bibliographisches Verzeichnis. – Stuttgart: Hiersemann 1979. XI, 565 S. (Hiersemanns bibliographische Handbücher. 1)   594

Haeghen, Ferdinand van der: Bibliotheca Erasmiana. Bd 1-3. – Gent: 1876-1911 Reprint 1961   595

Margolin, Jean-Claude: ... années de bibliographie érasmienne. 1936-1949 (1969); 1950-1961 (1963); 1962-1970 (1977). – Paris 1963 ff (De Pétrarque à Descartes. 21; 6; 33)   596

Eine **Bibliographie der deutschen Übersetzungen von Schriften des Erasmus von Rotterdam bis 1550** ist angekündigt.

Hutten

Boecking, Eduard: Index bibliographicus Huttenianus. Verzeichnis der Schriften Ulrichs von Hutten. – Leipzig: Teubner 1858. 104 S.
                597

Benzing, Josef: Ulrich von Hutten und seine Drucker. Eine Bibliographie der Schriften Huttens im 16. Jahrhundert. Mit Beitr. von Heinrich Grimm und von Josef Benzing. – Wiesbaden: Harrassowitz 1956. XV, 160 S. (Beiträge zum Buch- und Bibliothekswesen. 6)   598

Luther

Benzing, Josef: Lutherbibliographie. Verzeichnis der gedruckten Schriften Martin Luthers bis zu dessen Tod. Bearb. in Verb. mit der Weimarer Ausgabe unter Mitarb. von Helmut Claus. – Baden-Baden: Heitz 1965-66. XI, 512 S. (Bibliotheca bibliographica Aureliana. 10; 16; 19)
599

Kind, Helmut: Die Lutherdrucke des 16. Jahrhunderts und die Lutherhandschriften der Niedersächsischen Staats- und Universitätsbibliothek Göttingen. – Göttingen: Vandenhoeck & Ruprecht 1967. 349 S. (Arbeiten aus der Niedersächsischen Staats- und Universitätsbibliothek Göttingen. 6)   600

Claus, Helmut: Methodisches Zentrum für Wissenschaftliche Bibliotheken und Informations- und Dokumentationseinrichtungen des Ministeriums für Hoch- und Fachschulwesen, Forschungsbibliothek Gotha. **Ergänzungen zur Bibliographie der zeitgenössischen Lutherdrucke.** Im Anschluß an die Lutherbibliographie Josef Benzings bearb. von Helmut Claus und Michael A. Pegg. – Gotha: (Baden-Baden: Kröner in Komm.) 1982. 226 S. (Veröffentlichungen der Forschungsbibliothek Gotha. 20)   601

Melanchthon

Hammer, Wilhelm: Die Melanchthonforschung im Wandel der Jahrhunderte. Ein beschreibendes Verzeichnis von Wilhelm Hammer. Bd. 1-3. – Gütersloh: Mohn 1967-1981 (Quellen und Forschungen zur Reformationsgeschichte. 35; 36; 49)   602
Bd 1: 1519-1799. 1967 (Quellen ... 35)
Bd 2: 1800-1965. 1968 (Quellen ... 36)
Bd 3: Nachträge und Berichtigungen. 1519-1970. 1981 (Quellen ... 49)

Beuttenmueller, Otto: Zum 400. Todestag Philipp Melanchthons. Vorläufiges Verzeichnis der Melanchthon-Drucke des 16. Jahrhunderts. – Halle (Saale) 1960. 48 S.   603

Reuchlin

Benzing, Josef: Bibliographie der Schriften Johannes Reuchlins im 15. und 16. Jahrhundert. – Bad Bocklet: Krieg 1955. XIV, 50 S. (Bibliotheca bibliographica. 18) 604

Zwingli

Finsler, Georg: Zwingli-Bibliographie. Verzeichnis der gedruckten Schriften von und über Ulrich Zwingli. Hrsg. durch die Stiftung von Schnyder von Wartensee. – Zürich: Füßli 1897. X, 187 S. 605

Pipkin, H. Wayne: A Zwingli Bibliography. Comp. by H. Wayne Pipkin. – Pittsburgh, Pa.: Clifford E. Barbour Library, Pittsburgh Theological Seminary 1972. 157 S. (Bibliographia tripotamopolitana. 7) 606

Gäbler, Ulrich: Huldrych Zwingli im 20. Jahrhundert. Forschungsberichte und annotierte Bibliographie 1897-1972. – Zürich: Theologischer Verlag 1975. 473 S. 607

Darüber hinaus gibt es viele *Spezialbibliographien zu einzelnen Themen des 16. und 17. Jahrhunderts:*

Bauernkrieg (heute oft "Revolution des gemeinen Mannes um 1525" genannt)

Bibliographie zum deutschen Bauernkrieg und seiner Zeit. (Veröffentlichungen seit 1974). Bearb. von Ulrich Thomas. – Hohenheim: Fachdokumentationsstelle für Agrargeschichte der Universität 1976. 190 ungez. Bl. 608

Wiedertäufer

Bahlmann, Paul: Die Wiedertäufer zu Münster. Eine bibliographische Zusammenstellung. In: Zeitschrift für vaterländische Geschichte und Altertumskunde Westfalens. Münster. 51.1893. S. 119-174. Reprint 1967 609

Westfälischer Frieden

Thiekötter, Hans: Bibliographie zur Geschichte des Westfälischen Friedens. In: Ex officina literaria. Beiträge zur Geschichte des westfäli-

schen Buchwesens. Hrsg. von Joseph Prinz. – Münster: Regensberg
1968. S. 301-364   610

Eugen von Savoyen

**Boehm, Bruno: Bibliographie zur Geschichte des Prinzen Eugen von
Savoyen und seiner Zeit.** – Wien: Holzhausen 1943. XI, 208 S. (Veröf-
fentlichungen der Kommission für Neuere Geschichte des Ehemaligen
Österreich. 34)   611

Barock

Was weiter oben über das 16. Jahrhundert gesagt wurde, trifft für
das 17. Jahrhundert in noch stärkerem Maße zu. Eine Menge der ehemals erschienenen Literatur dürfte verlorengegangen sein. Ansätze, alle
im Deutschland des 17. Jahrunderts erschienene Literatur zusammenzustellen (analog zu dem in Bearbeitung begriffenen Werk für das 16.
Jahrhundert; vgl. o. Nr. 579), stecken noch in der Planungsphase. Eine
exzellente Übersicht über die Vielfalt des Materials und die – faute de
mieux – zur Verfügung stehenden Hilfsmittel bietet:

**Schuling, Hermann: Bibliographischer Wegweiser zu dem in
Deutschland erschienenen Schrifttum des 17. Jahrhunderts.** – Gießen: Universitätsbibliothek 1964. VI, 176 S. (Berichte und Arbeiten aus
der Universitätsbibliothek Gießen. 4)   612
Verzeichnet ca. 100, z.T. zeitgenössische Bibliographien, Kataloge, gedruckte Repertorien und Übersichten über diese bislang bibliographisch nur unzureichend erschlossene Epoche.

Die größten und bedeutendsten Bestände des Barockzeitaltes besitzt die Herzog August Bibliothek in Wolfenbüttel. Ihr kommt daher eine Schlüsselrolle bei der Erschließung der Literatur des 17. Jahrhunderts
zu. Leider zieht sich die Fertigstellung des Kataloges

**Deutsche Drucke des Barock 1600-1720 in der Herzog August Biblio-
thek Wolfenbüttel.** (Bearb. von Martin Bircher) – München: Saur 1977 ff
                                                                     613
ungebührlich lange hin. Aus den historischen Disziplinen sind bisher lediglich erschienen: Politica I und II (aus den Augusteer Beständen). Es
fehlen vor allem noch: Historica (aus den Augusteerbeständen und aus
der Mittleren Aufstellung).

Friedrich der Große

Baumgart, Max: Die Literatur des In- und Auslandes über Friedrich den Großen. Anlässl. des 100-jährigen Todestages des großen Königs zusammengestellt. – Berlin: Decker 1886. XII, 272 S.   614

Weitere Zusammenstellungen sind (1986) aus Anlaß des 200-jährigen Todestages zu erwarten.

6.2.8. Geschichte der Neuesten Zeit

Eine Gesamtbibliographie für die Geschichte der neuesten Zeit gibt es ebensowenig wie für die Frühe Neuzeit. Auch hier ist man also auf Spezialbibliographien zu einzelnen Epochen oder Themen oder auf die Arbeiten zu bestimmten Ländern angewiesen.

Die Bibliographien zu Geschichte und Landeskunde einzelner deutschsprachiger Länder werden weiter unten (Nrn. 672-801) genannt.

Hier folgen zunächst Arbeiten zu einzelnen Themen, danach dann die Epochenbibliographien:

6.2.8.1. Allgemeines, Wirtschafts- und Sozialgeschichte

Die Hochschulschriften (Dissertationen, Habilitationen) verzeichnet:

Hochschulschriften zur neueren deutschen Geschichte. Eine Bibliographie. Im Auftrag der Kommission für Geschichte des Parlamentarismus und der politischen Parteien sowie des Instituts für Zeitgeschichte. Zngest. von Alfred Milatz und Thilo Vogelsang. – Bonn: Kommission für Geschichte des Parlamentarismus und der politischen Parteien 1956

615

Gute, wenngleich leicht veraltete, aus der wirtschafts- und sozialgeschichtlich orientierten Schule von Wehler stammende Auswahlbibliographien:

Weber, Hans-Ulrich (Hrsg.): Bibliographie zur modernen deutschen Sozialgeschichte (18.-20. Jahrhundert). – Göttingen: Vandenhoeck und Ruprecht 1976. X, 269 S. (Arbeitsbücher zur modernen Geschichte. 1)   616

Wehler, Hans-Ulrich (Hrsg.): Bibliographie zur modernen deutschen Wirtschaftsgeschichte (18.-20. Jahrhundert). – Göttingen: Vandenhoeck und Ruprecht 1976 (Arbeitsbücher zur modernen Geschichte. 2)
617
Beide Bibliographien sind keinesfalls vollständig, auch bleiben die Auswahlkriterien unklar. Keine Register.

Brode, J. (Hrsg.): The Process of Modernisation. An annotated bibliography. – Cambridge, Mass 1969
618

6.2.8.2. Liberalismus, Nationalismus, Geschichte der politischen Parteien und Bewegungen

Zu diesen Themenkomplexen, ebenso wie beim Schrifttum zum Marxismus, vgl. die Zusammenstellung bei:

Detemple, Siegfried: Wie finde ich philosophische Literatur? – Berlin: Berlin Verlag 1986. 182 S. (Orientierungshilfen. 24)
619

Hess, Jürgen und E. van Steensel van der Aa: Bibliographie zum deutschen Liberalismus. – Göttingen: Vandenhoeck & Ruprecht 1981. 148 S. (Arbeitsbücher zur modernen Geschichte. 10)
620

Buse, Dieter K. und Dörr, Jürgen C.: German Nationalisms. A Bibliography apporach. – New York: Garland 1985. IX, 230 S. (Canadian Review of Studies in Nationalism. 5). (Garland-Reference-Library of the Social Sciences. 161)
621

Milatz, Alfred: Friedrich-Naumann-Bibliographie. Hrsg. von der Kommission für Geschichte des Parlamentarismus und der politischen Parteien. – Düsseldorf: Droste 1957. 177 S. (Bibliographien zur Geschichte des Parlamentarismus und der politischen Parteien. 2)
622

Onnau, Hans Elmar: Das Schrifttum der Görres-Gesellschaft zur Pflege der Wissenschaft. 1876-1976. Eine Bibliographie. Mit einem Begleitwort von Laetitia Boehm. – Paderborn, Wien, Zürich: Schöningh 1980. 281 S.
623

Faber, Karl-Georg: Die nationalpolitische Publizistik Deutschlands von 1866 bis 1871. Eine kritische Bibliographie. Bd. 1.2. – Düsseldorf: Droste 1963 (Bibliographien zur Geschichte des Parlamentarismus und der politischen Parteien. 4. 1,2.)
624

Rosenberg, Hans: Die nationalpolitische Publizistik Deutschlands vom Eintritt der neuen Ära in Preußen bis zum Ausbruch des deutschen Krieges. Eine kritische Bibliographie. Bd 1.2. – München: Oldenbourg 1935. (Veröffentlichungen der Historischen Reichskommission)
625

Schumann, Hans-Gerd: Ausgewählte Bibliographie zur Geschichte der politischen Parteien in Deutschland. In: Bergsträsser, Ludwig und Mommsen, Wolfgang: Geschichte der politischen Parteien in Deutschland. 11. Aufl. – München 1965. S. 269-335   626

Mittlerweile ersetzt durch:

Ullmann, Hans Peter: Bibliographie zur Geschichte der deutschen Parteien und Interessenverbände. – Göttingen: Vandenhoeck & Ruprecht 1978. 263 S. (Arbeitsbücher zur modernen Geschichte. 6)
627

Schumacher, Martin: Kommission für Geschichte des Parlamentarismus und der Politischen Parteien. Annotierte Bibliographie. 1952-1982. – Bonn 1982. 39 S. (Kommission für Geschichte des Parlamentarismus und der Politischen Parteien. Informationsbericht. 5)   628

6.2.8.3. Frauenbewegung

Die umfassendste, international ausgerichtete Bibliographie der Bibliographien (die selbst wiederum ca. 500 Titel von Bibliographien verzeichnet) ist:

Ballou, Patricia K.: Women. A bibliography of bibliographies. – Boston, Mass.: Hall 1980. XIII, 155 S.   629

Daneben sind die umfassenden, schon frühzeitig durch die Frauenbewegung der Weimarer Zeit initiierten Literaturzusammenstellungen zur Frauenfrage in Deutschland heranzuziehen:

Die Frauenfrage in Deutschland. Strömungen und Gegenströmungen. 1790-1930. Hrsg. von Hans Sveistrup und Agnes v. Zahn-Harnack. – Burg b.M.: Hopfer 1934. XV. 800 S. Reprint 1961   630
Stellt das abgeschlossene Standardwerk dar. Wurde nach dem Zweiten Weltkrieg in mehreren Bänden fortgesetzt, die mittlerweile kumuliert vorliegen:

Deutscher Akademikerinnenbund e.V. Die Frauenfrage in Deutschland. Bibliographie. Bd. 1-10. 1931-1980. Bearb. von Ilse Delvendahl. – München: Saur 1982. XV, 957 S. 631

Bock, Ulla – Witych, Barbara: Thema: Frau. Bibliographie der deutschsprachigen Literatur zur Frauenfrage 1949-1979. – Bielefeld: AJZ Druck & Verlag 1980. XXXX, 293 S. 632

Ab 1981 werden diese beiden Bibliographien mit einer unregelmäßig, meist jährlich erscheinenden, laufenden Verzeichnung fortgesetzt:

Deutscher Akademikerinnenbund e.V. Die Frauenfrage in Deutschland. Bibliographie. N.F. Bd. 1. 1981 ff. – München: Saur 1983 ff

633

Ergänzend können die **Women studies abstracts** 1. 1972 ff zu Rate gezogen werden.

Chronicles of the Peace Movement 1816-1975. – München: Saur 1982

633a

6.2.8.4. Arbeiterbewegung

Als bibliographische Einführung sei empfohlen:

Bibliographische Einführung in die Geschichte der Arbeiterbewegung nebst Organisationskatalog zur deutschen Arbeiterbewegung. 2. Aufl. – Bochum: Bibliothek zur Geschichte der Arbeiterbewegung an der Ruhr-Universität 1977. XXVIII. 206 S. 634

Weiterhin als Faktenlexikon, das auf der Grundlage des Historischen Materialismus von einem DDR-Autorenkollektiv erarbeitete:

Sachwörterbuch der Geschichte Deutschlands und der deutschen Arbeiterbewegung. Bd 1.2. – Berlin: Dietz 1969-70 635

Eine ältere Auswahlbibliographie sei hier lediglich aus wissenschaftsgeschichtlichem Interesse genannt:

Gulick, C.A. (Hrsg.): History and Theory of Working-Class Movements. A selected bibliography. – Berkeley 1955 636

Die übergreifende und umfassendste Bibliographie stammt von

Tenfelde, Klaus und Gerhard A. Ritter (Hrsg.): Bibliographie zur Ge-

**schichte der deutschen Arbeiterschaft und Arbeiterbewegung 1863
bis 1914.** Berichtszeitraum 1945 bis 1975. Mit einer forschungsgeschichtlichen Einleitung. – Bonn: Verlag Neue Gesellschaft 1981. 687 S.
(Archiv für Sozialgeschichte. Beiheft 8)   637
und wird wohl auf einige Zeit das Standardwerk im Bereich der bibliographischen Hilfsmittel bleiben. Ca. 7 000 Titel, überwiegend aus dem
deutschsprachigen Bereich, werden in systematischer Aufbereitung
dargeboten, außerdem wird in einem umfangreichen einleitenden Aufsatz (S. 37-141) der Forschungsstand erörtert. Kein Sachregister! Die Bibliographie von Tenfelde-Ritter deckt den Zeitraum von 1863-1914 ab.
Für die Zeit vor 1863 ist heranzuziehen:

**Dowe, Dieter: Bibliographie zur Geschichte der deutschen Arbeiter-
bewegung, sozialistischen und kommunistischen Bewegung von den
Anfängen bis 1863.** Unter Berücksichtigung der politischen, wirtschaft-
lichen und sozialen Rahmenbedingungen. 2. Aufl. – Bonn: Neue Gesellschaft 1977. 303 S. (Archiv für Sozialgeschichte. Beiheft 5)   638
Berichtszeitraum: 1945-1971, teilweise bis 1975.

Für die Jahre 1914-1945 liefert die beste Zusammenfassung:

**Klotzbach, Kurt: Bibliographie zur Geschichte der deutschen Arbei-
terbewegung 1914-1945.** Sozialdemokratie, Freie Gewerkschaften,
Christlich-Soziale Bewegungen, Kommunistische Gruppen und linke
Splittergruppen. Mit einer forschungsgeschichtlichen Einleitung. 3.
Aufl., bearb. von Volker Mettig. – Bonn: Neue Gesellschaft 1981.
394 S. (Archiv für Sozialgeschichte. Beiheft 2)   639

**Steinberg, Hans-Josef: Die deutsche sozialistische Arbeiterbewe-
gung bis 1914.** Eine bibliographische Einführung. – Frankfurt: Campus
1979. XI, 379 S.   640

Seit 1976 erscheint vierteljährlich (ursprünglich als Titelkartendienst) die

Bibliographie zur Geschichte der deutschen Arbeiterbewegung.
Hrsg. von der Bibliothek des Archivs der Sozialen Demokratie, Bonn. –
Bonn: Neue Gesellschaft 1. 1976 ff   641
die die früheren, thematisch geordneten Verzeichnisse teils fort-
setzt, teils ergänzt und die wichtigsten Zeitschriften auswertet. Für jede
ernsthafte Beschäftigung mit der Arbeiterbewegung (und darüber hinaus mit der Sozialgeschichte des 19. und 20. Jahrhunderts) unerläßlich.
Sachlich gegliedert, Autoren-, Sach- und Anonymaregister.

Spezialbibliographien zu einzelnen Themenbereichen

Anarchismus

L'Anarchisme. Catalogue de Livres et Brochures des XIXe et XXe Siècles. Ed. par.: Institut Français d'Histoire Sociale, Paris. Rédigé sous la direction de Denise Fauvel-Rouif. – München: Saur 1982   641a

Arbeiterjugendbewegung

Tramsen, Eckhard: Bibliographie zur geschichtlichen Entwicklung der Arbeiterjugendbewegung bis 1945, insbesondere in Deutschland. – Frankfurt: Verlag Roter Stern 1973. V, 140 S.   642
Mit Standortnachweisen.

Arbeitersportbewegung

Arbeitersportbewegung. Ein Bestandsverzeichnis der Bibliothek des Archivs der sozialen Demokratie. Bearb. von Anne Bärhausen, Ruth Meyer und Rüdiger Zimmermann. – Bonn: Archiv der Sozialen Demokratie 1981. 103 Bl.   643

Bebel

Schraepler, Ernst: August-Bebel-Bibliographie. Hrsg. von der Kommission für Geschichte des Parlamentarismus und der politischen Parteien. – Düsseldorf: Droste 1962. 169 S. (Bibliographien zur Geschichte des Parlamentarismus und der politischen Parteien. 3)   644

Frühindustrialisierung

Pies, Eberhard und Gerhard Fölting: Bibliographie zur Geschichte der Frühindustrialisierung im Rheinland, Westfalen und im Saarland.
645
Keine gedruckte Bibliographie, sondern ein systematischer Zettelkasten (ca. 25 000 Titel). Aufbewahrungsort: Institut für Wirtschafts- und Sozialgeschichte der Universität Bochum (Fortschreibung und Drucklegung geplant).

Revolutionsbewegung 1792/1793

Haasis, Helmut G.: Bibliographie zur deutschen linksrheinischen Revolutionsbewegung in den Jahren 1792/1793. Die Schriften der demokratischen Revolutionsbewegung im Gebiet zwischen Mainz, Worms, Speyer, Landau, Sarre-Union, Saarbrücken und Bad Kreuznach. – Kronberg: Scriptor 1976. 154 S. 646

Tiroler Erhebung 1809

Hochenegg, Hans: Bibliographie zur Geschichte des Tiroler Freiheitskampfes von 1809. – Innsbruck: Tyrolia-Verlag 1960. 95 S. (Tiroler Bibliographien. 1) 647

Königin Luise

Kircheisen, Friedrich M.: Die Königin Luise in der Geschichte und Literatur. Eine systematische Zusammenstellung der über sie erschienenen Einzelschriften und Zeitschriftenbeiträge. – Jena: Tauscher 1906. IX, 63 S. 648

6.2.8.6. *Revolution von 1848/49 und preußische Verfassungsfrage*

Magistrats-Bibliothek zu Berlin: Verzeichnis der George Friedländerschen Sammlung zur Geschichte der Bewegung von 1848. – Berlin: Baensch 1897. VI, 292 S. 649

Auswahlbibliographie von Veröffentlichungen der sozialistischen Staaten (1944-1972) zur bürgerlich-demokratischen Revolution von 1848/49. – In: Jahrbuch für Geschichte. 8. 1973. S. 469-561 650

Wentzke, Paul: Kritische Bibliographie der Flugschriften zur deutschen Verfassungsfrage 1848-1851. – Halle: Niemeyer 1911. XXI, 313 S. 651

6.2.8.7. Reichsgründung und Bismarck

Die Literatur (vor allem die populärwissenschaftliche) zu Bismarck ist unübersehbar. Schon zu seinen Lebzeiten (zum 80. Geburtstag) erschien die erste, auf Vollständigkeit bedachte Zusammenstellung:

Schulze, Paul und Otto Koller: Bismarck-Literatur. Bibliographische Zusammenstellung aller bis Ende März 1895 von und über Fürst Bismarck im deutschen Buchhandel erschienenen Schriften, mit Berücksichtigung der bekannteren ausländischen Literatur. – Leizpig: Gracklauer 1895. 70 S.   652

Singer, Artur: Bismarck in der Literatur. Ein bibliographischer Versuch. – Würzburg: Kabitzsch 1909. 251 S.   653

Hertel, Willi: Bismarck-Bibliographie. Quellen und Literatur zur Geschichte Bismarcks und seiner Zeit. Hrsg. von Karl Erich Born. – Köln: Grote 1966. 259 S.   654

Das Schrifttumsverzeichnis zum deutsch-französischen Krieg 1870/71 ist in der entsprechenden Sachgruppe bei Frankreich verzeichnet. Über Literatur zum 2. Deutschen Kaiserreich informieren umfassend die o.a. Werke zur Wirtschafts- und Sozialgeschichte.

6.2.8.8. Revolution von 1918/19 und Weimarer Republik

Meyer, Georg P.: Bibliographie zur deutschen Revolution 1918/19. – Göttingen: Vandenhoeck & Ruprecht 1977. 188 S. (Arbeitsbücher zur modernen Geschichte. 5)   655

From Weimar to Hitler. Germany 1918-1933. 2nd revised and enlarged edition. – London: Wiener Library 1964. X, 268 S. (The Wiener Library. Catalogue Series. 2)   656

Stachura, Peter D.: The Weimar Era and Hitler 1918-1933. A critical bibliography. – Oxford: Clio-Press 1977. XVII, 257 S.   657

Gottlieb, Ernst: Walther-Rathenau-Bibliographie. Berlin: Fischer 1929. 341 S. (Schriften der Walther-Rathenau-Stiftung. 3)   658

Zwoch, Gerhard: Gustav-Stresemann-Bibliographie. Hrsg. von der Kommission für Geschichte des Parlamentarismus und der politischen

Parteien. – Düsseldorf: Droste 1953. 38 S. (Bibliographien zur Geschichte des Parlamentarismus und der politischen Parteien. 1) 659

Walsdorff, Martin: Bibliographie Gustav Stresemann. Hrsg. von der Kommission für Geschichte des Parlamentarismus und der politischen Parteien. – Düsseldorf: Droste 1972. 207 S. (Bibliographien zur Geschichte des Parlamentarismus und der politischen Parteien. 5) 660

Bibliographie zum deutsch-österreichischen Anschlußgedanken. Zusammengestellt von der Weltkriegsbücherei, Stuttgart. Hrsg. von der Weltkriegsbücherei, Stuttgart, und dem Reichspropaganda-Ausschuß der Deutsch-Österreichischen Arbeitsgemeinschaft für das Reich, Landesgruppe Württemberg. 2. Aufl. – Stuttgart: Deutsche Verlags-Anstalt 1928. 46 S. 661

Low, Alfred: The Anschluß Movement, 1918-1938. Background and aftermath: An annotated bibliography of German and Austrian nationalism. – New York: Garland 1984. XIV, 186 S. (Canadian Review of studies in nationalism. 4). (Garland-Reference-Library of the social sciences. 151) 662

6.2.8.9. Nationalsozialismus und Widerstand

Snyder, Louis L.: Encyclopedia of the Third Reich. – London: Hale 1976. 410 S. 663

Hüttenberger, Peter: Bibliographie zum Nationalsozialismus. – Göttingen: Vandenhoeck & Ruprecht 1980. 214 S. (Arbeitsbücher zur modernen Geschichte. 8) 664

Kehr, Helen und Janet Langmaid: The Nazi Era 1919-1945. A select bibliography of published works from the early roots to 1980. – London: Mansell 1982. XVI, 621 S. 665

Verzeichnis der Schriften, Aufsätze und Reden von Dr. Hjalmar Schacht. Zusammengestellt von der Bücherei des Reichsbankdirektoriums. Stand vom 31.12.1936. – Berlin: Reichsbank 1937. 58 S.

666

Wichtig für die nationalsozialistische Wirtschafts- und Währungspolitik.

Volkmann, Hans-Erich: Wirtschaft im Dritten Reich. Unter Mitarbeit von Lutz Köllner. Bd. 1-2. – München: Bernard & Graefe 1980-1984. (Schriften der Bibliothek für Zeitgeschichte. 20. 23)   667
Die aktuellste und umfassendste Bibliographie zur gesamten Wirtschaftspolitik im Nationalsozialismus.

Hochmuth, Ursel: Faschismus und Widerstand 1933-1945. Ein Verzeichnis deutschsprachiger Literatur. – Frankfurt: Röderberg 1973. 197 S. (Bibliothek des Widerstandes. 15)   668
Auswahlbibliographie, wobei die Kriterien der Auswahl unklar bleiben.

Büchel, Regine: Der deutsche Widerstand im Spiegel von Fachliteratur und Publizistik seit 1945. – München: Bernard & Graefe 1975. VII, 215 S. (Schriften der Bibliothek für Zeitgeschichte. 15)   669

Aus DDR-Sicht liegt vor die bis auf das Vorwort sehr lesenswerte Bibliographie:

Goguel, Rudi: Antifaschistischer Widerstand und Klassenkampf. Die faschistische Diktatur 1933 bis 1945 und ihre Gegner. Bibliographie deutschsprachiger Literatur aus den Jahren 1945-1973. – Berlin: Militärverlag der DDR 1976. 567 S.   670

Cartarius, Ulrich: Forschungsgemeinschaft 20. Juli e.V. **Bibliographie "Widerstand".** – München: Saur 1984. 326 S.   671

6.3. Mitteleuropäische und deutsche Landesgeschichte

Die Landes- und Regionalgeschichte, früher Historische Landeskunde genannte Disziplin, hat sich in den letzten Jahrzehnten zu einem wichtigen und eigenständigen Forschungszweig entwickelt und die ihr früher (besonders in den 70er Jahren) zu Unrecht vorgeworfene "Provinzialität" längst abgestreift. Im Gegenteil: Durch die Beschränkung auf eine Region sind oft erst Detailstudien möglich, die zusammengetragen ein sehr viel genaueres Bild der historischen Realität bieten können als ein einzelner "großer Wurf". Die bibliographische Verzeichnung trägt dieser Situation seit langem Rechnung. Oftmals begann man bereits im vorigen Jahrhundert, das im Lande entstandene oder das sich auf das jeweilige Land beziehende Schrifttum systematisch zu sammeln. Verschiedene Städte oder (historische) Landschaften geben heute (oft versteckt in ihren Jahrbüchern, Festschriften o.ä.) abgeschlossene und laufende Bibliographien heraus. Dabei werden natürlich auch die historischen Disziplinen berücksichtigt. Eine Reihe solcher Verzeichnisse (ohne Anspruch auf Vollständigkeit, wohl aber mit Anspruch auf Repräsentativität) findet sich im folgenden unter den jeweiligen Regionen (also z.B. Frankfurt unter Hessen, obwohl Frankfurt freie Reichsstadt war). Nicht hier aufgeführt, sondern bei der jeweiligen Sachgruppe verzeichnet, ist die Literatur zu Themen, deren regionaler Bezug hinter den sachlichen Bezug zurückzutreten hat; z.B. findet sich die Literatur über die Wiedertäufer zu Münster nicht unter Münster, sondern bei den speziellen Themen der deutschen frühneuzeitlichen Geschichte.

6.3.1. Allgemeine oder mehrere Regionen umfassende Literatur

Jede ernsthafte Beschäftigung mit der Geschichte der deutschen Länder wird von dem grundlegenden Werk von Oberschelp auszugehen haben:

Bibliothek Standort	
Signatur	

Oberschelp, Reinhard: Die Bibliographien zur deutschen Landesgeschichte und Landeskunde. 2. Aufl. – Frankfurt a.M.: Klostermann 1977. 106 S. (Zeitschrift für Bibliothekswesen und Bibliographie. Sonderheft 7)   672

Standardwerk. Grundlegende, präzise und umfassende Darstellung von 261 abgeschlossenen oder laufenden Bibliographien zur Geschichte und Landeskunde Deutschlands und Österreichs (beide Länder in ihren historischen Grenzen gesehen). Diese sog. "Regionalbibliographien" stellen eine (nicht immer benutzte) wichtige Grundlage für die historische Forschung dar. Denn oftmals wird nur in ihnen sog. "ephemeres" Schrifttum verzeichnet (Flugblätter, Broschüren, "Heimatliteratur", Veröffentlichungen von Geschichtswerkstätten, Firmen- und Vereins(fest)schriften, Parteien- und Gewerkschaftsbroschüren etc.), welches gemeinsam hat, nicht im

Verlagsbuchhandel erschienen zu sein und somit oftmals in den großen Bibliotheken nicht greifbar ist, für eine "Geschichte von unten" aber enorm wichtiges Material darstellt. Für diese "Regionalbibliographien" spielt es keine Rolle, ob sie das Schrifttum einer noch bestehenden Region (z.B. eines Bundeslandes oder einer Stadt) oder einer historischen Region (z.B. eines nicht mehr existierenden Staates) verzeichnen.

Meist werden die Regionalbibliographien von Landesbibliotheken, die das Pflichtexemplarrecht besitzen, oder von großen Stadtbibliotheken, erstellt, doch können auch Historische Kommissionen (vgl. 685; 692 f.; 702; 711), privatrechtliche Vereine (vgl. 755; 769), Spezialbibliotheken oder Stadtbibliotheken (vgl. 764; 766) oder Privatpersonen (vgl. 767) Bearbeiter oder Herausgeber derartiger Verzeichnisse sein. Berichtsverzug ist leider häufig. Zur theoretischen Durchdringung des Themas, dessen Problematik hier naturgemäß nur kurz behandelt werden konnte, empfiehlt sich der sehr lesenswerte Aufsatz:

Oberschelp, Reinhard: Regionalbibliographien als Aufgabe der Regionalbibliotheken. In: Zeitschrift für Bibliothekswesen und Bibliographie. 19. 1972. S. 75-88.   673

Die wichtigsten übergreifenden Bibliographien, Darstellungen und Handbücher sind:

Bibliographie zur Städtegeschichte Deutschlands. Hrsg. von Erich Keyser. – Köln: Böhlau 1969. IX, 404 S. (Acta collegii historiae urbanae societatis historicorum internationalis.)   674

Uhlhorn, Friedrich und Walter Schlesinger: Die deutschen Territorien. In: Gebhardt, Bruno: Handbuch der deutschen Geschichte. 9. Aufl. Bd 2. 1970. S. 546-764   675
Enthält umfangreiche, weiterführende Literatur.

Deutsches Städtebuch. Handbuch städtischer Geschichte. Hrsg. von Erich Keyser und Heinz Stoob. Bd 1-5. – Stuttgart, Berlin: Kohlhammer 1939-74   676
1: Norddeutschland (Ostpreußen, Danzig, Pommern, Mecklenburg, Schleswig-Holstein, Hamburg, Brandenburg, Berlin, Schlesien) 1939
2: Mitteldeutschland (Sachsen, Thüringen, Sachsen-Anhalt) 1941
3: Nordwestdeutschland (Niedersachsen, Westfalen, Rheinland) 1952-1956

4: Südwestdeutschland (Hessen, Baden-Württemberg, Rheinland-Pfalz) 1957-1964

5: Bayerisches Städtebuch. 1971-1974

Leicht veraltet, aber trotz des Handbuchs (s.u.) noch nicht ersetzt. Wenige Literaturangaben.

Aktueller, aber knapper sind:

Handbuch der historischen Stätten Deutschlands. Bd 1-11. – Stuttgart: Kröner 1964 ff. Verschiedene Auflagen. (Kröner Taschenbuchausgabe. 271-277. 311-314. 316. 317)   677

Handbuch der historischen Stätten. Österreich. Bd 1. 2. – Stuttgart: Kröner 1966-70 (Kröners Taschenausgabe. 278. 279)   678

1: Donauländer und Burgenland. 1985

2: Alpenländer und Südtirol. 2. Aufl. 1978

Die heutige Grenze Österreichs wird zugrunde gelegt. Darüber hinaus wird auch Südtirol verzeichnet.

Als Gesamtüberblick kann herangezogen werden:

Neues Schrifttum zur deutschen Landeskunde. Hrsg. im Auftr. des Zentralausschusses für deutsche Landeskunde e.V. von Walter Sperling. Berichtsjahr 1977 ff. – Trier: Zentralausschuß für deutsche Landeskunde 1979 ff   679

Setzt die **Berichte zur deutschen Landeskunde,** die von 1941 bis 1973 regelmäßig erschienen, fort. 4-5jähriger Berichtsverzug (zuletzt Jahrgang 1984: Literatur des Jahres 1980). Diese Bibliographie kann lediglich eine knappe Auswahl darbieten, so daß die übrigen Regionalbibliographien weiterhin benutzt werden müssen, umso mehr, als nicht einmal die historischen deutschen Gebiete berücksichtigt werden. Nur Autorenregister, was eine Suche erheblich erschwert.

6.3.2. Geschichte einzelner mitteleuropäischer und deutscher Länder und Regionen

Die folgende Einteilung steht vor dem Problem, einerseits historische Landesgrenzen berücksichtigen zu müssen, andererseits die aktuelle Verzeichnung, die natürlich häufig den modernen Grenzen folgt, nicht außer acht lassen zu können, da die Verzeichnung häufig nur diesen modernen Landesgrenzen folgt. Meist wurde der heutigen Zugehörigkeit Rechnung getragen, manchmal jedoch auch historische Regionen zusammengefaßt. Die Städte stehen unter den Regionen, auch wenn sie früher selbständig waren.

6.3.2.1. Baden-Württemberg

Lautenschlager, Friedrich und Werner Schulz: Bibliographie der badischen Geschichte. Hrsg. von der Kommission für Geschichtliche Landeskunde in Baden-Württemberg in Verbindung mit der Badischen Landesbibliothek Karlsruhe. Bd 1-8. – Stuttgart: Kohlhammer 1929-79. Bd 9 Register, bearbeitet von Werner Schulz. 1984. XI, 410 S.　　680
Mit dem soeben erschienenen Register liegt nunmehr die retrospektive Bibliographie Badens vollständig vor. Zu beachten ist, daß der gleitende Berichtsschluß jeweils kurz vor dem Erscheinungsjahr der Bände endet, somit die schon in den 20er und 30er Jahren erschienenen Teile nicht auf einem aktuellen Stand sind.

Bibliographie der württembergischen Geschichte. Bd 1-11. – Stuttgart: Kohlhammer 1895-1974　　681
Je zwei Bände mit eigenen Registern.

Regelmäßige Berichte von Ewald Lissburger, bzw. Wolfgang Irtenkauf finden sich für die Jahre 1952-1972 in den **Beiheften der Zeitschrift für württembergische Landesgeschichte.**

Ältere, gleichwohl lektürewürdige Verzeichnisse:

Lissberger, Ewald: Württembergische Geschichtsliteratur der Jahre 1946-1950. – Stuttgart: Kohlhammer 1952. 203 S.　　682
Enthält auch Literatur zur Geschichte und Landeskunde Hohenzollerns.

Bernhardt, Walter und Rudolf Seigel: Bibliographie der Hohenzollerischen Geschichte. – Sigmaringen: Thorbecke 1975. XXIV, 688 S. (Arbeiten zur Landeskunde Hohenzollerns. 12)　　683
Umfangreiche, relativ aktuelle, abgeschlossene Bibliographie zur Geschichte und Landeskunde (einschließlich Rechts- und Verfassungsgeschiche, Wirtschafts- und Sozialgeschichte). Ausführliche Register.

Fortgesetzt werden die Regionalbibliographien von der

Landesbibliographie von Baden-Württemberg. Hrsg. durch die Kommission für Geschichtliche Landeskunde in Baden-Württemberg. In Verbindung mit den Landesbibliotheken Karlsruhe und Stuttgart bearb. von Werner Schulz und Günter Stegmaier. Zentrale Redaktion: Günter Stegmaier. – Stuttgart: Kohlhammer 1978 ff. 1. 1973/74 (1978) ff

684

Erscheint jährlich mit ca. 5-6 Jahren Berichtsverzug. Der letzte Band mit der Literatur der Jahre 1977/78 erschien 1984. Soll lt. Vorwort nur das "wissenschaftlich relevante Schrifttum" verzeichnen, doch wird auch ephemeres Schrifttum in guter Auswahl geboten.

6.3.2.2. Bayern

Wagner, Friedrich: Bibliographie der bayerischen Vor- und Frühgeschichte, 1884-1959. – Wiesbaden: Harrassowitz 1964. XXIX, 334 S. (Bibliographien. Hrsg. v. d. Komm. f. Bayer. Landesgesch. bei d. Bayer. Akad. d. Wiss. 6)

685

Die laufende Verzeichnung erfolgte in Bayern, ebenso wie in vielen anderen Ländern auch, zunächst durch einen Literaturbericht in einer landesgeschichtlichen Zeitschrift:

Krag, Wilhelm: Literarische Jahresrundschau. In: Zeitschrift für bayerische Landesgeschichte. 1-24. 1928-61.

686

Schleppender Berichtsverzug. Zuletzt im Jahre 1981 (Verzeichnung für die Jahre 1974/76) erschienen.

Neben dieser für ganz Bayern erstellten Bibliographie wurden auch einige retrospektive Verzeichnisse der ehemals selbständigen Länder erstellt:

Frankenland. Wegweiser in das landesgeschichtliche Schrifttum Bd 1-7. – Würzburg: Schöningh 1948-59 (Veröffentlichungen der Gesellschaft für fränkische Geschichte. Reihe 11, Abt. 2.)

687

Insbesondere werden das Archiv und die Jahresberichte der verschiedenen fränkischen historischen Vereine ausgewertet.

Fortgesetzt durch:

Fränkische Bibliographie. Hrsg. von Gerhard Pfeiffer und Franz Xaver Pröll. Bd 1-3,2. – Würzburg: Schöningh 1965-74   688
Die Literatur über Nürnberg und Würzburg ist gesondert verzeichnet.

Darüber hinaus ist heranzuziehen:

Günther, Maria: Unterfränkische Bibliographie. Schrifttum zur Landeskunde, Geschichte und Kunst. 1962/63 ff. In: Mainfränkisches Jahrbuch für Geschichte und Kunst. 15 ff. 1963 ff   689

Bibliographie zur Geschichte von Stadt und Hochstift Bamberg 1945-1975. Hrsg. vom Historischen Verein Bamberg für die Pflege der Geschichte des ehemaligen Fürstentums Bamberg e.V. – München: Saur 1980. XIV, 576 S.   690

Overbeck, Bernhard: Bibliographie der bayerischen Münz- und Geldgeschichte. 1750-1964. – Wiesbaden: Harrassowitz 1968. XVIII, 114 S. (Bibliographien. Hrsg. von d. Komm. f. Bayer. Landesgesch. bei d. Bayer. Akad. d. Wiss. 7)   691
Obige Spezialbibliographie zur bayerischen Numismatik und Geldgeschichte wird auch dem Wirtschaftshistoriker gute Dienste leisten.

6.3.2.3. Berlin und Brandenburg

Hier werden nur die sich unmittelbar auf landesgeschichtliche Themen Berlins und Brandenburgs beziehenden Bibliographien genannt. Bibliographien über Preußen sind den entsprechenden Abschnitten im Teil "Zentraleuropa/Deutschland" zugeordnet.

Die bibliographische Situation für Berlin ist einerseits als günstig zu bezeichnen, da eine umfangreiche abgeschlossene Bibliographie vorliegt (bis einschl. 1966), andererseits aber unbefriedigend, da eine laufende Berichterstattung nicht stattfindet.

Berlin-Bibliographie (bis 1960). In der Senatsbibliothek Berlin bearb. von Hans Zopf und Gerd Heinrich. – Berlin: de Gruyter 1965. XXXI, 1 012 S. (Veröffentlichungen der Historischen Kommission zu Berlin 15. = Bibliographien. 1)   692

Berlin-Bibliographie (1961 bis 1966). In der Senatsbibliothek Berlin bearb. von Ursula Scholz und Rainald Stromeyer. – Berlin: de Gruyter

1973. XXIII, 406 S. (Veröffentlichungen der Historischen Kommission zu Berlin. 43. = Bibliographien. 4)   693
Neuerscheinungslisten über Literatur der Stadt Berlin und der Mark Brandenburg werden von der Berlin-Abteilung der Amerika-Gedenk-Bibliothek in unregelmäßigen Abständen herausgegeben (nur Monographienverzeichnung).

Bibliographie zur Geschichte der Mark Brandenburg und der Stadt Berlin 1941-1956. Hrsg. von der Arbeitsgruppe Bibliographie im Institut für Geschichte an der Deutschen Akademie der Wissenschaften zu Berlin. – Berlin: Akademie-Verlag 1961. 210 S. (Schriften des Instituts für Geschichte. Reihe 2. Bd 6)   694
Erfaßt alle historisch relevanten Themen bis 1945.

Schreckenbach, Hans Joachim: Bibliographie zur Geschichte der Mark Brandenburg. T. 1-4. – Weimar: Böhlau 1970-74 (Veröffentlichungen des Staatsarchivs Potsdam. 8-11)   695
Umfangreiche retrospektive Auswahlbibliographie, die vom Staatsarchiv Potsdam herausgegeben wurde. Das als Bd 5 angekündigte Register ist nicht erschienen.

6.3.2.4. Elsaß-Lothringen

Nachdem 1889 der Versuch, eine laufende elsaß-lothringische Bibliographie herauszugeben, nach dem 1. Bd 1887 eingestellt worden war, ruhte zunächst die bibliographische Verzeichnung. Um die Jahrhundertwende entschloß man sich – faute de mieux – den Katalog der landeskundlichen Abteilung der Universitäts- und Landesbibliothek Straßburg gedruckt vorzulegen, um wenigstens die dort vorhandenen Monographien und die in großem Umfang vertretenen und eigens katalogisierten Sonderdrucke nachzuweisen:

Marckwald, Ernst; Ferdinand Mentz und Ludwig Wilhelm: Katalog der Kaiserlichen Universitäts- und Landesbibliothek Straßburg. Katalog der elsaß-lothringischen Abteilung. Catalogue de la Section alsacienne et lorraine. Bd 1-3. – Straßburg 1908-1929   696
Für Lothringen wurde analog dazu der Katalog der ebenfalls über reiche Bestände verfügenden Stadtbibliothek Nancy gedruckt vorgelegt:

Catalogue des livres et documents imprimés du fonds Lorrain de la bibliothèque municipale de Nancy. Dressé et publié sous la Dir. de Justin Favier. – Nancy: Crepin-Leblond 1898. XV, 794 S. 697

Nach dem Ersten Weltkrieg wurde die laufende Verzeichnung des elsässischen Schrifttums kontinuierlich vorangetrieben:

Bibliographie alsacienne. Revue critique des publications concernant l'Alsace. 1-6. – Strasbourg, Paris 1922-38 698

Himly, François J.: Bibliographie alsacienne. 1937/1939. – Strasbourg 1951. 123 S. (Publications de l'Institut des hautes études alsaciennes. 5) 699

Nachdem dann nach dem Zweiten Weltkrieg mehrere Jahre die laufende Verzeichnung durch die Berichte in der **Revue d'Alsace** erfolgte, erscheint ab 1970 die Literatur zum Elsaß (mit ca. 3jährigem Berichtsverzug) in eigenen Jahres- (teils Zweijahres-)bänden:

Bibliothèque nationale et universitaire de Strasbourg. Section des Alsatiques: Bibliographie alsacienne. Etablie par Madelaine et Theodore Lang. 1965/66 (1970) ff. – Strasbourg: Bibliothèque 1970 ff 700

Franken s. Bayern.

6.3.2.5. Hessen, einschließlich Hessen-Kassel, Hessen-Darmstadt, Nassau.

Demandt, Karl Ernst: Schrifttum zur Geschichte und geschichtlichen Landeskunde von Hessen. Bd 1-3. – Wiesbaden: Selbstverlag der Historischen Kommission für Nassau 1965-68. (Veröffentlichungen der Historischen Kommission für Nassau. 17) 701
Auch Rheinhessen (heute zu Rheinland-Pfalz gehörig) und das Siegerland (heute zu Nordrhein-Westfalen gehörig) werden berücksichtigt.

Schrifttum zur Geschichte und geschichtlichen Landeskunde von Hessen. Bd 1-4. 1965-1976. Bearb. von Winfried Leist. – Marburg: Elwert 1973 (Veröffentlichungen der Historischen Kommission für Hessen. XXXI, 1-XXXI, 4) 702

Diese Verzeichnisse werden abgelöst durch die jährlich erscheinende:

Hessische Bibliographie. Hrsg. von der Stadt- und Universitätsbibliothek Frankfurt am Main. Bd 1. 1977 (1979) ff. – München: Saur 1979 ff

703

Sehr umfangreiche Verzeichnung in Form einer Zusammenarbeit verschiedener hessischer Bibliotheken. Übersichtliche sachliche Gliederung. Ausführliche Register.

Für Frankfurt liegen darüber hinaus aneinander anschließende Mehrjahresbibliographen vor:

Richel, Arthur: Katalog der Abteilung Frankfurt. Stadtbibliothek Frankfurt a.M. Bd 1. 2. – Frankfurt a.M. 1914-29   704

Verzeichnet nicht nur selbständig erschienene Veröffentlichungen, sondern auch Aufsätze (aus zugesandten Sonderdrucken) und Kleinschrifttum.

Richel, Arthur: Verzeichnis der seit 1914 neu erschienenen Frankfurter Literatur. In: Archiv für Frankfurts Geschichte und Kunst. F. 4, Bd. 2. 1929. S. 220-256   705

Diehl, Robert: Verzeichnis des in den Jahren 1928-1938 neu erschienenen Frankfurter Schrifttums. In: Archiv für Frankfurts Geschichte und Kunst. F.4, Bd. 5. 1938, S. 115-164.   706

Diehl, Robert: Verzeichnis des in den Jahren 1938-1956 neu erschienenen Frankfurter Schrifttums. In: Archiv für Frankfurts Geschichte und Kunst. 45.1957. S. 49-146.   706a

Fortgesetzt in der

Frankfurter Bibliographie 1957-1966 und 1967-1976. – Frankfurt 1970 ff (Archiv für Frankfurts Geschichte und Kunst. 52, 58)   707

Daneben liegt als Spezialbibliographie (m.W. so einzig dastehend) für die Geschichte der Juden in Frankfurt vor:

Bibliographie zur Geschichte der Frankfurter Juden 1781-1945. Hrsg. von der Kommission zur Erforschung der Geschichte der Frankfurter Juden. Bearb. von Hans Schembs. – Frankfurt: Kramer 1978. 680 S.

708

Einen Führer nicht nur für die Stadt Darmstadt, sondern für das Herzogtum, später Großherzogtum Hessen-Darmstadt insgesamt, stellt dar:

Zimmermann, Erich: Darmstadt im Buch. Ein Führer durch das Schrifttum über die Stadt und ihre Bürger. – Darmstadt: Roether 1975. 228 S.

709

Hohenzollern s. Baden-Württemberg.

Lippe s. Westfalen.

Lothringen s. Elsaß-Lothringen.

6.3.2.6. Mecklenburg

Die Vor- und Frühgeschichte Mecklenburgs (geographisch als die Bezirke Rostock, Schwerin und Neubrandenburg verstanden) behandelt:

Hollnagel, Adolf: Bibliographie zur Ur- und Frühgeschichte Mecklenburgs. – Schwerin: Museum für Ur- und Frühgeschichte 1968. 188 S. (Beiträge zur Ur- und Frühgeschichte der Bezirke Rostock, Schwerin und Neubrandenburg. 2)

710

Heeß, Wilhelm: Geschichtliche Bibliographie von Mecklenburg. Bd 1-3. Rostock (ca. 1944). (Arbeiten der Historischen Kommission für Mecklenburg)

711

Fortgesetzt durch die jährlich erscheinende Jahresbibliographie:

Mecklenburgische Bibliographie. Regionalbibliographie der Bezirke Rostock, Schwerin und Neubrandenburg. Hrsg. von der Wissenschaftlichen Allgemeinbibliothek des Bezirks Schwerin. Bearb. von Grete Grewolls. 1965 ff. – Schwerin 1966 ff

712

Sachregister, jeweils für mehrere Jahrgänge, in den Jahren 1971, 1977, 1982.

6.3.2.7. Norddeutschland

Unter "Norddeutschland" werden hier die heutigen Bundesländer *Niedersachsen, Schleswig-Holstein* sowie *Hamburg* und *Bremen* zusammengefaßt.

Alle früheren Bibliographien sind mittlerweile hinfällig durch die großangelegte, vorzügliche "Reprokumulation":

Niedersachsen-Bibliographie: Berichtsjahre 1908-1970; systematisches Gesamtverzeichnis bearb. von Reinhard Oberschelp. Hrsg. von der Niedersächsischen Landesbibliothek Hannover. Bd 1-5. – Mainz-Kastel: Gaertner 1985   713
Diese Reprokumulation ersetzt alle früheren Bibliographien zur Landeskunde Niedersachsens (z.T. Niedersachsens und Bremens) und wird durch die seit 1971 (1974) laufende Niedersächsische Bibliographie fortgesetzt:

Niedersächsische Bibliographie. Hrsg. von der Niedersächsischen Landesbibliothek Hannover. Bearb. von Reinhard Oberschelp. – Hildesheim: Lax in Komm. 1. 1971 (1974) ff   714
Starker Berichtsverzug; zuletzt erschien 1980/81 (1986)

Die landeskundlich relevante Literatur Schleswig-Holsteins ist durch den gedruckten Katalog der Schleswig-Holsteinischen Landesbibliothek in Kiel erschlossen:

Katalog der Schleswig-Holsteinischen Landesbibliothek. Hrsg. von R. v. Fischer-Benzon und Volquart Pauls. Bd 1-3. – Schleswig 1898-1940   715

Eine laufende Fortsetzung wird durch die in Mehrjahrsbänden (zuletzt Bd. 10 für das Schrifttum von 1976-1979) erscheinende schleswig-holsteinische Bibliographie gewährleistet:

Bibliographie zur schleswig-holsteinischen Geschichte und Landeskunde. Hrsg. von Volquart Pauls, Olaf Klose und Horst Lüders. 1. 1928. – Neumünster: Wachholtz 1930 ff (Zeitschrift der Gesellschaft für Schleswig-Holsteinische Geschichte. Erg.-Bd 1 ff)   716
ab Bd. 8. 1966-1970 (1976):

Schleswig-Holsteinische Bibliographie. Hrsg. von der Schleswig-Holsteinischen Landesbibliothek. – Neumünster: Wachholtz 1976 ff

716a

Darüber hinaus existieren für zwei der wichtigsten Hansestädte eigene abgeschlossene Auswahlbibliographien:

Möller, Kurt Detlev und Annelise Tecke: Bücherkunde zur hamburgischen Geschichte. T. 1-3. – Hamburg 1939-71   717

Meyer, Gerhard und Antjekathrin Graßmann: Lübeck-Schrifttum 1900-1975. – München: Verlag Dokumentation 1976. 413 S.   718
Ca. 4000 Titel. Ein Supplementband für die in den Jahren 1976-1985 erschienene Literatur befindet sich in Vorbereitung.

6.3.2.8. Nordrhein-Westfalen

Die bibliographische Situation in diesem erst nach 1945 entstandenen Land war alles andere als günstig. Bis zum Jahre 1984 fand keine Gesamtverzeichnung des Schrifttums statt. Statt dessen gab es eine Vielzahl von z.T. hervorragenden Einzel- und Spezialverzeichnissen.

Seit 1983 (1984) liegt eine auf Vollständigkeit bedachte Landesbibliographie vor, die den ungenügenden Zustand früherer Jahrzehnte beseitigt und gleichzeitig die bisher laufenden Regionalbibliographien in diesem Bundesland obsolet macht:

Nordrhein-Westfälische Bibliographie. Hrsg. von den Universitätsbibliotheken Düsseldorf und Münster in Zsarb. mit dem Hochschulbibliothekszentrum des Landes Nordrhein-Westfalen in Köln. 1. 1983 ff. – Düsseldorf: Schwann 1984 ff   719
Gleicher Aufbau wie die Hessische Bibliographie. Die früheren, noch nicht ersetzten abgeschlossenen Bibliographien finden sich unter Rheinland bzw. Westfalen.

6.3.2.9. Österreich

6.3.2.9.1. Allgemeines

Für Österreich steht eine gut gearbeitete und zuverlässige Bibliographie der Bibliographien kurz vor der Vollendung:

Stock, Karl F.; Rudolf Heilinger und Marylène Stock: Bibliographie österreichischer Bibliographien, Sammelbibliographien und Nachschlagewerke. Abt. 1.2. Bd 1-10. Reg. Bd Graz: Stock 1976 ff   720
Setzt die früher von Karl F. Stock hrsg. **Bibliographie der Österreichischen Bundesländer** vom Jahre 1966 fort: geordnet nach den heutigen Ländergrenzen Österreichs. Die Abt. 1 geht dem Abschluß entgegen. Geplant sind die Abt. 2 (Gesamtösterreichische Bibliographien), Abt. 3 (Bibliographien und Personalbibliographien) und Abt. 4 (Sonderbände).

Die Vor- und Frühgeschichte ist durch drei retrospektive Bibliographien gut erschlossen:

Pittioni, Richard: Bibliographie zur Urgeschichte Österreichs (einschließlich Deutschsüdtirol). – Linz: Winkler 1931. VIII, 245 S. (Bibliographie zur Geschichte, Landes- und Volkskunde Österreichs. Erg.-Bd 1) (Archiv für Bibliographie. Beiheft 9)   721

Pittioni, Richard: Bibliographie zur Urgeschichte der Ostmark 1930-38. – Wien: Deuticke 1940. 121 S.   722

Reitinger, Josef: Bibliographie zur Ur- und Frühgeschichte Österreichs (ausgenommen Römerzeit) 1939-1960. – Wien: Notring der wissenschaftlichen Verbände Österreichs 1965. 368 S.   723

Österreichische Historische Bibliographie. Austrian Historical Bibliography. 1965 ff. Hrsg. von Eric H. Boehm und Fritz Fellner. – Santa Barbara, Calif.: Clio Press 1967 ff   724
Erschlossen durch Fünfjahresregister: erschienen 1974, 1979, 1983. Verzeichnet nur die in Österreich erscheinende historische Literatur.

6.3.2.9.2. Einzelne österreichische Bundesländer und Städte

Darüber hinaus gibt es für einzelne Österreichische Länder und Städte Spezialbibliographien, die vertiefend herangezogen werden können.

Burgenland

Allgemeine Bibliographie des Burgenlandes. Hrsg. Burgenländisches Landesarchiv und Burgenländische Landesbibliothek. Bd 4 bearb. von Gottfried Franz Litschauer: Geschichte. – Eisenstadt 1959   725

Innsbruck

Eppacher, Wilhelm: Bibliographie zur Stadtkunde von Innsbruck. – Innsbruck: Stadtmagistrat 1971. 339 S. (Veröffentlichungen des Innsbrucker Stadtarchivs. N.F. 1.2.)   726

Oberösterreich

Commenda, Hans: Materialien zur landeskundlichen Bibliographie Oberösterreichs. – Linz 1891. X. 790 S.   727

Straßmayr, Eduard: Bibliographie zur oberösterreichischen Geschichte. Bd 1-4. – Linz 1929-57 (Bibliographie zur Geschichte, Landes- und Volkskunde Österreichs. Abt. 1)   728

Marks, Alfred: Bibliographie zur oberösterreichischen Geschichte 1954-65. – Wien, Köln: Böhlau in Komm. 1972. VIII, 429 S. (Mitteilungen des Oberösterreichischen Landesarchivs. Erg.-Bd)   729

Salzburg

Doblhoff, J.: Beiträge zum Quellenstudium salzburgischer Landeskunde. Bd 1-7. – Salzburg 1893-95. IV, 363 S.   730

Steiermark

Stock, Karl F.: Bibliographien, Sammelbibliographien und andere bibliographische Hilfsmittel der Steiermark. Arbeit aus der Universitätsbibliothek Graz. – Bad Godesberg: Bundesforschungsanstalt für

Landeskunde und Raumordnung 1969. 91 S. (Berichte zur deutschen Landeskunde. Sonderheft. 13)

Wien

Abgeschlossene Bibliographie bis 1945:

Gugitz, Gustav: Bibliographie zur Geschichte und Stadtkunde von Wien. Hrsg. vom Verein für Landeskunde von Niederösterreich in Wien. Bd 1-4. Bd 5 Register. – Wien 1947-1962.

6.3.2.9.3. Einzelne Themen der österreichischen Geschichte

Arbeiterbewegung

Bibliographie zur Geschichte der österreichischen Arbeiterbewegung. Zsgest. von Herbert Steiner. Bd 1. 1867-1918, 2. 1918-1934, 3. 1934-1945. – Wien: Österreichischer Gewerkschaftsbund 1962-1970

Deutsch-österreichischer Anschlußgedanke

Die Spezialbibliographien zum Anschlußgedanken bis 1938 werden weiter oben (Nrn. 661f.) bei der allgemeinen deutschen Geschichte behandelt.

Türkenkriege

Sturminger, Walter: Bibliographie und Ikonographie der Türkenbelagerungen Wiens 1529 und 1683. – Graz, Köln: Böhlau 1955. XVI, 420 S. (Veröffentlichungen der Kommission für neuere Geschichte Österreichs. 41)

6.3.2.10. Ehemalige deutsche Ostgebiete (Sudetenland, Pommern, Schlesien, Ost- und Westpreußen, Memelgebiet)

Die Literatur wird hier nur in Auswahl wiedergegeben. Vor allem sollen die hiergenannten großen retrospektiven Bibliographien und Bibliothekskataloge ermöglichen, einen raschen und flächendeckenden

Zugriff zu gewährleisten. Viele der in den 50er und 60er Jahren erschienenen laufenden Bibliographien werden von bundesdeutschen Bearbeitern nicht mehr weiter fortgeschrieben oder erscheinen mit einem sehr großen Berichtsverzug. Für die aktuelle Berichterstattung muß man daher auf die National- und Fachbibliographien der jeweiligen Länder in den heute maßgeblichen Grenzen zurückgreifen, die jedoch die bundesdeutsche Literatur oft nur in Auswahl wiedergeben.

6.3.2.10.1. Allgemeines

Die beste Einführung stellt dar:

Jilek, Heinrich; Herbert Rister und Hellmuth Weiss: Bücherkunde Ostdeutschlands und des Deutschtums in Ostmitteleuropa. – Köln: Böhlau 1963. XXXVI, 560 S. (Ostmitteleuropa in Vergangenheit und Gegenwart. 8) 735

Chojnacki, Władysław und Jan Kowalik: Bibliografia niemieckich bibligrafi dotyczacych Polski 1900-1958. Bibliographie der deutschen Polen-Bibliographien 1900-1958. – Poznań: Inst. Zach. 1960. 252 S.
736
Bibliographie der Bibliographien. Ca. 1 200 Titel, auch Kataloge, Übersichtsverzeichnisse, Bibliographie etc.

Die wichtigsten Bestände großer deutscher Bibliotheken liegen in gedruckten Katalogen vor:

Niedersächsische Landesbibliothek Hannover: Katalog des Schrifttums über den deutschen Osten. 1-5. – Hannover 1956-58 737
Enthält alle Wissenschaftsgebiete. Bd 1-4: Literatur über Ost- und Westpreußen, Schlesien, Pommern, Ostbrandenburg, Polen-Westpreußen. Bd 5: Register

Als Nachtrag erschien für Schlesien:

Niedersächsische Landesbibliothek Hannover. Katalog des Schrifttums über Schlesien. Nachträge. Bearb. von Elly Nadolny. – Hannover 1973. VIII, 275 S. 738

Bücherei des Deutschen Ostens Herne. Bücherverzeichnis. Stand 1. 4. 1973. – Herne 1973. X, 786 S. 739

Heute weitgehend überholt, wird er überarbeitet seit 1982 neu herausgegeben:

Bücherei des Deutschen Ostens. Bestandskatalog. Bearb. von Wolfgang Kessler. Bd 1-5. – Herne: Stadtbücherei 1982 ff   740
Bislang erschienen: 1. 1982: Nordostdeutschland (Ostpreußen, Westpreußen, Pommern, Mecklenburg); 2. 1982: Brandenburg, Preußen, Polen, Baltikum, Rußland; 3. 1984: Schlesien; Bd 4 soll die Literatur über die ehemalige Habsburger Monarchie und Südosteuropa, Bd 5 über Mitteldeutschland und die Vertriebenenfrage enthalten.

Marzian, Herbert: Ostdeutsche Bibliographie. Das internationale Schrifttum 1945-1970 über die Heimatgebiete der deutschen Vertriebenen, das deutsche Vertriebenenproblem und mitteleuropäische Fragen. Bd 1-7. – Würzburg: Holzner 1953-72   741

6.3.2.10.2. Einzelne Länder und Regionen

Memelgebiet

Szameitat, Max: Bibliographie des Memellandes. – Würzburg: Holzner 1957. X, 248 S. (Ostdeutsche Beiträge aus dem Göttinger Arbeitskreis. 7)   742

Pommern

Bibliografia Pomorza Zachodniego. Bibliography of West-Pomerania. Westpommersche Bibliographie. 1. 1945/50 ff. Bearb. von Cecylia Galczyńska. – Szczecin: Wojewódzka i Miejska Biblioteka Publiczna 1971 ff   743

Eine laufende Verzeichnung der Literatur über Pommern findet statt durch die Mehrjahresbibliographie:

Geschichtliche und landeskundliche Literatur Pommerns. Bearb. von Hans-Ulrich Raspe und Herbert Rister. – Marburg/Lahn: Herder-Institut 1958-1984. (Wissenschaftliche Beiträge zur Geschichte und Landeskunde Ost-Mitteleuropas)   744
Bislang wurde die Literatur aus den Jahren 1940-1980 verzeichnet. Mehrjahresregister.

Preußen

Wermke, Ernst: Bibliographie der Geschichte von Ost- und West-preußen bis 1929. – (Zuerst: Königsberg 1933.) – Aalen: Scientia 1962. XV, 1098, 21 S. 745

Wermke, Ernst: Bibliographie der Geschichte von Ost- und West-preußen für die Jahre 1930-1938. – Aalen: Scientia 1964. XI, 511 S. 746

Wermke, Ernst: Bibliographie der Geschichte von Ost- und West-preußen für die Jahre 1939-1970. – Bonn-Godesberg: Verl. Wiss. Archiv 1974. XV, 1 153 S. 747

Die laufende Fortsetzung dieser Bibliographie erfolgt durch unterschiedliche Berichterstatter (zu wechselnden Themen) in der **Zeitschrift für Ostforschung.** 20. 1971 ff

Schlesien

Schlesische Bibliographie. Hrsg. von der Historischen Kommission für Schlesien. Bd 1-6, 1.2. – Breslau: 1927-57. 1: Loewe, Victor: Bibliographie der schlesischen Geschichte. 1927; 2: Boehlich, Ernst: Bibliographie der schlesischen Vor- und Frühgeschichte. 1929; 3: Boehlich, Ernst: Bibliographie der schlesischen Volkskunde. 1.2. 1929-30; 6,1: Gruhn, Herbert: Bibliographie der schlesischen Kunstgeschichte. 1933 748

Rister, Herbert: Schlesische Bibliographie. 1928-1957. Im Auftrag der Historischen Kommission für Schlesien. – Marburg: Johann-Gottfried-Herder-Institut 1953-1963. (Einzelschriften der Historischen Kommission für Schlesien. 1-4. 6-8). 748a

Rister, Herbert: Schlesische Bibliographie. 1961-1963. Im Auftr. der Historischen Kommission für Schlesien bearb. Bd 1. – Marburg/Lahn: Johann-Gottfried-Herder-Institut 1975. XII, 522. (Wissenschaftliche Beiträge zur Geschichte und Landeskunde Ostmitteleuropas. 97, 1.) (Einzelschriften der Historischen Kommission für Schlesien. 10, 1) 749

Fortgesetzt durch:

Rister, Herbert: Bibliographie der ehemaligen preußischen Ostprovinzen. Übergreifende Themen. 1. 1958/70. – Marburg/Lahn: Johann-Gottfried-Herder-Institut 1981 750

Eine laufende, in Mehrjahresbänden unregelmäßig erscheinende Bibliographie, die auch das deutsche Schrifttum für Schlesien umfaßt, liegt vor:

Bibliografia historii Ślaska. 1935/37. – Wrocław: Zakład narodowy im. Ossolńskich 1954   751

Sudetenland

Hemmerle, Josef: Sudetendeutsche Bibliographie. 1949-1953. Redigiert von Heinrich Jilek. – Marburg/Lahn: Johann-Gottfried-Herder-Institut. 1959. X, 323 S. (Wissenschaftliche Beiträge zur Geschichte und Landeskunde Ost-Mitteleuropas. 42)   752

Jilek, Heinrich: Sudetendeutsche Bibliographie. 1954-1957. – Marburg/Lahn: Johann-Gottfried-Herder-Institut 1965. XIII, 532 S. (Wissenschaftliche Beiträge zur Geschichte und Landeskunde Ost-Mitteleuropas. 72)   753

Wie für Schlesien, so finden sich auch für die Sudetenländer unregelmäßige Literaturberichte in: **Zeitschrift für Ostforschung** 4. 1955 ff

6.3.2.11. Pfalz

Die Literaturverzeichnung der Pfalz schließt manchmal das Saarland mit ein. Andererseits werden das Saarland und die Regierungsbezirke Koblenz und Trier in der Rheinischen Bibliographie berücksichtigt, da sie früher zur preußischen Rheinprovinz gehörten.

Eine ältere, abgeschlossene Bibliographie:

Häberle, Daniel: Pfälzische Bibliographie. Bd 1-6. – Speyer: 1908-28   754

Pfälzische Bibliographie (1954-1958/59: einschließlich Saarschrifttum). 1951 ff. Bearb. von Hans M. Meyer und Fritz Kastner. – Speyer: Verlag der Pfälzischen Gesellschaft zur Förderung der Wissenschaft 1952 ff   755

Zuletzt erschien mit 10jährigem Berichtsverzug 1970-1974 (1984)

Bohlender, Rolf: Dom und Bistum Speyer. Eine Bibliographie. 2. Aufl. – Speyer: Pfälzische Landesbibliothek 1979. XVIII, 218 S. (Pfälzische Arbeiten zum Buch- und Bibliothekswesen und zur Bibliographie. 8)   756

6.3.2.12. Rheinland

Unter *Rheinland* wird hier die *ehemalige preußische Rheinprovinz* verstanden, also der heutige Landesteil Nordrhein so wie die Reg.-Bezirke Trier, Koblenz und Saarbrücken (letzteres z.T. auch bei *Pfalz* verzeichnet).

6.3.2.12.1. Allgemeines

Eine gute Übersicht über alle Bibliographien dieser Region bietet:

Hellfaier, Detlev: Bibliographien zur Geschichte und Landeskunde der Rheinlande. Ein annotiertes Verzeichnis. – Köln: Greven 1981. 94 S. (Kölner Arbeiten zum Bibliotheks- und Dokumentationswesen. 1)

757

Ein älterer, aber noch mit Nutzen heranzuziehender Bibliothekskatalog der an einschlägiger Literatur reichen Stadtbibliothek (heute: Universitäts- und Stadtbibliothek) Köln, liegt gedruckt vor:

Ritter, Franz und Joseph Gotzen: Katalog der Stadtbibliothek in Köln, Abteilung Rh: Geschichte und Landeskunde der Rheinprovinz. Bd 1.2. – Köln 1894-1907 (Veröffentlichungen der Stadtbibliothek in Köln. 5-8)

758

Eine ältere, durch die Unvollständigkeit der Corsten'schen Bibliographie immer noch heranzuziehende Bücherkunde ist:

Bär, Max: Bücherkunde zur Geschichte der Rheinlande. Bd 1: Aufsätze in Zeitschriften und Sammelwerken bis 1915. – Bonn 1920. LX, 716 S. (Publikationen der Gesellschaft für Rheinische Geschichtskunde. 37)

759

Corsten, Hermann: Rheinische Bibliographie. Eine Zusammenstellung des Schrifttums über die Rheinprovinz bis zum Jahre 1933 einschl. Bd. 1: Archäologie bis Geologie. – Köln 1940. XIX, 940 S. (Publikationen der Gesellschaft für Rheinische Geschichtskunde. 50)

760

Trotz des Fehlens der eigentlichen Geschichtsabteilung ist diese Bibliographie das wichtigste Werk für jede Beschäftigung mit der Geschichte der Rheinlande. Historisch relevante Abschnitte finden sich unter den Schlagwörtern: Archäologie, Architektur, Archive, Auslandsdeutschtum, Buchdruck, Burgen und Schlösser, Denkmalpflege, Gehöfte und Mühlen, Geographie. Jahresergänzungen wurden von Hermann Corsten im

Jahrbuch der Arbeitsgemeinschaft der Rheinischen Geschichtsvereine 1.1934-5. 1938   761
vorgelegt, aber durch den Krieg unterbrochen.

Für die Städtegeschichte des Nordrheins ist zu konsultieren:

Körber, Jürgen: Die Städte in Nordrhein. Bibliographie zur Städtekunde 1920-1961. – Bad Godesberg: Bundesanstalt für Landeskunde und Raumforschung 1962. XII, 307 S. (Berichte zur deutschen Landeskunde. Sonderheft. 6)   762

Körber, Jürgen: Zeitschriften und Schriftenreihen zur Landeskunde der Rheinlande 1900-1963. Ein bibliographisches Verzeichnis. – Bad Godesberg: Bundesanstalt für Landeskunde und Raumforschung 1965. IX, 241 S. (Berichte zur deutschen Landeskunde. Sonderheft. 8)
   763

6.3.2.12.2. Einzelne Städte

Einzelne Städte verfügen über eine abgeschlossene oder laufende Verzeichnung der über sie erschienenen Literatur, die wegen der Unvollständigkeit der Rheinischen Bibliographie ständig herangezogen werden müssen, wobei die im folgenden genannten Städte lediglich eine Auswahl darstellen.

Bonn

Höroldt, Dietrich; Paul Melchers und Otto Wenig: Bonner Bibliographie und Literaturbericht. 1965-1970. – Bonn: Röhrscheid 1972. 237 S. (Veröffentlichungen des Stadtarchivs Bonn. 9)   764
Setzt die früher unselbständig erschienenen Berichte in den **Bonner Geschichtsblättern** fort.

Düsseldorf

Colmi, Elsbet; Matthias Graf von Schmettow und Eberhard Galley (u.a.): Düsseldorfer Bibliographie. 1956/57 ff. In: Düsseldorfer Jahrbuch, Beilage 49. 1959 ff   765

Die Verzeichnung endete mit dem Jahre 1972 mit Berichtszeitraum 1966-1968

Essen

Peter, Alfred: Essener Bibliographie. 1969 ff. – Essen: Stadtbibliothek 1970 ff   766

Köln

Blum, Hans: Kölnische Bibliographie. 1957 ff. – Köln: Kölnischer Geschichtsverein 1959 ff   767
Ursprünglich 1953-1958 (für den Berichtszeitraum 1951-1956) im **Jahrbuch des Kölnischen Geschichtsverein** erschienen.

Trier

Marx, J.: Trevirensia. Litteraturkunde zur Geschichte der Trierer Lande. – Trier 1909. 154 S. (Trierisches Archiv. Erg.-H. 10)   768
Eine laufende Literaturverzeichnung durch wechselnde Berichterstatter über diese Stadt und das Kurfürstentum Trier erfolgt in **Trierisches** (später: **Kurtrierisches**) **Jahrbuch.**

Ruhrgebiet s. Westfalen und s. Rheinland

6.3.2.13. Saarland

Die Literatur des Saarlandes wird zum Teil auch in den Publikationen über die Pfalz (s.o.) und über das Rheinland, d.h. die ehemalige preußische Rheinprovinz (s.o.) verzeichnet.

Haßlacher, Anton: Literatur über das Industriegebiet an der Saar. 2. Ausg. – Saarbrücken 1910. XIII, 386 S. (Mitteilungen des Historischen Vereins für die Saargegend. 10)   769
Wichtige Zusammenstellung. Besonders für die Wirtschafts- und Sozialgeschichte der Industrialisierung findet sich reiches zeitgenössisches Material. Enthält außerdem eine Übersicht über die vorhandenen bibliographischen Werke.

6.3.2.14. Sachsen

Bibliographie zur Vor- und Frühgeschichte Mitteldeutschlands. Hrsg. von Martin Jahn. Bd 1.2. – Berlin: Akademie-Verlag 1955-1969. (Abhandlungen der Sächsischen Akademie der Wissenschaften zu Leipzig. Phil.-hist. Kl. Bd. 47.1; 48.2.; 50.1.; 55.1)   770

Bemmann, Rudolf und Jacob Jatzwauk: Bibliographie der sächsischen Geschichte. Bd 1-4,2. – Dresden: Sächsische Landesbibliothek 1918-74   771

Fortgesetzt durch:

Sächsische Bibliographie. 1961 ff. – Dresden: Sächsische Landesbibliothek 1962 ff   772
Relativ aktuelle Jahresbibliographie. Fünfjahresregister.

Für die Stadt Leipzig liegt eine eigene, ausführliche, abgeschlossene Bibliographie vor:

Rothe, Edith und Hildegard Heilemann: Bibliographie zur Geschichte der Stadt Leipzig. Bd 1.2. Sonderbde 1-4. – Weimar: Böhlau 1957-77. Registerband. (Aus den Schriften der Historischen Kommission der Sächsischen Akademie der Wissenschaften zu Leipzig. 35)   773
Neben den beiden Hauptbänden gibt es 4 thematisch ausgerichtete Sonderbände zur Leipziger Messe, zur Universität, Kunst und zum Buch. Registerband 1977.

Sachsen-Anhalt s. Thüringen

Schleswig-Holstein s. Norddeutschland

6.3.2.15. Schweiz

Eine gute, wenngleich schon etwas ältere Übersicht über bibliographische Hilfsmittel liegt vor in:

Santschy, Jean Louis: Manuel analytique et critique de bibliographie générale de l'histoire de Suisse. – Bern: Lang 1961. 251 S.   774

Ältere, umfangreiche retrospektive Übersichten:

Brandstetter, Josef Leopold: Repertorium über die in Zeit- und Sammelschriften der Jahre 1812-1890 enthaltenen Aufsätze und Mitteilungen schweizer-geschichtlichen Inhalts. – Basel: 1892- Reprint: Bern: Lang 1967. IV, 467 S. 775

Barth, Hans: Repertorium über die in Zeit- und Sammelschriften der Jahre 1891-1900 enthaltenen Aufsätze und Mitteilungen schweizergeschichtlichen Inhaltes. – Basel: 1906- Reprint: Bern: Lang 1967. VII, 359 S. 776

Auch sehr viel historische Literatur, vor allem zu Archiven und Bibliotheken etc., enthält:

Bibliographie der schweizerischen Landeskunde. Bibliographie nationale suisse. Fasc. 1-89. – Bern: Wyss 1892-1945 777
Seit 1976 liegt ein Gesamtregister vor.

Gute retrospektive Auswahlbibliographie:

Barth, Hans: Bibliographie der Schweizer Geschichte, enth. die selbständig erschienenen Druckwerke zur Geschichte der Schweiz bis Ende 1913. Bd 1-3. – Basel: Baseler Buch- und Antiquariatshandlung 1914-1915 (Quellen zur Schweizer Geschichte. Neue Folge. Abt. 4. 1-3) 778

Fortgesetzt durch die laufende Bibliographie:

Bibliographie der Schweizergeschichte. Bibliographie de l'histoire suisse. Hrsg. von der Schweizerischen Landesbibliothek 1913 ff. – Bern: Schweizerische Landesbibliothek 1914 ff 779
Ursprünglich als Beilage zur **Zeitschrift für Schweizerische Geschichte** (s.o. Nrn. 538-540).

Für die wichtigsten Städte der Schweiz liegen eigene laufende Bibliographien vor:

Basel

Baseler Bibliographie. Begr. von Jost Brunner. – Basel: Historische und antiquarische Gesellschaft 1938 ff 780
Ursprünglich als Beilage zur **Baseler Zeitschrift für Geschichte und Altertumskunde.**

Bern

Bibliographie der Berner Geschichte. Hrsg. von der Burgerbibliothek Bern. Bibliographie de l'histoire bernoise. 1975 ff. – Bern: Burgerbibliothek 1977 ff   781

Auch zu mehreren Spezialthemen aus der Schweizer Geschichte gibt es Bibliographien. Die wichtigsten seien hier genannt:

Arbeiterbewegung

Groupe de travail pour l'histoire du Mouvement ouvrier en Suisse: Bibliographie de l'histoire du Mouvement ouvrier en Suisse. Cahier 1-3. – Lausanne: 1968-1970   782
Verzeichnet ca. 800 einschlägige Werke.

Wilhelm Tell

Heinemann, Franz: Tell-Bibliographie. 1.: Die Tellsage vor und außer Schiller (15.-20. Jahrhundert) sowie 2.: Schillers Tell-Dichtung (1804-1906). – Bern: Wyß 1907. 189 S.   783

6.3.2.16. Thüringen

Die Vor- und Frühgeschichte Thüringens wird weiter oben unter Sachsen abgehandelt.

Für die Geschichte Thüringens liegen eine bundesdeutsche abgeschlossene Auswahlbibliographie und eine laufende Bibliographie vor, die durch die Nationalen Forschungs- und Gedenkstätten der Klassischen deutschen Literatur erstellt wird:

Patze, Hans: Bibliographie zur thüringischen Geschichte. – Köln: Böhlau 1965-67 (Mitteldeutsche Forschungen. 32)   784

Thüringen-Bibliographie. Bearb. von Werner Schmidt und Doris Kuhles. 1, 1961/63 ff. – Weimar: Nationale Forschungs- und Gedenkstätten der klassischen deutschen Literatur 1969 ff   785

Für Sachsen-Anhalt ist heranzuziehen:

Landeskundliche Regionalbibliographie für die Bezirke Halle und

Magdeburg. 1965/66 ff. Bearb. von Ruth Jodl. – Halle (Saale): Universitäts- und Landesbibliothek 1969 ff   786
Erscheint in Zweijahresbänden, zuletzt 1983/84 (1986).

6.3.2.17. Westfalen

Oft ist auch das Schrifttum zu *Schaumburg-Lippe, Waldeck* und *Osnabrück* in den Bibliographien zu Westfalen mit angezeigt.

6.3.2.17.1. Allgemeines und ganz Westfalen

Eine bibliographische Übersicht über das Schrifttum und ein Verzeichnis der Bibliographien sowie sonstige bibliographische Nachschlagewerke liefert für Westfalen und Lippe:

Hellfaier, Detlev: Bibliographien zur Geschichte und Landeskunde Westfalens und Lippes mit Hinweisen auf die Buchbestände der Lippischen Landesbibliothek. – Detmold: Lippische Landesbibliothek 1984. 67 S. (Nachrichten aus der Lippischen Landesbibliothek Detmold. 14)
                                                                   787
Auf diese Zusammenstellung, die ca. 200 Titel enthält, sei verwiesen, denn ebensowenig wie im Gesamtbereich der historischen Landeskunde kann hier auch nur annähernd Vollständigkeit angestrebt werden.

Einen guten und umfassenden Überblick über die Vor- und Frühgeschichte bietet:

Hömberg, Philipp: Bibliographie zur Vor- und Frühgeschichte Westfalens. – Hildesheim: Lax 1969. XVII, 145 S. (Münstersche Beiträge zur Vor- und Frühgeschichte. 5)   788
Ohne Literatur zur Römerzeit, ohne Numismatik, aber mit einzelnen Mittelalterthemen (vor allem zur Wirtschaftsgeschichte, u.a. Eisenverarbeitung im Siegerland).

Folgende drei Titel stellen einführende Bibliographien und Quellenkunden zur westfälischen Geschichte dar:

Leesch, Wolfgang: Schrifttum zur westfälischen Geschichte. Ein bibliographischer Überblick. – Münster: Aschendorff 1964. 71 S.   789

**Richtering, Helmut: Schriftum zur Landes- und Ortsgeschichte West-
falens.** – Münster: Westfälischer Heimatbund 1970. 48 S.   790

**Richtering, Helmut: Quellen und Literatur zur Landes- und Ortsge-
schichtsforschung in Westfalen.** – Münster: Westfälischer Heimatbund
1973. 79 S.   791

Eine umfassende, retrospektive Bibliographie ist trotz vieler Bemühungen noch nicht ganz fertiggestellt:

**Bömer, Alois und Degering, Hermann: Westfälische Bibliographie
zur Geschichte, Landeskunde und Volkskunde.** Zum Druck gebracht
von Rudolf Schetter und Helmut Müller. Bd 1-3. – Münster: Regensberg 1955-1983 (Veröffentlichungen der Historischen Kommission des
Provinzialinstituts für Westfälische Landes- und Volksforschung. 24)
    792

Diese Bibliographie wird nach ihrer Fertigstellung alle Lebensbereiche
des 19. und des 20. Jahrhunderts bis etwa zum Ende des Zweiten Weltkrieges umfassen; danach wird sie durch eine laufende Bibliographie
weiter geführt (s.u.). Auch Schaumburg-Lippe, Waldeck und Osnabrück
sind erfaßt. Bd 1 umfaßt das Schrifttum zur gesamten Provinz, Bd 2 behandelt die einzelnen Orte (z.Z. von Achenbach – Nuttlar), Bd 3 die de-
mographischen Abteilungen Bevölkerungsgeschichte und Genealogie.

Die laufende Fortführung der abgeschlossenen Bibliographie erfolgte
lange Jahre durch:

Westfälische Bibliographie. Bearb. von der Stadt- und Landesbibliothek Dortmund. Bd 1-28. (1945-1982) – Dortmund: Stadt- und Landesbibliothek 1954-1983   793
Damit Erscheinen eingestellt. Fortgeführt durch: **Nordrhein-Westfälische Bibliographie** (s.o. Nr. 719)

6.3.2.17.2. Einzelne Regionen und Länder

Darüber hinaus sind einzelne historische Regionen durch eigene
Bibliographien erschlossen.

Lippe

Für das Lipperland liegt eine abgeschlossene, auf Vollständigkeit bedachte Bibliographie vor:

Hansen, Wilhelm und Ernst Fleischhack: Lippische Bibliographie. Mit Hinweisen auf die Buchbestände der Lippischen Landesbibliothek. Bd 1.2. – Detmold: Meyer und Landesverband Lippe 1957-1982

794

Literatur vor 1800 in Auswahl; die Bibliographie bietet ca. 32 000 Titel zu allen Wissenschaftsgebieten auf der Grundlage der Bestände der Lippischen Landesbibliothek in Detmold. Sie ersetzt alle früheren Arbeiten und wird fortgeführt durch:

Fleischhack, Ernst: Lippische Jahresbibliographie. 10.1976 ff. – Detmold: Lippische Landesbibliothek 1977 ff   795

Mark

Verzeichnis der Bibliothek des Vereins für Orts- und Heimatkunde in der Grafschaft Mark im Märkischen Museum zu Witten. Westfälisches Schrifttum. T.1-2, Fortsetzungsblätter 1-3. – Witten: Pott 1957-1967

796

Ruhrgebiet

Corsten, Hermann: Bibliographie des Ruhrgebietes. Das Schrifttum über Wirtschaft und Verwaltung. Bd 1-4 nebst Reg.-Bd. – Essen: Essener Verlagsanstalt 1943-1966. (Schriften der Volkswirtschaftlichen Vereinigung im Rheinischwestfälischen Industriegebiet. N.F. Hauptreihe 6.7.15.22.25.)   797
Ergänzende Bände 5, 1977 und 6, 1980 hrsg. von G. Pflug bzw. G. Vieting; sie schrieben diese Bibliographie bis 1981 fort.
Vor allem für die Wirtschafts- und Sozialgeschichte wichtige retrospektive Bibliographie, erstellt aufgrund der Bestände der großen Spezialbibliotheken des Ruhrgebietes und der Universitäts- und Stadtbibliothek Köln, die diesen Themenbereich traditionell besonders pflegt.

Ergänzend können herangezogen werden:

Lucas, Erhard: Periodika der Arbeiter- und Angestelltenbewegung im

Ruhrgebiet 1848-1933. Erhaltene Bestände und deren Zustand. Biblio-
thekarischer Bericht. – Frankfurt/Main 1971. 246 Bl. 798

**Bollerey, Franziska; Kristiana Hartmann und Ursula von Petz: Biblio-
graphie zum Arbeiterwohnungsbau im Ruhrgebiet (1850-1933).** –
Dortmund: Universität Dortmund, Institut für Raumplanung 1982. XIII,
266 S. (Dortmunder Beiträge zur Raumplanung. Bibliographie. 2)
 799

**Joerdens, Eleonore und Hans Rudi Vitt: Die Wirtschaft des Ruhrge-
bietes** (ab 1962: Das Schrifttum des Ruhrgebietes; ab 1964: Literatur
zur Ruhrwirtschaft). 1948-1972. Bearb. in der Stadt- und Landesbibliothek Dortmund. 800

Alle drei Bibliographien bieten wichtige Fortschreibungen und Ergänzungen zur retrospektiven Bibliographie von Corsten.

Siegerland

Auch die Bibliographie von Demandt berücksichtigt das Siegerland
(vgl. o. Hessen).

Vitt, Hans Rudi: Siegerländer Bibliographie. – Siegen: Forschungsstel-
le Siegerland 1972. XII, 471 S. 801

Württemberg s. Baden-Württemberg

6.4. Außerdeutsche Geschichte

Die außerdeutsche, gar außereuropäische Geschichte wird naturgemäß knapper behandelt als die ausführlich vorgestellte mitteleuropäische Geschichte und Landeskunde. Gleichwohl wurde Wert darauf
gelegt, die wichtigsten, weiterführende Literatur enthaltenden Bibliographien und Literaturberichte anzuzeigen und die allerwichtigsten
Handbücher vorzustellen. Außerdem wurde die Literaturverzeichnung
in der Regel auf die gängigen Fremdsprachen (Englisch, Französisch, Italienisch, Spanisch, Niederländisch) beschränkt.

6.4.1. Belgien, Niederlande und Luxemburg

6.4.1.1. Gesamtdarstellungen

Die wichtigste Gesamtdarstellung bleibt das voluminöse Werk des großen belgischen Historiographen:

Bibliothek Standort
Signatur

Pirenne, Henri: Histoire de Belgique. 1-7. – Bruxelles: Lamertin 1900-32. Reprint 1948-1952

802

Der Neudruck enthält einige Nachträge für die Zeit von 1914 bis zur deutschen Besetzung 1940. Auch in deutsch erschienen, allerdings nur bis zum Westfälischen Frieden.

Für die Neuzeit ist neben Pirenne heranzuziehen:

Luykx, Theo: Politieke geschiedenis van België. 4., herziene en bijgewerkte uitg. – Amsterdam: Elsevier 1978 ff.   803
Zuerst 1964 erschienen. Von der Neuausgabe liegt der 1. Band, der den Zeitraum von 1789-1944 umfaßt, bereits vor.

Daneben ist für Flandern, insbesondere für die Kulturgeschichte, sehr nützlich:

Flandria nostra. Ons land en ons volk, zijn standen en beroepen door de tijden heen. Onder red. von J.L. Broeckx. 1-5. – Antwerpen: Standaard-Boekhandel 1957-60   804

Das umfassendste Werk (analog zu Pirennes Histoire de Belgique) für die Niederlande ist die umfangreiche Gemeinschaftsproduktion:

Algemene geschiedenis der Nederlanden. 1-15. – Haarlem: Fibula-Van Dishoeck 1980-82   805
Umfangreiche Literaturangaben und Darstellung des Forschungsstandes. Daneben ist folgende kürzere, aber sehr aktuelle Einführung nützlich:

Lademacher, Horst: Geschichte der Niederlande. Politik, Verfassung, Wirtschaft. – Darmstadt: Wissenschaftliche Buchgesellschaft 1983. XVIII, 577 S.   806
Vom gleichen Autor stammt auch der Literaturbericht in der Historischen Zeitschrift (s.u. Nr. 822). Dieser Bericht wird in vorliegender Publikation ergänzt und aktualisiert.

Das folgende Werk ist ein nützliches Faktenlexikon zur Geschichte Belgiens und der Niederlande mit hilfreichen bibliographischen Angaben:

Volmuller, H.W.J.: Nijhoffs geschiedenislexikon. Nederland en België. – 's-Gravenhage: Nijhoff 1981. 655 S.   807

6.4.1.2. Bibliographien und Literaturberichte

Zwei ältere Allgemeinbibliographien werden auch vom Historiker mit Nutzen zu konsultieren sein:

Bibliotheca belgica. Bibliographie générale des Pays-Bas. – Gent: Vyt 1880 ff.   808
Vollständiges Verzeichnis für die im 15. und 16. Jahrhundert gedruckten Bücher und eine Auswahlbibliographie für die späteren Jahrhunderte.

Für die wichtigen Anfangsjahre des eigenständigen Belgiens sollte herangezogen werden:

Bibliographie nationale. Dictionnaire des écrivains belges et catalogue de leurs publications, 1830-1880. T.1-4. – Brüssel: Weissenbruch 1886-1910.   809
Eine grundlegende und umfassende abgeschlossene Bibliographie zur gesamten belgisch-niederländischen Geschichte:

Bibliothek Standort
Signatur

Pirenne, Henri: Bibliographie de l'histoire de Belgique. Catalogue méthodique et chronologique des sources et des ouvrages principaux relatifs à l'histoire de tous les Pays-Bas jusqu'en 1598 et à l'histoire de Belgique jusqu'en 1914. 3. éd. rev. et compl. avec la collab. de Henri Nowé et Henri Obreen. – Bruxelles: Lamertin 1931. VIII, 440 S.
                                                                                810

Abgeschlossene Epochenbibliographien, die an Pirenne anschließen:

Gérin, Paul: Bibliographie de l'histoire de Belgique 1789-21 juillet 1831. – Leuven: Ed. Nauwelaerts 1960. 430 S. (Centre Interuniversitaire d'Histoire Contemporaine. Cahiers 15)   811

Vervaeck, Solange: Bibliografie van de geschiedenis van België. Bibliographie de l'histoire de Belgique. 1831-1865. – Leuven: Ed. Nauwelaerts 1965. 303 S. (Bibliografie van de geschiedenis van België tijdens het hedendaags tijdvak. 2) (Central Interuniversitaire d'Histoire Contemporaine. Cahiers 37)   812

Belder, Jozef de und J. Hannes: Bibliografie van de geschiedenis van België. Bibliographie de l'histoire de Belgique. 1865-1914. – Leuven: Ed. Nauwelaerts 1965. 301 S. (Centre Interuniversitaire d'Histoire Contemporaine. Cahiers 38)   813

Waele, M. de; H. Gaus und F. Uytterhaegen: Bibliografie. Beknopte bibliografie van de politieke en sociaal-economische evolutie van België. 1918-1980. – Gent: Seminarie voor Politieke Wetenschappen der Reichsuniversität Gent 1983. XI, 228 S.   814

Außerdem gibt es eine Spezialbibliographie zur Geschichte Belgiens während des Zweiten Weltkrieges:

Meyers, William C.: Ministerie van nationale opvoeding. Algemeeen Rijksarchief. Navorsings- en studiecentrum voor de geschiedenis van de tweede wereldoorlog. **Beglië in de tweede wereldoorlog.** Bibliografie. 1970-1975. – Brussel 1977. 146 S.   815

Weiterhin ist noch als Auswahlbibliographie heranzuziehen:

Baeyens, Richard: Documentation sur la Belgique. Bibliographie sélective et analytique. – Bruxelles: Institut Belge d'Information et de Documentation 1970. X, 159 S.   816

Abgeschlossene Bibliographien zur Geschichte der Niederlande:

Repertorium der verhandelingen en bijdragen betreffende de geschiedenis des vaderlands, in tijdschriften en mengelwerken ... verschenen. D. 1-5. – Leiden: Brill 1907-53   817

Buck, H. de und E.M. Smit: Bibliografie der geschiedenis van Nederland. Samengestelt in opdracht van het Nederlands Comité voor Geschiedkundige Wetenschappen. – Leiden: Brill 1968. XX, 712 S.

818

Grundlegendes Werk. Fortgesetzt durch die laufende Verzeichnung:

Repertorium van boeken en tijdschriftartikelen betreffende de geschiedenis van Nederland. 1940 ff. – Leiden: Brill 1943 ff.   819

Craeybeckx, J., S.E. Verhulst und H. von Werveke: Literaturbericht über belgische Geschichte. In: Historische Zeitschrift. Sonderheft 2. 1965. S. 58-107. (Berichtszeitraum 1945-1962/63) 820

Alberts, W. Jappe: Literaturbericht zur Geschichte der Niederlande. Allgemeines und Mittelalter. In: Historische Zeitschrift. Sonderheft 2. 1965. S. 1-57. (Berichtszeitraum 1945-1960) 821

Lademacher, Horst: Literaturbericht über die Geschichte der Niederlande. Allgemeines und Neuzeit. In: Historische Zeitschrift. Sonderheft 5. 1973. S. 1-317 (Berichtszeitraum 1945-1970) 822

Regelmäßige Literaturberichte zur Geschichte Belgiens finden sich in der Zeitschrift:

Revue belge de philologie et d'histoire. (später:) **Belgisch tijdschrift voor filologie en geschiedenis.** T. 1 ff. – Bruxelles: Falk 1922 ff

823

6.4.1.3. Bibliographien einzelner Städte und Regionen

Die Literatur zu den Städtegeschichten der Niederlande findet sich in:

Bibliografie van de stedengeschiedenis van Nederland. Samengest. door G. van Herwijnen. – Leiden: Brill 1978. XXI, 355 S. (Acta Collegii historiae urbanae Societatis historicorum internationalis) 824

Diese grundlegende Bibliographie verzeichnet alle weiterführende Literatur und auch sämtliche Spezialverzeichnisse. Daher werden im folgenden keine speziellen Bibliographien zur niederländischen Geschichte genannt. Für Belgien existiert ein solches Gesamtverzeichnis nicht.

Einige wichtige Städte und Regionen sind jedoch gut durch Spezialverzeichnisse erschlossen:

Antwerpen

Laar, Albert van: Bibliografie van de geschiedenis van de Stad Antwerpen. Deel 1.2. – s'Gravenhage: Nijhoff 1927-39 825

Unregelmäßig fortgeführt in den Supplementen der Zeitschrift

Noordgouw. Cultureel Tijdschrift van de Provincie Antwerpen als: **Bibliografie ... van de provincie Antwerpen.** 1966/67 ff. – Antwerpen 1977   826

Brügge

Vanhoutryve, Andre: Bibliografie van de geschiedenis van Brugge. – Handzame: Uitg. Familia et patria 1.1972 ff   827

Gent

Haeghen, F. van der: Bibliographie gantoise. Recherches sur la vie et les travaux des imprimeurs de Gand. Bd 1-7. – Gent 1858-1869
828

Liège

Theux de Montjardin, Xavier de: Bibliographie liégeoise. Contenant: 1. Les Livres impr. à Liège depuis le XVI siècle jusqu'à nos jours. 2. Les ouvrages publ. en Belgique et à l'étranger, concernant l'histoire de l'ancienne principauté de Liège et de la province actuelle du même nom. 2. éd., augm. (Reprint of the 1885 ed. Nieuwkoop: de Graaf 1973. VIII, 1713 Sp.   829

Limburg

Province Limburg. Provinciale Bibliotheek. Bibliografie Limburg. 1970 ff. – Hasselt 1972 ff.   830

Limburgensia. Door de Stadsbibliotheek Maastricht verworven in het jaar ... 1.1978 ff – Maastricht 1979 ff (Publicaties van de Stadsbibliotheek)   831

Luxemburg (belgische Provinz)

Bibliographie de la province de Luxembourg. Sélection d'ouvrages de la Bibliothèque de la Fondation universitaire luxembourgeoise. 1/2, 1976. – Arlon: 1976 ff   832

Namur

Doyen, François Désiré: Bibliographie namuroise. Indiquant les livres imprimés à Namur depuis le XVII siècle jusqu'à nos jours; les ouvrages publiés en Belgique ou à l'étranger par des auteurs Namurois, ou concernant l'histoire du Comté ou de la province actuelle de Namur. T.1.2.3. – Namur 1887-1902 (Reprint 1974). 833

Luxemburg (Großherzogtum)

Als Einstieg seien empfohlen die Bibliographien, bzw. die bibliographischen Einführungen:

Hury, Carlo: Luxemburgensia. Eine Bibliographie der Bibliographien. 2. Aufl. – München: Saur 1978. XX, 352 S. 834

Hury, Carlo: Luxembourg. – Oxford: Clio Pr. 1981. XX, 184 S. (World bibliographical Series. 23) 835

Die laufende Literaturverzeichnung obliegt der Bibliothèque Nationale. Sie legt eine Jahresbibliographie vor:

Bibliographie d'histoire luxembourgeoise. 1964 ff. – Luxembourg: Bibliothèque Nationale 1965 ff 836
Bis 1968 (1969) unter dem Titel **Bibliographie zur Geschichte Luxemburgs.**

Die Forschungen zur belgischen Arbeiterbewegung werden dokumentiert in:

Weerdt, Denise de: Socialisme en socialistische arbeidersbeweging in Belgie. Bibliografie van werken en tijdschriften, verschenen sedert 1944. – Brussel 1979. 123 S. (Emile Vandervelde Institut. Documentatienota. 6) 837

6.4.2. Frankreich

6.4.2.1. Gesamtdarstellungen

Eine gute, sozialgeschichtlich ausgerichtete Gesamtdarstellung der mittelalterlichen und neuzeitlichen Geschichte Frankreichs, auch einführend zu lesen, bietet das dreibändige Werk:

Geschichte Frankreichs. Bd 1-3. – München: Beck 1980 ff (Beck'sche Elementarbücher)   838
1. Bulst, Neithardt: Das hohe und späte Mittelalter 1000-1500. in Vorb.
2. Voss, Jürgen: Von der frühneuzeitlichen Monarchie zur ersten Republik 1500-1800. 1980
3. Riemenschneider, Rainer: Vom Zeitalter Napoleons zur fünften Republik 1800-1978. in Vorb.

Ebenfalls sozialgeschichtlich orientiert ist:

Histoire de la France. Ouvrage en 3 vol. Publ sous la dir. de Georges Duby. 1-3. – Paris: Larousse 1970-72   839
Für ein breites Publikum erstellte populärwissenschaftliche (im guten Sinne) Gesamtgeschichte des bekannten französischen Mediävisten. Neben vielen Illustrationen, Skizzen und Karten wird eine Auswahlbibliographie geboten.

Histoire économique et sociale de la France. Dir. par Fernand Braudel et Ernest Labrousse. – Paris: Presses Univ. de France 1970-82   840
Vom Altmeister der französischen Annales-Schule. Behandelt nur die Neuzeit (ab Mitte des 15. Jahrhunderts).

Ältere, noch nicht überholte Standardwerke stellen dar:

Lavisse, Ernest: Histoire de France depuis les origines jusqu'à la révolution. Publ. avec la collaboration de Charles Bayet. T. 1-9. – Paris: Hachette 1900-11. Reprint 1965   841a

Lavisse, Ernest: Histoire de France contemporaine, depuis la révolution jusqu'à la paix de 1919. T. 1-10. – Paris: Hachette 1920-22.
                                                                            841b

Schneider, Reinhard: Das Frankenreich. – München: Oldenbourg 1982. 196 S. (Oldenbourg Grundriß der Geschichte. 5)   842
Gibt neben der Darstellung einen Überblick über die Diskussion innerhalb der Forschung und eine umfangreiche Bibliographie.

Als Faktenhandbuch, das rein chronologisch aufgebaut ist, kann für die neueste Zeit und die Zeitgeschichte folgendes Werk benutzt werden:

Histoire de la France et des français au jour le jour. André Castelot u. Alain Cecaux. T. 1-8. – Paris: Perrin 1976-77   843

Franklin, Alfred: Les Sources de l'histoire de France. Notices bibliographiques et analytiques des inventaires et des recueils de documents relatifs à l'histoire de France. – Paris: Didot 1877. XVII, 681 S.   844
Ältere, gleichwohl lektürewürdige Quellenkunde. Verzeichnet gedruckte Archivinventare, Quelleneditionen u.ä.

Zur Zeit das wichtigste und umfassendste Werk für die Quellen zum Mittelalter und zur frühen Neuzeit:

Les Sources de l'histoire de France depuis les origines jusqu'en 1815. Par Auguste Molinier. P.1-3. – Paris: Picard 1901-35. (Manuels de bibliographie historique. 3)   845
P. 1, 1-6: **Molinier, Auguste: Les Sources de l'histoire de France des origines aux guerres d'Italie (1494).** – Paris: Picard 1901-1906
     846
P. 2, 1-4: **Hauser, Henri: Les Sources de l'histoire de France.** Le XVI siècle (1494-1610). – Paris: Picard (1906-1916)   847
P. 3, 1-8: **Bourgeois, Emile – André, Louis: Les Sources de l'histoire de France.** Le XVII siècle (1610-1715). – Paris: Picard 1913-1926   848

Für die Zeit von 1494-1789 liegt darüber hinaus vor:

Renaudet, Augustin: Les Sources de l'histoire de France aux Archives d'Etat de Florence, des guerres d'Italie à la Revolution 1494-1789. – Paris: Champion 1916. 276 S.   849

Außerdem ist im Entstehen begriffen:

Les Sources de l'histoire de France des origines à la fin du XVe siècle. – Paris: Picard 1. 1971 ff   850

Von diesem Werk ist bislang nur der erste, vor allem die Römerzeit umfassende Band erschienen:

Duval, Paul-Marie: La Gaule jusqu'au milieu du Ve siècle. 1971.
     851

Zu dieser Epoche liegt auch eine ältere, auf Vollständigkeit bedachte abgeschlossene Bibliographie vor, sie verzeichnet Literatur, die in den Jahren 1450-1870 erschienen ist:

Ruelle, Charles Emile: Bibliographie générale des Gaules. Répertoire

systématique et alphabétique des ouvrages, mémoires et notices concernant l'histoire, la topographie, la religion, les antiquités et le langage de la Gaule jusqu'à la fin du Ve siècle suivie d'une table alphabétique des matières 1. Période: Publications faites depuis l'origine de l'imprimerie jusqu'en 1870 inclusivement. XIV, 1731 S. – Paris 1886   852
Systematisch aufgebaut. Ausführliche Sachregister.

Über die römische Zeit Frankreichs informieren darüber hinaus zwei ausführliche Forschungsberichte:

Chevallier, Raymond: Gallia Narbonensis. Bilan de 25 ans de recherches historiques et archéologiques. – In: Aufstieg und Niedergang der römischen Welt. II, 3, 1975 S. 686-828   853

Chevallier, Raymond: Gallia Lugdunensis. Bilan de 25 ans de recherches historiques et archéologiques. – In: Aufstieg und Niedergang der römischen Welt. II, 3. 1975 S. 860-1060   854

Vor allem für die Zeit bis zur Französischen Revolution wird man auf die Bibliographie von Monod zurückgreifen müssen:

Monod, Gabriel: Bibliographie de l'histoire de France. Catalogue méthodique et chronologique des sources et des ouvrages relatifs à l'histoire de France depuis les origines jusqu'en 1789. – Paris: Hachette 1888. XI, 420 S. Reprint 1974   855

Für die Forschungen der Nachkriegszeit zur französischen Geschichte liegen mehrere kommentierte Literaturberichte vor:

Werner, K.F.: Literaturbericht über französische Geschichte des Mittelalters. In: Historische Zeitschrift. Sonderheft 1.1962. S. 467-612, Berichtszeitraum 1952/54-1960   856

Siegburg, Heinz-Otto: Literaturbericht über die französische Geschichte der Neuzeit. In: Historische Zeitschrift. Sonderheft 2. 1965. S. 277-427, Berichtszeitraum 1945-1963   857

Comité français des sciences historiques: La Recherche historique en France de 1940 à 1965. 2. éd. – Paris: Centre national de la recherche scientifique 1965. LXIV, 518 S.   858

Comité français des sciences historiques: La Recherche historique en France depuis 1965. – Paris: Ed. du Centre national de la recherche scientifique 1980. X, 154 S.   859

Eine kontinuierliche laufende Berichterstattung fand in Frankreich nicht zu allen Zeiten statt, daher müssen gewisse Unregelmäßigkeiten und Berichtslücken in Kauf genommen werden.

Für die Neuerscheinungen in den Jahren 1889-1912/13 und den Jahren 1920-1931 liegen vor:

Répertoire méthodique de l'histoire moderne et contemporaine de la France. Publ. par la Revue d'histoire Moderne et Contemporaine (1901-06: par la Société d'histoire Moderne). Année 1-11. – Paris: Bellais 1889-1913. Reprint 1977   860

Bibliothek Standort
Signatur

Caron, Pierre und Henri Stein: Répertoire bibliographique de l'histoire de France. Années 1920-1931. – Paris 1923-38. T.1-6. Reprint 1972   861
Beide Bibliographien sind umfassend und international. Caron und Stein werteten über 600 Zeitschriften aus.

Im Jahre 1953 wurde die laufende Berichterstattung wieder aufgenommen und zwar durch das Centre National de la Recherche Scientifique. Seitdem liegt eine umfangreiche und zuverlässige jährliche Bibliographie (zuletzt über 10000 Titel) vor:

Bibliothek Standort
Signatur

Bibliographie annuelle de l'histoire de France, du cinquième siècle à 1939. (später: à 1958). 1953/ 54 ff. – Paris: Ed. du Centre National de la Recherche Scientifique 1954 ff   862
Der systematische Aufbau entspricht weitgehend der Anordnung bei Caron und Stein. Von dieser grundlegenden Bibliographie wird jede Beschäftigung mit der französischen Geschichte auszugehen haben.

6.4.2.3. Abgeschlossene Bibliographien und Literaturberichte zu einzelnen Epochen oder Themen

Mittelalter

Ehlers, Joachim: Frankreich im Mittelalter. Von der Merowingerzeit bis zum Tode Ludwigs IX. (5./6. Jahrhundert bis 1270). Neuerscheinun-

gen von 1961-1979. – München: Oldenbourg 1982. 306 S. (Historische
Zeitschrift. Sonderheft 11)   863
Ausführlicher Literaturbericht mit vielen weiterführenden Hinweisen,
auch auf Sammelrezensionen, laufende Berichterstattungen, Kongreß-
publikationen, Forschungsberichte etc. Auch die Bibliographien fran-
zösischer Regionen und Städte, die hier nicht alle aufgeführt werden
können, werden dort vorgestellt.

Aufklärung

Conlon, Pierre M.: Prélude au siècle des lumières en France. Répertoire chronologique de 1680 à 1715. T. 1-4; Supp. 1; Index. – Genève:
Droz 1970-75 (Histoire des idées et critique littéraire 104. 115. 121.
122. 139. 146)   864

18. Jahrhundert

**Du Peloux, Charles: Répertoire général des ouvrages modernes rela-
tifs au dix-huitième siècle français (1715-1789).** Suppl. – Paris: Grund
1926-1927   865

Französische Revolution

**Martin, André und Gérard Walter: Bibliothèque nationale. Catalogue
de l'histoire de la révolution française,** T. 1-6. – Paris: Ed. des Bibl. Nat.
1936-1969   866

Walter, Gérad: Répertoire de l'histoire de la révolution française. Travaux publiés de 1800 à 1940. T.1.2. – Paris: Bibliothèque Nationale
1941-51   867

Monglond, André: La France révolutionnaire et impériale. Annales de
bibliographie méthodique et description des livres illustrés. T. 1-9. –
Grenoble: Arthaud 1930-1963   868
Liegt mittlerweile vollständig, mit einem als "Epilogue romantique" ver-
sehenen Nachwort vor.

Juden

**Blumenkranz, Bernhard und Monique Lévy: Bibliographie des juifs
en France.** – Toulouse: Privat 1974. VIII, 349 S. (Collection Franco-Judai-
ca)   869

Deutsch-französischer Krieg 1870/71/ Kommune

Schulz, Albert: Bibliographie de la guerre franco-allemande (1870-1871) et de la commune de 1871. – Paris: Sendier 1886.   870

Arbeiterbewegung

Dale, Leon Andrew: A Bibliography of French labor. With a selection of documents on the French labor movement. – New York: Kelly 1969. XXXVII, 317 S.   871

Zeitgeschichte

Hartmann, Peter Klaus: Französische Geschichte 1914-1945. Literaturbericht über Neuerscheinungen von 1964-1978. – München: Oldenbourg 1985. 130 S. (Historische Zeitschrift. Sonderheft 13)   872

Wissenschaftsgeschichte

Bibliographie générale des travaux historiques et archéologiques, publiés par les sociétés savantes de la France, dressée sous les auspices du Ministère de l'Education Nationale par René Gandilhon. Période 1910-1940. T. 1-5. – Paris: Imprimerie Nationale 1944-1961.   873

Städtegeschichte

Dollinger, Philippe und Wolff, Philippe: Commission Internationale pour l'Histoire des Villes. Bibliographie d'histoire des villes de France. Préparée par Philippe Dollinger et Philippe Wolff avec la collaboration de Simonne Guenée. – Paris: Klincksieck 1967. XI, 752 S.

874

Hilfswissenschaften

Die bibliographische Verzeichnung der Literatur zu den Hilfswissenschaften, vor allem zur Genealogie, Heraldik und Archivistik, darf als sehr günstig eingeschätzt werden:

Saffroy, Gaston: Bibliographie généalogique, héraldique et nobiliaire de la France dès origines à nos jours. Imprimés et manuscrits. T. 1-4. – Paris: Saffroy 1968-1979.   875

Diese sehr umfangreiche (ca. 50 000 Titel), durch vorzügliche Register erschlossene (Autoren-, Titel-, Sachregister) Bibliographie sollte für alle Fragen der mittelalterlichen und neuzeitlichen Geschichte Frankreichs unbedingt herangezogen werden.

6.4.3. Großbritannien und Irland

6.4.3.1. Allgemeines, Bibliographien, Lexika und Quellenkunden

Den schnellsten Einstieg in die Geschichte bietet:

Haan, Heiner; Karl-Friedrich Krieger und Gottfried Niedhart: Einführung in die englische Geschichte. Hrsg. von Gottfried Niedhart. – München: Beck 1982. 326 S. (Beck'sche Elementarbücher) 876
Hier werden auch die wichtigsten Hilfsmittel, Lexika und Bibliographien vorgestellt. Außerdem findet sich ein Überblick über die gegenwärtige Diskussion innerhalb der Historiographie.

Daneben haben sich die beiden Reference books zur englischen, bzw. zur irischen Geschichte sehr bewährt:

Day, Alan E.: History. A reference handbook. – London: Bingley 1977. 354 S. 877

Eager, Alan R.: A Guide to Irish bibliographical material. A bibliography of Irish bibliographies and sources of information. 2. ed. – London: Library Assoc. 1980 878
Beide verzeichnen ausführlich, präzise und mit Annotationen die wichtigsten Nachschlagewerke, Quellenpublikationen, Lexika, Bibliographien usw.

Außerdem ist folgende Bibliographie nützlich und empfehlenswert (ca. 6 000 Titel):

Stevenson, Bruce: Reader's guide to Great Britain. A bibliography. – London: National Book League 1977. 558 S. 879

Die umfangreichste und zuverlässige Gesamtdarstellung ist:

The Oxford history of England. 1-3 ed. by Sir George N. Clark. Vol. 1-15.– Oxford: Clarendon Press 1934 ff (Neudrucke und Neuauflagen) 880

Daneben treten die kürzeren, aber nützlichen Einführungen in die englische und irische Geschichte:

Kluxen, Kurt: Geschichte Englands. Von den Anfängen bis zur Gegenwart. 2. Aufl. – Stuttgart: Kröner 1976. XI, 900 S. (Kröners Taschenausgabe. 374)   881

Beckett, James C.: Geschichte Irlands. 2. erw. Aufl. Neudr. – Stuttgart: Kröner 1982. VIII, 269 S. (Kröners Taschenausgabe. 419)   882

Für Schottland liegt vor:

The Edinburgh history of Scotland. Gen. ed.: Gordon Donaldson. Vol. 1-4. – Edinburgh: Oliver & Boyd 1965-75   883

Die irische Geschichte wird behandelt in:

The Gill History of Ireland. General editors: James Lydon and Margaret MacCurtain. Bd 1-11. – Dublin: Gill and Macmillan 1972-1975   884
Vom Bd 1 (Ireland before the Vikings) bis Bd 11 (Ireland in the twentieth century) reichende, in Taschenbuchform vorliegende Gesamtgeschichte Irlands. Wenige bibliographische Hinweise am Schluß jedes Bandes.

Durch die Royal Irish Academy angeregt und gefördert, wird seit einigen Jahren eine neue Gesamtdarstellung erstellt:

New history of Ireland. Ed. by T.W. Moody, F.X. Martin, F.J. Byrne. Vol. 1-9. – Oxford: Clarendon Press 1976 ff   885
Bd 3.4.8.9. liegen bereits vor. Jeder Band enthält eine umfangreiche Bibliographie.

Das britische Empire wird ausführlich behandelt in:

Cambridge history of the British Empire. Gen. ed. J. Holland Rose, A.P. Newton, W.A. Benians. Vol. 1-8. – Cambridge: University Press 1929-59
886
Vom 16. Jahrhundert bis zum Ende des 1. Weltkrieges. Umfangreiche bibliographische Angaben.

Knappe Faktenhandbücher stellen dar:

English historical facts. 1.2. – London: Macmillan 1977 ff   887
Behandelt den Zeitraum von 1485-1688.

British historical facts. 1.2. – London: Macmillan 1975-80.   888
Behandelt den Zeitraum von 1760-1900.

Für die Zeitgeschichte liegt das ausführliche Standardwerk bereits in der 6. Aufl. vor:

British political facts 1900-1985. Ed. by David Butler and Gareth Butler. – London: Macmillan 1985. XIX, 512 S. 889

In ähnlicher Weise für Irland nach dem Act of Union (vom Jahre 1800) ist erschienen:

Hickey, D.J. und J.E. Doherty: A dictionary of Irish history since 1800. – Dublin: Gill and Macmillan 1980. 615 S. 890

Mit guten und umfänglichen Literaturangaben versehen ist die

Encyclopaedia of Ireland. Principal ed.: Victor Meally. – Dublin: Figgis 1968. 463 S. 891

Zur Städtegeschichte Großbritanniens und Irlands ist eine Auswahlbibliographie, die zur ersten Übersicht gut geeignet ist, erschienen:

Martin, Geoffrey H. und Sylvia McIntyre: A bibliography of British and Irish municipal history. Vol. 1: General works. – Leicester: University Press 1972 892

Die ältere, immer noch als retrospektives Standardwerk zu benutzende Bibliographie der Bibliographien, verzeichnet über 6 000 Titel zur Geschichte und historischen Landeskunde:

Humphreys, Arthur L.: A handbook to county bibliography. Being a bibliography of bibliographies relating to the county towns of Great Britain and Ireland. – Folkestone: Dawsons of Pall Mall 1974. X, 501 S. (Reprint der 1917 erschienenen Ausgabe) 893

Die wichtigste abgeschlossene Bibliographie stellt zweifellos das folgende, Respekt erfordernde (in dieser Form z.B. in Deutschland nicht existierende) Gemeinschaftswerk dar:

Bibliography of British history. Issued under the dir. of the American Historical Association and the Royal Historical Society of Great Britain. Verschiedene Aufl. 1-6. – Oxford: Clarendon Press 1928 ff 894

Graves, Edgar B.: A bibliography of English history to 1485. Based on The sources and literature of English history from the earliest times to about 1485 by Charles Gross. – Oxford: Clarendon Press 1975. XXIV, 1103 s. (Bibliography of British history. 1) 895

Read, Conyers: Tudor period, 1485-1603. 2. ed. – Oxford: Clarendon Press 1959. XXVIII, 624 S. (Bibliography of British history. 2)   896

Davies, Godfrey und Mary F. Keeler: Stuart period, 1603-1714. 2. ed. – Oxford: Clarendon Press 1970. XXXV, 734 S. (Bibliography of British history. 3)   897

Pargellis, Stanley und D.J. Medley: The eigtheenth century 1714-1789. – Oxford: Clarendon Press 1951 XXVI, 642 S. (Bibliography of British history. 4)   898

Brown, Lucy M. und Jan R. Christie: 1789-1851. – Oxford: Clarendon Press 1977. XXXI, 759 S. (Bibliography of British history. 5)   899

Hanham, Harold J.: 1851-1914. – Oxford: Clarendon Press 1976. XXVII, 1606 S. (Bibliography of British history. 6)   900

In 6 Epochenbibliographien (mit zusammen ca. 40000 Titeln) wird das gesamte internationale relevante Schrifttum über die britische Geschichte, teils mit knappen Annotationen und einführenden Literaturübersichten, verzeichnet.

Analog dazu, aber sehr viel kürzer gefaßt und damit für einen schnellen Zugriff geeignet, ist zu nennen:

Conference on British studies. (Bibliographical handbooks.) Gen. ed. J.J. Hecht. 1-8. – Cambridge: University Press 1968 ff   901

1.: **Altschul, Michael: Anglo-Norman England 1066-1154.** 1969. 83 S.   902

2.: **Wilkinson, Bertie: The High Middle Ages in England 1154-1377.** – 1978. IX, 130 S.   902

3.: **De Lloyd, J.: Late-medieval England 1377-1485.** 1976. XI, 143 S.   903

4.: **Levine, Mortimer: Tudor England 1485-1603.** 1968. XII, 115 S.   904

5.: **Sachse, William L.: Restoration England 1660-1689.** – 1971. IX, 115 S.   905

7.: **Altholz, Josef Lewis: Victorian England 1837-1901.** 1970. XI, 100 S.   906

8.: **Havighurst, Alfred F.: Modern England 1901-1970.** 1976. X, 109 S.   907

Der Aufbau der Bände ist immer gleich und umfaßt neben der

Darstellung der bibliographischen Hilfsmittel (Bibliographien, Kataloge, Quellenkunden) Auswahlbibliographien zur Allgemeinen Geschichte, Wirtschafts- und Sozialgeschichte sowie Kulturgeschichte.

Zur irischen Landeskunde sind die beiden folgenden Bibliographien heranzuziehen:

Shannon, Michael O.: Modern Ireland. A bibliography on politics, planning, research and development. – Westport, Conn.: Greenwood Press 1981. XXVI, 733 S.   908
Ca. 5000 ausgewählte Titel zur irischen Landeskunde.

| Bibliothek Standort | **Royal Historical Society. Writings on British history.** A bibliography of books and articles on the history of Great Britain from about 450 a.D. to 1914, publ. during the years ... with an appendix containing a select list of publications in these years on British history since 1914. 1901 ff. – London: University of London; Institute of Historical Research 1937 ff   909 |
| Signatur | |

Grundlegend und umfassend für die gesamte britische Geschichte vom 5. Jahrhundert bis zum Ausbruch des 1. Weltkrieges. Zum Teil 10jähriger Berichtsverzug (zuletzt 1971-1972 (1985)), was für eine laufende Bibliographie sehr unerfreulich ist.

Sehr viel aktueller als die "Writings on British history" ist:

| Bibliothek Standort | **Royal Historical Society. Annual bibliography of British and Irish history.** Gen. ed.: G.R. Elton. 1975 ff. – Hassocks: Harvester Press 1976 ff   910 |
| Signatur | |

National Library of Scotland. Bibliography of Scotland. 1., 1976/77 ff. – Edingburgh: HMSO (1978 ff. National Library of Scotland) 1978 ff
                                                                          911
Laufende Allgemeinbibliographie (Grundlage: Pflichtexemplare der Schottischen Nationalbibliothek) mit hohem Anteil historisch relevanter Literatur.

231

Die laufende Verzeichnung zur irischen Geschichte erscheint in den

Irish historical studies. 1. 1938/39 ff   912

Daneben liegen Literaturberichte und Dissertationsverzeichnisse für
Mittelalter und Neuzeit vor:

Mittelalter

**Bieler, Ludwig: Die lateinische Kultur Irlands im Mittelalter in der
Forschung des zwanzigsten Jahrhunderts.** In: Historische Zeitschrift.
Sonderheft 2. 1965. S. 260-276   913

**Trautz, Fritz: Literaturbericht über die Geschichte Englands im Mittel-
alter.** In: Historische Zeitschrift. Sonderheft 2. 1965. S.108-259 (Berichtszeitraum 1945-1962/63)   914

Neuzeit

**Howard, Christopher: Literaturbericht über englische Geschichte der
Neuzeit.** In: Historische Zeitschrift. Sonderheft 1. 1962. S. 88-122. (Berichtszeitraum 1950-1959)   915

**Belton, G.R.: Literaturbericht über die englische Geschichte der Neu-
zeit.** In: Historische Zeitschrift. Sonderheft 3. 1969. S. 1-132. (Berichtszeitraum 1945-1967)   916

Dissertations on British history 1815-1914. An index to British and
American theses. – Metuchen, N.J.: Scarecrow Press 1974. XII, 232 S.
                                        917

Akademieschriften

**Milne, Alexander T.: A centenary guide to the publications of the
Royal Historical Society 1868-1968, and of the former Camden Socie-
ty, 1838-1897.** – London: Royal Historical Society 1968. XI, 249 S. (Royal
Historical Society. Guides and handbooks. 9)   918

6.4.3.2. Historische Hilfswissenschaften

**New York Public Library. List of works relating to British genealogy
and local history.** – New York 1910. 366 S.   919

Filby, Percy W.: American & British genealogy & heraldry. A selected list of books. 2. ed. – Chicago: American Library Association 1975. XXI, 467 S.   920

Barrow, Geoffrey B.: The genealogist's guide. An index to printed British pedigrees and family histories, 1950-1975. – London: Research Publ. Co. 1977. XV, 208 S.   921

Sawyer, P.H.: Anglo-Saxon Charters. An annotated list and bibliography. – London: Off. of the Royal Historical Society 1968. XIII, 538 S. (Royal Historical Society. Guides and handbooks. 8)   922

Handbook of British chronology. Ed. by F.M. Powicke and E.B. Fryde. 2nd ed. – London: Royal Historical Society 1961 (Royal Historical Society. Guides and handbooks. 3)   923

Mullins, Edward Lindsay: Texts and calendars. An analytical guide to serial publications. T. 1.2. – London: Royal Historical Society 1958-1983 (Royal Historical Society. Guides and handbooks. 7.12)   924

6.4.3.3. Ausgewählte Bibliographien einzelner Epochen oder Themen (chronologisch)

Angelsachsen

Bonser, Wilfrid: An Anglo-Saxon and Celtic Bibliography (450-1087). – Oxford: Blackwell 1957   925

Reformation

The Bibliography of the Reform 1450-1648 relating to the United Kingdom and Ireland for the Years 1955-70. Ed. by D. Baker. – Oxford 1975.   926

Maria Stuart

Bliss, Susan Dwight: Bibliothèque nationale. Collection de manuscrits, livres, estampes et objets d'art relatifs à Marie Stuart. Reine de France et d'Ecosse. – Paris: Meynial 1931   927

Victorianisches Zeitalter

Annual bibliography of Victorian studies. 1977 ff. – Edmonton, Alberta: Litir Database 1980 ff   928
Kumulationen geplant; Fünfjahreskumulation für die Zeit von 1976-1980 ist im Jahre 1982 erschienen.

Arbeiterbewegung

Smith, Harold: The British Labour Movement to 1970. A bibliography. – London: Mansell 1981. XVIII, 250 S.   929

Erster Weltkrieg

Gunzenhäuser, Max: Bibliographie zur Geschichte des Britischen Reiches im Weltkrieg 1914-1918. – Stuttgart, Schloß Rosenstein: Weltkriegsbücherei 1936. 123 S. (Bibliographische Vierteljahreshefte der Weltkriegsbücherei. 8/9)   930

Außenpolitik 1918-1945

Astor, Sidney: British foreign Policy. 1918-1945. A guide to research and research materials. – Tunbridge Wells, Kent: Costello 1984. XI, 324 S. (Guides to European diplomatic history)   931

Churchill

Woods, Frederick: A Bibliography of the works of Sir Winston Churchill. – Godalming, Surrey: St. Paul's Bibliographies 1979. 406 S. (St. Paul's Bibliographies. 1)   932

6.4.4. Ostmittel-, Ost- und Südeuropa

(Allgemeines und Tschechoslowakei, Polen, Ungarn, Jugoslawien, Albanien, Baltikum, Rußland, Sowjetunion, Rumänien, Bulgarien, Griechenland)
    Es wurde nach Möglichkeit solchen Bibliographien, Einführungen etc. der Vorzug gegeben, die in einer westlichen Sprache abgefaßt sind.

6.4.4.1. Allgemeines. Gesamtgebiet und länderübergreifende Bibliographien, Kataloge und Einführungen

Stadtmüller, Georg: Geschichte Südosteuropas. 2. Aufl. – München: Oldenbourg 1976. 527 S.   933
Beste deutschsprachige Übersicht. Die 2. Auflage ist in den Literaturangaben und in der Bibliographie erweitert worden. Der Textteil stammt unverändert aus 1950. Neuauflage in Vorbereitung.

Südosteuropa-Handbuch. Hrsg. von Klaus-Detlev Grothusen in Verbindung mit dem Südosteuropa-Arbeitskreis der Deutschen Forschungsgemeinschaft. Bd 1 ff. – Göttingen: Vandenhoeck & Ruprecht 1975 ff   934
Ein umfangreiches Handbuch aller Staaten Südosteuropas (Albanien, Bulgarien, Cypern, Griechenland, Jugoslawien, Rumänien, Türkei, Ungarn). Alle Aspekte des Lebens, neben Geschichte vor allem auch Wirtschaft, Politik und Kultur. Gute, umfassende und aktuelle Bibliographie.

Slavonic encyclopedia. Ed. by Joseph S. Roućek. – New York: Philosophical Library 1949. XI, 1445 S. Reprint 1969   935

6.4.4.2. Bibliographien der Bibliographien, Literaturwegweiser, Kommentierte Auswahlbibliographien für den Gesamtbereich

Southeastern Europe. A guide to basic publications. Ed. by Paul L. Horecky. – Chicago: University of Chicago Press 1969. XXII, 755 S.
                                                                                     936
Annotierte Auswahlbibliographie aus dem Gesamtbereich der Wissenschaft. Umfaßt geographisch Albanien, Griechenland, Jugoslawien und Rumänien.

Literaturführer mit Quellenkunde stellen die beiden von Horecky edierten Bände dar:

East central and Southeast Europe. A handbook of library and archival resources in North America. Eds.: Paul L. Horecky and David H. Kraus. – Santa Barbara, Calif.: Clio Press 1975. XI, 467 S. (Joint Committee on Eastern Europe. Publ. ser. 3)   937

East Central Europe. A guide to basic publications. Paul L. Horecky, ed. – Chicago: University of Chicago Press 1969. XXV, 956 S.   938
Verzeichnet ca. 3 500 Titel (Bibliographien, Handbücher, Literaturberichte etc.) aus dem Gesamtbereich der historisch-politischen Wissenschaften aus der CSSR, DDR, Ungarn, Polen sowie über den sozialistischen Kulturkreis. Alle Titel sind mit Annotationen versehen.

Historische Bücherkunde Südosteuropa. Hrsg. von Mathias Bernath. Bd 1,1 ff. – München: Oldenbourg 1978 ff (Südosteuropäische Arbeiten. 76/1 ff)   939
Wichtiges Standardwerk. Die bisher (1978. 1980) erschienenen Bände über das Mittelalter enthalten auch ausführliche Beschreibungen der Fachbibliographien der einzelnen Länder und außerdem eine annotierte, ausführliche Zeitschriftenliste. Geographisch umfaßt das Werk das byzantinische, osmanische und habsburgische Reich; chronologisch erstreckt es sich vom 6. Jahrhundert bis heute.

Russia, the USSR, and Eastern Europe. A bibliographic guide to English language publications. Compiled by Stephan M. Horak. 1964-1974; 1975-1980. – Littleton, Colo.: Libraries Unlimited 1978. 1982   940
Ca. 1500 Titel (Monographien) pro Ausgabe mit kritischen Annotationen aus Gesamtosteuropa.

Bibliothek Standort
Signatur

Bibliographie zur osteuropäischen Geschichte. Verzeichnis der zwischen ... veröffentlichten Literatur in westeuropäischen Sprachen zur osteuropäischen Geschichte bis 1945. Hrsg. von Werner Philipp. 1939 ff. – Wiesbaden: Harrassowitz in Komm. 1972 ff (Bibliographische Mitteilungen des Osteuropa-Instituts an der Freien Universität Berlin. 10 ff)   941
Wertet fast 1000 Zeitschriften aus. Kritische, retrospektive Auswahlbibliographie (ca. 30 000 Titel) über Rußland/Sowjetunion und Polen in den jeweiligen Grenzen. Bislang erschienen Bd 1: 1939-1964 (1972); Bd 2: 1965-1974 (1983).

Gute, retrospektive Verzeichnisse der Fachzeitschrifteninhalte:

Meyer, Klaus: Bibliographie der Arbeiten zur osteuropäischen Geschichte aus den deutschsprachigen Fachzeitschriften 1858-1964. Hrsg. von Werner Philipp. – Wiesbaden: Harrassowitz in Komm.

1966. 314 S. (Bibliographische Mitteilungen des Osteuropa-Instituts an der Freien Universität Berlin. 9) 941a

sowie:

Späth, Manfred: Bibliography of articles on East-European and Russian history. Selected from English-language periodicals 1850-1938. Ed. by Werner Philipp. – Wiesbaden: Harrassowitz in Komm. 1981. XVI, 98 S. (Bibliographische Mitteilungen des Osteuropa-Instituts an der Freien Universität Berlin. 20) 941b

Ein ausführlicher Bericht über die Forschung der DDR zu Osteuropa liegt vor:

Osteuropa in der historischen Forschung der DDR. Hrsg. von Manfred Hellmann. Bd 1.2. – Düsseldorf: Droste 1972 942

Die Literatur zum Zweiten Weltkrieg in den südosteuropäischen Ländern verzeichnet:

Hillgruber, Andreas: Südost-Europa im Zweiten Weltkrieg. Literaturbericht und Bibliographie. – Frankfurt a.M.: Bernard & Graefe 1962. 150 S. (Schriften der Bibliographie für Zeitgeschichte, Weltkriegsbücherei, Stuttgart. 1). (Bibliographien der Weltkriegsbücherei. N.F. 1) 943
Ca. 2 000 Titel in systematischer, geographischer und chronologischer Aufbereitung. Verfasserregister.

6.4.4.3. Laufende Bibliographien

Die wichtigsten, laufenden Bibliographien (meist jährlich erscheinend) sind:

Académie Bulgare des Sciences. Institut d'Etudes Balkaniques. Centre International de Recherche Scientifique et de Documentation. Bibliographie d'études balkaniques. Bibliografija balkanskich issledovanij. Sous la dir. de N. Todorov et L. Velinova. Vol. 1.1966 ff. – Sofia: Institut d'Etudes Balkaniques 1968 ff 944

The American bibliography of Slavic and East European studies. Prep. at the Library of Congress for the American Association for the Advancement of Slavic Studies, Columbus, Ohio. 1956 ff. – Washington: Library of Congress 1957 ff 945

Südosteuropa-Bibliographie. Hrsg. vom Südost-Institut München. Bd 1.1945/50 ff. – München: Oldenbourg 1956 ff   946

Balkanike bibliographia. Balkan bibliography. Epim.: K.A. Demades. 1.1972 ff. – Thessalonike: Hidryma Meleton Chersonesu tu Haimu 1973 ff   947

Ecole des hautes Etudes en Sciences Sociales, Paris; Main Library and Centre for Russian and East European Studies, University of Birmingham; Staatsbibliothek Preußischer Kulturbesitz, Osteuropa-Abteilung, Berlin. **European bibliography of Soviet, East European and Slavonic studies.** Bibliographie européene des travaux sur l'URSS et l'europe de l'Est. Europäische Bibliographie zur Osteuropaforschung. Vol. 1.1975 ff. – Paris: Institut d'Etudes Slaves 1977 ff   948

6.4.4.4. Bibliothekskataloge

Die auch sonst üblichen Vor- und Nachteile (schnelle Übersicht, Aktualität und Verzicht auf bibliographisch unselbständige Literatur) kommen auch hier zum Tragen:

Osteuropa-Institut München. Bibliothek. Alphabetischer Katalog. Autorenkatalog in 8 Bänden. Bd 1-8. – München: Omnia 1975.   949
Vorwiegend Geschichte und Gesellschaft Rußlands, der Sowjetunion und Polens.

The New York Public Library. The Research Libraries. Dictionary catalog of the Slavonic Collection. 2. ed. Vol. 1-44. – Boston, Mass.: Hall 1974   950
Kreuzkatalog, vorwiegend geistes- und sozialwissenschaftlicher Literatur der wichtigsten Spezialsammlung der New York Public Library. Jährliche Ergänzung in Form von Neuerwerbungslisten der beiden wichtigsten Bibliotheken (Library of Congress and New York Public Library) über Osteuropa (einschließlich DDR):

Bibliographic guide to Soviet and East European studies. 1978 ff. – Boston, Mass.: Hall 1979 ff   951

Bibliothek des Johann-Gottfried-Herder-Instituts, Marburg/Lahn, Alphabetischer Katalog. Bd 1-5. Nachtr. 1.2. – Boston, Mass.: Hall 1964-1981   952

Enthält alle monographische Literatur über die gesamte Landeskunde Ostmitteleuropas (einschließlich der ehemaligen deutschen Ostgebiete) dieser wichtigen (bundes-)deutschen Spezialbibliothek.

6.4.4.5. Einzelne Länder

6.4.4.5.1. Tschechoslowakei

Ein älteres, die Geschichte Böhmens in toto darstellendes Werk Čeněk Zibrt's ist:

Zibrt, Čeněk: Bibliografie české historie. Dil 1-5. – V Praze: Česká Akad. 1900-1912   953
Obgleich systematisch angelegt, jedoch ohne Register, ist es nicht ganz leicht zu benutzen, doch bleibt es die wichtigste retrospektive und zudem international ausgerichtete Übersicht über das 17. - 19. Jahrhundert.

Eine wichtige und umfangreiche Bibliographie der tschechoslowakischen Geschichte von 1917-1938 stellt dar:

Engová, Helena; Měštánek, Miloš und Náhlovska, Květa: Bibliografie k dějinám ČSR a KSČ 1917-1938. HistoriografIcka produkce za léta 1945-1967. Sv. 1-4. – Praha: Knihovna Ústavu dějin socialismu 1968. (Bibliografie a informace knihovny Ústavu dějin socialismu. Č.8)   954
Zwar werden nur Arbeiten tschechischer und slowakischer Geschichtswissenschaftler zitiert, diese jedoch vollständig bis ca. 1967.

Auch eine laufende, jährliche Verzeichnung der in- und ausländischen Veröffentlichungen zur Geschichte der Tschechoslowakei (bzw. der entsprechenden österreichisch-ungarischen Landesteile bis 1918) liegt seit 1904 (mit Lücke von 1941-1954 und von 1966-1970) vor:

Bibliografie dějihn Československa. 1971 ff. – Praha: Academia 1979 ff
955

Verschiedene Vorgänger:

Bibliografie české historie. 1904-1937/41. – Praha 1905-51   956

Bibliografie československé historie za rok 1955-1965. – Praha 1957-72
957

Enthalten sind auch sämtliche Veröffentlichungen tschechischer und slowakischer Geschichtswissenschaftler zur Geschichte des Auslandes.

Bequem und ohne Tschechischkenntnisse zu benutzen, aber gleichwohl mit umfangreichen bibliographischen Angaben und den wichtigsten Quellen, hat sich das

Handbuch der Geschichte der böhmischen Länder. Hrsg. im Auftr. des Collegium Carolinum von Karl Bosl. Bd 1-4. – Stuttgart: Hiersemann 1967-74   958
mittlerweile zum Standardwerk in deutscher Sprache entwickelt.

Daneben sind weiterhin die ausführlich kommentierten Literaturberichte über die slowakische und die böhmische Geschichte heranzuziehen:

Glassl, Horst: Literaturbericht über die Geschichte der Slowakei. In: Historische Zeitschrift. Sonderheft 3. 1969. S. 329-354. Berichtszeitraum seit 1965   959

Seibt, Ferdinand: Bohemica. Probleme und Literatur seit 1945. – München: Oldenbourg 1970. 355 S. (Historische Zeitschrift. Sonderheft 4)   960
Ausführlicher Literaturbericht (ca. 1 500 Titel) über Neuerscheinungen der Jahre 1945-1970 zur gesamten böhmischen Geschichte mit kritischen Annotationen.

6.4.4.5.2. Polen

Eine ausführliche retrospektive Auswahlbibliographie zur gesamten polnischen Geschichte stellt dar:

Polska Akademia Nauk. Instytut Historii. Bibliografia historii Polski. Pod red. heleny Madurowicz-Urbánskiej. T. 1-3. – Warszawa: Państw. Wyd. Nauk. 1965-78   961
In drei Abschnitten: Vom Anfang der polnischen Geschichte bis 1795; von 1795-1918 und von 1918-1945.

Für die Jahre 1938/39 liegt ein Sonderband vor:

Bibliografia historii polskiej za lata 1938-1939. – Wrocław: Wyd. Polskiej Akad. Nauk 1981. XVII, 405 S.   962

Auch das 19. Jahrhundert soll durch eine groß angelegte Epochenbibliographie erschlossen werden, von der die ersten Bände, die die Jahre 1815-1864 umfassen, mittlerweile vorliegen:

Polska Akademia Nauk. Instytut Historii. Bibliografia historii Polski XIX wieku. Materiały zebrane pod kierunkiem Stanisława Płoskiego. 1 ff. – Wrocław: Zakł. narod. im. Ossolińskich 1958 ff   963

Für das polnische Nationalverständnis des 19. Jahrhunderts unentbehrlich ist eine Auswahlbibliographie zu Mickiewicz:

Schwarz, Gerhard: Adam Mickiewicz. Katalog zur Ausstellung der Deutschen Staatsbibliothek. – Berlin: 1956. 58 S. (Deutsche Staatsbibliothek. Bibliographische Mitteilungen. 9)   964

Die Literatur für Polen bis 1815 ist erschlossen in:

Finkel, Ludwig: Bibliografia historyi polskiej. T. 1.2. – Kraków: Nakł. Komisyi Historycznej Akad. Umiejętności 1891-1906. Reprint 1956   965

Nach dem Zweiten Weltkrieg setzt auch in Polen verstärkt eine laufende Verzeichnung der Literatur ein. Jährliche Bibliographie, hrsg. von der Polnischen Akademie der Wissenschaften:

Bibliografia historii polskiej. 1944/47 ff. – Wrocław: Zakład narodowy im. Ossolińskich 1952 ff   966

Setzt die vor dem Zweiten Weltkrieg laufende Berichterstattung in

Kwartalnik historyczny fort.

Rister, Herbert und Hans Moritz Meyer: Schrifttum über Polen mit besonderer Berücksichtigung des Posener Landes. 1943-1960. Marburg/Lahn: Johann-Gottfried-Herder-Institut 1953-1966 (Wissenschaftliche Beiträge zur Geschichte und Landeskunde Ost-Mitteleuropas. 10. 20. 33. 47. 49. 75.)   967

Stiller, Johanna: Schrifttum über Polen (ohne Posener Land) 1961-1965. – Marburg/Lahn: Johann-Gottfried-Herder-Institut 1971-1974 (Wissenschaftliche Beiträge zur Geschichte und Landeskunde Ost-Mitteleuropas. 90. 95.)

Über das Posener Land berichtet:

Rister, Herbert: Schrifttum über das Posener Land 1961-1970. – Mar-

burg/Lahn: Johann-Gottfried-Herder-Institut 1976. (Wissenschaftliche Beiträge zur Geschichte und Landeskunde Ost-Mitteleuropas. 103)
969

Daneben verdienen die beiden, ausführlichen Literaturberichte in der Historischen Zeitschrift hervorgehoben zu werden:

Rhode, Gotthold: Literaturbericht über polnische Geschichte. I. In: Historische Zeitschrift. Sonderheft 1. 1962. S. 158-211. Berichtszeitraum 1945-1958
970

Zernack, Klaus: Schwerpunkte und Entwicklungslinien der polnischen Geschichtswissenschaft nach 1945. In: Historische Zeitschrift. Sonderheft 5. 1973. S. 202-324
971

6.4.4.5.3. Ungarn

Bei der Beschäftigung mit der ungarischen Geschichte sind immer auch die entsprechenden Abschnitte der österreichischen Geschichte mit heranzuziehen: Als gute Einführung mit umfänglicher Bibliographie (ca. 4000 Titel) sehr zu empfehlen:

Bako, Elemer: Guide to Hungarian studies. Vol. 1.2. – Stanford, Calif.: Hoover Institution Press 1973 (Hoover Institution bibliographical series. 52)
972

Große, umfassende und abgeschlossene Bibliographien zur Geschichte Ungarns, die gleichzeitig auch Einführungen und Quellenkunden bieten, sind:

Kosáry, Domokos: Bevezetés a magyar történelem forrásaiba és irodalmába. 1-3. – Budapest: Bibliotheca Kiadó 1951-58
973

Reicht von 1711 bis 1824. Eine Neuauflage ist im Erscheinen begriffen:

Kosáry, Domokos: Bevezetés magyarország történetének forrásaiba és irodalmába. 2. Aufl. – Budapest: Tankönyvkiadó 1970 ff
974

Bislang nur Bd. 1 erschienen: Allgemeines, Archive, Bibliotheken, Quellenkunde.

Fortgeführt für die Jahre 1825 bis zum Ausgleich 1867, außerdem auch die nicht-ungarischen Völker berücksichtigend
Die "Bibliographie der ungarischen Geisteswissenschaft"

A magyar történettudomány válogatott bibliográfiája 1945-1968. –
Budapest: Akad. Kiadó 1971. 855 S.   975
verzeichnet eine Auswahl von ca. 15 000 Titeln, der in den Jahren 1945-
1968 von ungarischen Autoren abgefaßten Schriften zur ungarischen
und internationalen Geschichte.

Die auswärtigen Hungarica finden sich in den beiden folgenden Werken:

Apponyi, Sándor: Hungarica. Ungarn betreffende, im Ausland gedruckte Bücher und Flugschriften. Bd 1-4. – München: Rosenthal
1903-27. Reprint 1969   976
Umfaßt die Literatur des 15.-18. Jahrhunderts.

Bibliographia Hungariae. Verzeichnis der 1861-1921 erschienenen,
Ungarn betreffenden Schriften in nicht-ungarischer Sprache. Zsgest.
vom Ungarischen Institut an der Universität Berlin. 1-4. – Berlin: de
Gruyter 1923-29. (Ungarische Bibliothek. R.3, 1-4.)   977

Für einen Überblick über den Forschungsstand sollte man die beiden
ausführlichen und reich kommentierten Literaturberichte in der Historischen Zeitschrift heranziehen:

Bak, J.M.: Literaturbericht über ungarische Geschichte. In: Historische
Zeitschrift. Sonderheft 1. 1962. S. 123-157. Berichtszeitraum 1945-1960
                                                                            978

Fortgeführt von:

Hitzlins, Keith: Hungarica 1961-1974. Literaturbericht über Neuerscheinungen zur Geschichte Ungarns von den Arpaden bis 1970. –
München: Oldenbourg 1981. 144 S. (Historische Zeitschrift. Sonderheft
9)   979

6.4.4.5.4. Jugoslawien

Neben dem Literaturbericht in der Historischen Zeitschrift

Grothusen, Klaus-Detlev: Literaturbericht über die Geschichte Jugoslawiens. In: Historische Zeitschrift. Sonderheft 3. 1969. S. 355-430, Berichtszeitraum 1945-1966   980

sind vor allem die beiden folgenden weiterführenden, reich annotierten Werke (mit je ca. 600 Titelnachweisen) heranzuziehen:

Horton, John J.: Yugoslavia. – Oxford: Clio Press 1977. XVI, 194 S. (World bibliographical series) 981

Terry, Garth M.: Yugoslav Studies. An annotated list of basic bibliographies and reference works. – Twickenham: Hall 1977. XI, 89 S. 982

6.4.5.5.5. Albanien

Hetzer, Armin und Viorel S. Roman: Albanien. Albania. Ein bibliographischer Forschungsbericht. Mit Titelübersetzungen und Standortnachweisen. – München: Saur 1983. 653 S. (Bibliographien zur regionalen Geographie und Landeskunde. 3) 983

6.4.4.5.6. Baltikum

Eine ältere Quellenkunde stellt dar:

Winkelmann, Eduard: Bibliotheca Livoniae historica. Systematisches Verzeichnis der Quellen und Hülfsmittel zur Geschichte Estlands, Livlands und Kurlands. 2. Ausg. – Berlin: Weidmann 1878. XVIII, 608 S. 984

Fortgeschrieben (unter Beschränkung auf Estland) durch:

Bibliotheca Estoniae historica 1877-1917. Ed. E. Blumfeld und N. Loone. Fasc. 1. – Tartu: Loodus 1933 985

Nicht wie der Titel vermuten läßt, eine Information über Geschichte und Landeskunde des Baltikums, sondern lediglich die literarische Produktion baltischer Autoren stellt dar:

Thomson, Erik: Baltische Bibliographie. 1.2. – Würzburg: Holzner 1957-62 986

Die recht bedeutenden Sammlungen zur Geschichte und Kultur des Baltikums der Niedersächsischen Landesbibliothek sind durch die Vervielfältigung des Kataloges jetzt auch als Bibliographie zu nutzen:

Nadolny, Elli: Niedersächsische Landesbibliothek Hannover. Katalog des Schrifttums über die baltischen Länder. Bd 1.2. – Hannover: Landesbibliothek 1971. VI, 722 S.   987

Ebenso wie für die übrigen osteuropäischen Kulturen erscheint auch für das Baltikum regelmäßig eine Bibliographie in der **Zeitschrift für Ostforschung:**

Baltische Bibliographie. Schrifttum über Estland und Lettland in Auswahl. 1945/52 ff. In: Zeitschrift für Ostforschung. 3. 1954 ff   988

6.4.4.5.7. Rußland/Sowjetunion

Eine recht brauchbare Studieneinführung mit einer Menge bibliographisch weiterführender Hinweise stellt dar:

An introduction to Russian history. Ed. by Robert Auty and Dimitri Obolensky. – Cambridge: Cambridge University Press 1976. XIII, 403 S. (Companion to Russian studies. 1)   989

Als knappes, sachlich gegliedertes Faktenhandbuch kann benutzt werden:

The Cambridge encyclopedia of Russia and the Soviet Union. Gen. ed.: Archie Brown. – Cambridge: Cambridge University Press 1982. 492 S.   990
Am Ende befindet sich eine kleine, eher rudimentäre Übersicht über die wichtigste Literatur.

Weitaus umfangreicher ist dagegen:

Handbuch der Geschichte Rußlands. Hrsg. von Manfred Hellmann, Gottfried Schramm und Klaus Zernack. Bd 1-3. – Stuttgart: Hiersemann 1981 ff   991
Bd 1 behandelt die Geschichte bis zum Moskauer Zartum (1613); Bd 2 "Vom Randstaat bis zur Hegemonialmacht" bis 1856; Bd 3 Geschichte bis 1945. Quellenkunde, Literatur- und Forschungsstand sind ausführlich dokumentiert. Erscheint in Lieferungen, doch ist mit dem baldigen Abschluß zu rechnen.

Als abgeschlossene, annotierte Bibliographien wird man mit Gewinn die von dem Osteuropakennner geschriebenen

Basic Russian publications. An annotated bibliography on Russia and the Soviet Union. Ed. by Paul L. Horecky. – Chicago: University of Chicago Press 1962. XXV, 313 S. 992

Russia and the Soviet Union. A bibliographic guide to western-language publications. Ed. by Paul L. Horecky. – Chicago: University of Chicago Press 1965. XXIII, 473 S. 993
benutzen können.

Eine laufende Literaturverzeichnung über die Geschichte Rußlands und der Sowjetunion findet sich in:

Rußland und die Sowjetunion im deutschsprachigen Schrifttum. Bibliographisches Jahrbuch. Unter Mitarb. von Vera Ziegler zsgest. und hrsg. von Peter Bruhn. 1974 ff. – Wiesbaden: Harrassowitz in Komm. 1978 ff (Bibliographische Mitteilungen des Osteuropa-Instituts an der Freien Universität Berlin. 16 ff.) 994

Die Dissertationen und Habilitationen sind gesondert verzeichnet:

Russika und Sowjetika unter den deutschsprachigen Hochschulschriften. Bibliographisches Verzeichnis. Zsgest. und hrsg. von Peter Bruhn. Bd 1.2. 1961-1973. – Wiesbaden: Harrassowitz in Komm. 1975-81 (Bibliographische Mitteilungen des Osteuropa-Instituts an der Freien Universität Berlin. 11 ff.) 995
Ob diese beiden verdienstvollen Bibliographien fortgeführt werden, ist zur Zeit nicht abzusehen.

Ältere Literaturberichte:

Jablonowski, Horst: Literaturbericht über Geschichte Rußlands und der Sowjetunion. In: Historische Zeitschrift. Sonderheft 1. 1962. S. 212-273, Berichtszeitraum 1953-1957 996

Meyer, Klaus: Literaturbericht über Geschichte Rußlands und der Sowjetunion. In: Historische Zeitschrift. Sonderheft 1. 1962. S. 274-343, Berichtszeitraum 1953-1959 997

Meyer, Klaus: Literaturbericht über die Geschichte Rußlands und der Sowjetunion. In: Historische Zeitschrift. Sonderheft 3. 1969. S. 431-496 998

Zwei Personalbibliographien zu Lenin behandeln gleichzeitig auch wichtige Aspekte der frühen Geschichte der Sowjetunion:

Drahn, Ernst: Lenin Vladimir Il'ic UL'janov. Eine Bio-Bibliographie. 2. Aufl. – Berlin: Prager 1925. 80 S. (Bio-bibliographische Beiträge zur Geschichte der Rechts- und Staatswissenschaften. Abt. Staatswissenschaften. 2)   999

Uhlmann, Maria: Lenins Werk in deutscher Sprache. Bibliographie. – Berlin: Dietz 1967. 24, 877 S.   1000

Darüber hinaus wichtig:

Trotsky Bibliography. List of Separately published titles, periodical articles and titles in collections treating L.D. Trotzky and Trotzkyism. Ed. by Wolfgang Lubitz. – München: Saur 1982. 458 S.   1000a

6.4.4.5.8. Rumänien

Bibliographische Einführungen:

Cândea, Sanda: Istoria României. Ghid bibliografic. Cuvînt înainte de Mircea Tomescu. – Bucureşti: Universitatea Bucureşti, Bibl. Centrală Universitată 1968. XI, 519 S.   1001
Ca. 3 000 Titel

Fischer-Galati, Stephen A.: Rumania. A bibliographic guide. – Washington: Library of Congress 1963. VIII, 75 S.   1002
Ca. 700 Titel

Daneben ist der Literaturbericht der Historischen Zeitschrift hilfreich:

Weczerka, Hugo: Literaturbericht über die Geschichte Rumäniens. (Bis 1945). In: Historische Zeitschrift. Sonderheft 5. 1973. S. 325-420, Berichtszeitraum 1944-1970   1005

Eine laufende Bibliographie zur Geschichte Rumäniens:

Academia de ştiinţe sociale şi politice a Republicii Socialiste Romañia. Institutul de istorie şi arheologie Cluj/Napoca.   1006

Bibliografia istorică a României. Bibliotheca historica Romaniae. 1.1944-5.1979. – Bukarest 1970-1980   1007

247

6.4.4.5.9. Bulgarien

Neben dem Literaturbericht

Kulman, Detlef: Literaturbericht über die Geschichte Bulgariens. In: Historische Zeitschrift. Sonderheft 5. 1973. S. 536-583, Berichtszeitraum 1945-1970   1008

ist vor allem die in Mehrjahresbänden (zuletzt 4. 1975-79 – vom Jahre 1981–) erscheinende, sämtliches in Bulgarien erscheinendes Schrifttum sowie das im Ausland publizierte Schrifttum bulgarischer Historiker verzeichnende Bibliographie zur Geschichte Bulgariens heranzuziehen:

Académie Bulgare des Sciences. Institut d'Histoire. La science historique bulgare. Bibliographie. 1.1960/64 ff. – Sofia: Académie Bulgare des Sciences 1965 ff   1009

6.4.4.5.10. Griechenland

Die klassische griechische und byzantinische Geschichte ist weiter oben (vgl. o. Nr. 300-392) verzeichnet. Hier findet sich nur die griechische Geschichte ab der Eroberung Konstantinopels, ab 1453.

Eine gute und knappe Einführung sowie eine Auswahlbibliographie der wichtigsten in den gängigen Sprachen (deutsch, englisch, französisch, italienisch) abgefaßten Bibliographien bietet:

Dimaras, C.Th., C. Koumarianou und L. Droulia: Modern Greek culture. A selected bibliography. 3. ed. – Thessaloniki: Institute for Balkan Studies 1970. VIII, 110 S.   1010

Darüber hinaus wird der Literaturbericht in der Historischen Zeitschrift von Nutzen sein:

Hösch, Edgar: Literaturbericht über die Geschichte Neugriechenlands 1453-1945. In: Historische Zeitschrift. Sonderheft 5. 1973. S. 421-535, Berichtszeitraum 1945-1970   1011

Der Katalog der bedeutendsten Spezialbibliothek

Catalogue of the Gennadius Library. American School of Classical Studies at Athens. Vol. 1-7. Suppl 1.ff – Boston, Mass.: Hall 1968 ff   1012 verzeichnet die bis 1973 erschienene Literatur zur Geschichte des klassischen und helenistischen Griechenlands, außerdem Literatur zu Byzanz, zur klassischen Archäologie und Kunstgeschichte sowie zur mittelalterlichen und neueren Geschichte Griechenlands und zu den Befreiungskriegen.

6.4.5. Italien

Zur italienischen Geschichte vgl. immer auch die entsprechenden Abschnitte beim Altertum (s.o. 300 ff.) und bei der deutschen Geschichte (Heiliges Römisches Reich Deutscher Nation).

Eine Bibliographie der Bibliographien liefert:

Elze, Reinhard: Italien. In: **Dahlmann-Waitz.** 10. Aufl. 1974. Abschnitt 102. (s.o. Nr. 508) 1013

Eine abgeschlossene Gesamtbibliographie fehlt. Zwar gibt es den

Catalogo cumulativo 1886-1957 del Bolletino della publicazioni italiane ricevute par divitto die stampa dalle Biblioteca Nazionale Centrale di Firenze. Vol. 1-41. – Nendeln: Kraus 1968 1014
aber er ist lediglich alphabetisch aufgebaut und ermöglicht somit keine fachliche Suche.

Man muß sich also mit der laufenden Bibliographie und einzelnen Epochenbibliographien begnügen. Die umfänglichste Bibliographie, die alle international zur Geschichte Italiens erscheinende Literatur verzeichnet, ist:

Bibliografia storica nazionale. Anno 1.1939 ff. – Roma: Laterza 1942 ff
1015
Zuletzt in Zweijahresbänden erschienen. Nach Epochen aufgebaut. Verfasserregister und Personenregister. Erscheint mit erheblichem Berichtsverzug, zuletzt Jg 41/42, 1979/80 erschienen.

Daneben bieten einige neuere Gesamtdarstellungen umfängliche Literaturhinweise.

Storia d'Italia. Coordinatori dell'opera Ruggiero Romano et Corrado Vivanti. Vol. 1-6. – Torino: Einaudi 1973-76 1016
Dies ist das zur Zeit maßgebliche Werk. Neben dem Hauptwerk er-

scheint unter dem Titel **Anuali** eine Reihe thematischer Zusammenstellungen: **Scienze e tecnica, Economia naturale** u.ä.; außerdem gibt es eine Übersicht über die historischen Regionen: **Le regioni dall'Unità a oggi**. Noch nicht fertiggestellt, aber zügig im Erscheinen begriffen, ist:

Storia d'Italia. Dir. da Giuseppe Galasso. Vol 1 ff. Introduzione. – Torino: UTET 1976 ff — 1017

Eine umfangreiche Darstellung. Sie soll nach ihrer Fertigstellung 23 Bände umfassen.

Daneben ist die ebenfalls mit einer umfangreichen Bibliographie ausgestattete Zeitgeschichte zu beachten:

Storia dell'Italia contemporanea. Dir. da Renzo De Felice. Vol. 1-7. – Napoli: Ed. Scientifiche Italiane 1976-83 — 1018

Folgendes Werk ist zwar ohne bibliographische Angaben, aber als recht umfangreiches Faktenlexikon sehr nützlich:

Dizionario storico politico italiano. Dir. da Ernesto Sestan. – Firenze: Sansoni 1971. 1458 S. — 1019

Infolge des Fehlens einer abgeschlossenen Gesamtbibliographie kommt den spezialisierten Epochen- oder Themenbibliographien für Italien eine wichtige Bedeutung zu. Darüber hinaus gibt es einige gute Literaturüberblicke zur mittelalterlichen und neuzeitlichen Geschichte Italiens.

Dupré-Theseider, Eugenio: Literaturbericht über italienische Geschichte des Mittelalters. In: Historische Zeitschrift. Sonderheft 1. 1962. S. 613-725 — 1020

Fortgesetzt durch:

Haverkamp, Alfred und Horst Enzensberger: Italien im Mittelalter. Neuerscheinungen von 1959-1975. – München: Oldenbourg 1980. 494 S. (Historische Zeitschrift. Sonderheft 7) — 1021

Dieser ausführliche Bericht über die Fortschritte der Historiographie (Quelleneditionen, Kongreßschriften, Neuerscheinungen etc.) bietet auch für die deutsche mittelalterliche Geschichte wichtige Informationen.

Daneben sind noch die etwas älteren Verzeichnisse heranzuziehen:

Toubert, Pierre: Histoire de l'Italie médiévale (Xe-XIIIe siècles). Publications des années 1955-1964. In: Revue historique. 234. 1965. S. 411-446; 235, 1966, S. 135-192   1022

La Storiografia italiana negli ultimi vent'anni. In: Atti del 1o Congresso nazionale di scienze storiche, Perugia 1967. Vol. 1.2. – Mailand: La Goliardica 1970   1023

Centro italiano di studi sull'alto medioevo, Spoleto. Il Centro italiano di studi sull'alto medioevo. 25. anni di attività. 1952-1977. – Spoleto 1977. 228 S.   1024

Auch für die Neuzeit liegt ein Literaturbericht vor:

Wandruszka, Adam: Literaturbericht über die Geschichte Italiens in der Neuzeit. Teil I: 1494-1796. In: Historische Zeitschrift. Sonderheft 5. 1973. S. 118-201 Berichtszeitraum 1957-1971   1025

Bibliographien einzelner Themen oder Epochen der Neueren italienischen Geschichte:

Zur *Druckgeschichte* der Renaissance ist ständig folgende Reihe heranzuziehen:

Biblioteca di bibliografia italiana. (Versch. Aufl.)   1026
In dieser Reihe werden fast alle größeren Inkunabelsammlungen Italiens vorgestellt.

Wirtschaftsgeschichte:

Bibliografia italiana di storia delle scienze. A cura di M. Buccantini. – 1. 1985 ff. (Biblioteca di bibliografia italiana. 105 ff)   1027

Medici:

Camerani, Sergio: Bibliografia medicea. – Firenze: Olschki 1964. 167 S. (Biblioteca di bibliografia italiana. 45)   1028

Risorgimento:

Bibliografia dell'età del Risorgimento. In onore de Alberto M. Ghisalberti. Vol. 1-4. – Firenze: Olschki 1971-77 (Biblioteca di bibliografia italiana. 63. 66. 78. 81.)   1029
Wichtigste und umfassendste Arbeit für das gesamte 19. Jahrhundert.

Garibaldi:

Campanella, Anthony P.: Giuseppe Garibaldi e la tradizione garibaldina. Una bibliografia dal 1807 al 1970. Raccolta con introd. e annotazioni da Anthony P. Campanella. Vol. 1.2. – Grand Saconnex, Ginevra: Comitato dell'Ist. Internazionale di studi garibaldini 1971   1030

Mussolini:

Parenti, Marino: Bibliografia Mussoliniana. Vol. 1.2. – Firenze: Sansoni 1940 – XVIII. (Guide bibliografiche dell'Istituto nazionale di cultura fascista. 6)   1031

Zweiter Weltkrieg

Schroeder, Josef: Italien im Zweiten Weltkrieg. Eine Bibliographie. L'Italia nella Seconda Guerra Mondiale. Mit einem Geleitwort von Renzo De Felice. – München: Bernard & Graefe 1978. A 137, 1 127 S. (Schriften der Bibliothek für Zeitgeschichte. 14)   1032

6.4.6. Spanien und Portugal

Ein älteres, einführendes Handbuch ist:

Foulché-Delbosc, Raymond und Louis Barran-Dihigo: Manuel de l'hispanisant. T. 1.2. – (Reprint) New York: Kraus 1959   1033

Eine neuere, retrospektive Auswahlbibliographie zur gesamten spanischen Geschichte und Landeskunde (ca. 30 000 Titel) liegt in relativ aktueller Form vor:

González Ollé, Fernando: Manual bibliográfico de estudios españoles. – Pamplona: Ediciones de la Universidad de Navarra 1976. XIV, 1 375 S.   1034

Außerdem gibt es für die Jahre 1950-1954 eine abgeschlossene, ab 1955 dann eine jährlich erscheinende Bibliographie zur spanischen Geschichte und Landeskunde:

Gomez Molleda, Dolores: Bibliografía histórica española 1950-1954. – Madrid: Consejo superior de Investigaciones cientificas 1955. 491 S.   1035

Diese Bibliographie wird fortgesetzt durch den vom Centro de Éstudios Históricos Internacionales hrsg.:

Indice histórico español. Bibliografía histórica de España e Hispano-américa. Vol. 1. 1953/54 ff. – Barcelona: Teide 1954 ff   1036
Umfangreiche, zuverlässige und mit kritischen Annotationen versehene Jahresbibliographie, ca. 4000 Titel pro Jahr.

Als ältere Zusammenstellung durchaus noch mit Gewinn heranzuziehen:

Ballester, Rafael: Bibliografía de la historia de España. Catálogo metódico y cronológico de las fuentes y obras principales relativas a la historia de España desde los origines hasta nuestros dias. – Barcelona: Sociedad general de publicaciones 1921. 297 S.   1037

Daneben liegt für die Zeit von 1945 bis Mitte der 60er Jahre ein umfangreicher Literaturbericht vor:

Konetzke, Richard: Literaturbericht über spanische Geschichte. Historische Zeitschrift. Sonderheft 3, 169. S. 208-284, Berichtszeitraum 1950-1966   1038

Das internationale Schrifttum zum spanischen und portugiesischen Mittelalter liegt jetzt in einer umfangreichen, auf Vollständigkeit bedachten (ca. 40000 Titel) Bibliographie vor:

Sáez, Emilio und Mercé Rossell: Repertorio de medievalismo hispánico (1955-1975). 1.-4. – Barcelona: Ed. "El Albir" 1976-1986
     1039

Wichtig für die politische Geschichte Spaniens in der gesamten Neuzeit ist das Werk:

Cortada, James W.: A bibliographic Guide to Spanish diplomatic history. 1460-1977. – Westport, Conn.: Greenwood 1977. XIII, 390 S.
     1040

Die Literatur zum spanischen Bürgerkrieg (1936-1939) wird in mehreren umfangreichen Bibliographien erschlossen:

Garcia Durán, J.: Bibliography of the Spanish civil war 1936-1939. – Montevideo: El siglo ilustrado 1964. 559 S.   1041

Bibliografía general sobre la Guerra de España (1936-1939) y sus antecedentes históricos. Fuentes para la historia contemporanea de España. Introdición general y dirección de Ricordo de la Cierva. – Madrid: Ariel 1968. 729 S. 1042

Ruhl, Klaus-Jürgen: Der spanische Bürgerkrieg. Literaturbericht und Bibliographie. Bd 1. – München: Bernard & Graefe 1982 (Schriften der Bibliothek für Zeitgeschichte; Weltkriegsbücherei Stuttgart. N.F. 22) 1043

Der angekündigte 2. Band ist bis dato nicht erschienen.
Während Durán und Cierva um Vollständigkeit bemüht sind, bringt Ruhl nur eine Auswahlbibliographie. Daher sind zu allen Fragen, vor allem auch solche aus dem Umfeld des spanischen Bürgerkriegs, die beiden älteren Bibliographien unbedingt mit zu benutzen.

Als Gesamtdarstellungen zur spanischen Geschichte kann neben dem älteren Standardwerk

Ballesteros y Beretta, Antonio: Historia de España su influencia en la historia universal. T. 1-9. – Barcelona: Salvat 1929-53 1044

auf die kürzere, mit einer guten Bibliographie versehene Arbeit

Aguado Bleye, Pedro und Cayetano Alcázar Molina: Manual de historia de España. Vol. 1-3. – Madrid: Espasa-Calpe 1974-75

1045

sowie auf das solide gearbeitete, monumentale (mittlerweile fast fertiggestellte) und mit umfangreichen Literaturangaben versehene Handbuch von Menéndez Pidal zurückgegriffen werden:

Historia de España. Dir. por Ramón Menéndez Pidal. T. 1 ff. – Madrid: Espasa-Calpe 1935 ff 1046

Auf ca. 40 Bände verteilt enthält dieses Standardwerk auch die Vor- und Frühgeschichte, Allgemeines und Archäologie.

Als Lexikon ist nützlich:

Diccionario de historia de España. Dir. por Germán Bleiberg. 2. ed. T. 1-3. – Madrid: Ed. de la "Revista de Occidente" 1968-69 1047

Die Geschichte Portugals kann hier nur kurz behandelt werden. Ich beschränke mich daher auf den wichtigsten Literaturbericht, einige grundlegende Gesamtdarstellungen und zwei Lexika:

Thomas, Georg: Literaturbericht über die Geschichte Portugals. In: Historische Zeitschrift. Sonderheft 3. 1969. S. 285-328, Berichtszeitraum 1945-1967   1048

Veríssimo Serrao, Joaquim: História de Portugal. Vol. 1 ff. – Lisboa: Ed. Verbo 1977 ff   1049

Oliveira Marques, António H. de: História de Portugal. Desde os tempos mais natigos até à presidência do Sr. General Eanes. Manual para uso de estudantes e outros curiosos de assuntos do passado pátrio. (Verschiedene Aufl.) Vol. 1-3. – Lisboa: Palas Ed. 1981-83.   1050

Nützliche Lexika:

Dicionário de história de Portugal. Dir. por Joel Serrao. Vol. 1-6. – Lisboa: Iniciativas Ed. 1975-78   1051

Grande enciclopédai portuguesa e brasileira. Vol. 1-40. – Lisboa: Ed. Enciclopédia 1935 ff   1052

Außereuropäische Länder

Die Geschichte der außereuropäischen Länder kann natürlich nicht in dem gleichen Umfang behandelt werden, wie die der europäischen. Doch sollen hier zumindest die bedeutendsten Länder oder Landesteile mit den wichtigsten Bibliographien, die dem Studenten dann wiederum weiterhelfen können, genannt werden.

6.4.7. Nordamerika (USA und Kanada) und Amerika in toto

Alle Teilbereiche der Geschichte und Landeskunde der Vereinigten Staaten behandeln die beiden folgenden, sich ergänzenden Bibliographien der Bibliographien:

Beers, Henry P.: Bibliographies in American history. Guide to material for research. Repr. of the 2nd ed. – New Jersey: Pageant Books 1959. XV, 487 S.   1053

Beers, Henry P.: Bibliographies in American history 1942-1978. Guide to materials for research. Vol. 1.2. – Woodbridge, Conn.: Research Publications 1982. XVIII, 946 S.   1054

Zusammen werden ca. 20 000 Titel von Bibliographien und ähnlichen Verzeichnissen erschlossen. Daneben liegt der bekannte, breit erläuternde **Harvard guide** in einer verbesserten Auflage vor:

Harvard guide to American history. Frank Freidel, ed. with the ass. of Richard K. Showman. Rev. ed. Vol. 1.2. – Cambridge, Mass.: Belknap Press of Harvard University Press 1974. XXX, 1290 S.　　　　1055

Sehr nützlich zum Studium, wenngleich nicht mehr ganz aktuell, ist auch die bibliographische Einführung und Quellenkunde:

Heß, Werner; Werner Pollmann und Harald Thomas: Bibliographie zum Studium der Geschichte der Vereinigten Staaten von Amerika. Bibliography for the study of the history of the United States of America. – Paderborn: Schöningh 1975. XXII, 137 S.　　　1056

Writings on American history. A bibliography of books and articles on United States history. 1902-1961. – Washington: Gov. Print. Office 1904-1978　　　　1057

Während des gesamten 20. Jahrhunderts erarbeitete die American Historical Association eine jährlich erscheinende Bibliographie zur Geschichte der Vereinigten Staaten, für die über 600 Zeitschriften laufend ausgewertet wurden. Diese Berichte erschienen oft als Beilage zu dem Publikationsorgan der Gesellschaft, dem

Annual report of the American Historical Association. Für die Jahre 1962-1971 wurde eine eigene Kumulationsstufe gewählt. Seit 1974 erschienen sie wieder jährlich als:

Bibliothek Standort
Signatur

Writings on American history. A subject bibliography of articles. 1962/73 ff. – Washington D.C.: American Historical Association 1974 ff　　　1058
Weniger umfangreich, ca. 8 000 ausgewählte Titel, aber weitaus aktueller, lediglich ein Jahr Berichtsverzug, stellt diese Auswahlbibliographie das wichtigste Arbeitsinstrument für jede ernsthafte Beschäftigung mit amerikanischer Geschichte dar.

Sehr ergiebig und für eine retrospektive Literatursuche gut geeignet ist auch der Katalog der größten öffentlichen Bibliothek der USA:

Dictionary catalog of the history of the Americas. New York Public Li-

brary, Reference Department. Vol. 1-28. Nebst Suppl. 1. – Boston: Hall
1961-74 1059

Eine laufende Fortsetzung (um die Bestände der Library of Congress vermehrt) erfährt dieser Katalog durch die jährliche Neuerscheinungsbibliographie:

Bibliographic guide to North American history. 1. 1978 ff. – Boston,
Mass.: Hall 1979 ff 1060

Daneben ist noch eine ältere Auswahlbibliographie von Nutzen:

A Guide to the study of the United States of America. Representative
books reflecting the development of American life and thought. Prep.
under the dir. of Roy Prentice Basler. – Washington: Library of Congress, Gen. Reference and Bibliography Div., Ref. Dep. 1960. XII,
1193 S. 1061

Auch on-line abfragbar, jährlich ca. 10 000 Titel mit Kurzreferat bzw.
Abstract aus ca. 2000 Zeitschriften anbietend, ist

America. History and life. 1-10. A guide to periodical literature. Vol.
1 ff. Nebst Suppl. 1 ff. und Index 1/5 ff. – Santa Barbara, Calif.: Clio Press
1964 ff. 1062

Neben dem oben genannten **Writings on American history** das
zur Zeit wichtigste zu konsultierende Werk. Themenkreis weiter gefaßt
als in den **Writings,** u.a. auch den Gesamtbereich der Kulturgeschichte
abdeckend.

Bequem zugängliche, ausführliche Literaturberichte der zwischen 1945
und 1976 erschienenen Literatur zur gesamten Geschichte der USA:

Guggisberg, Hans Rudolf: Literaturbericht über Geschichte der Vereinigten Staaten von Amerika. In: Historische Zeitschrift. Sonderheft 2.
1965. S. 428-546 1063

Stellt die Literatur von 1945-1963 vor.

Sautter, Udo: Americana 1964-1976. Literaturbericht über Neuerscheinungen zur Geschichte der Vereinigten Staaten von Amerika. – München: Oldenbourg 1978. 276 S. (Historische Zeitschrift. Sonderheft 6)
1064

Wenige, aber sehr ausführliche Rezensionen (dem Göttingischen
Gelehrten Anzeiger vergleichbar) bringt:

Reviews in American history. A quarterly journal of critism. Vol. 1 ff. –
Baltimore, Md.: John Hopkins University Press 1973 ff   1065

Für die schnelle Information geeignete Handbücher und Lexika:

**Morison, Samuel E.; Henry S. Commager und William E. Leuchten-
berg: The growth of the American Republic.** 7. ed. Vol. 1.2. – New
York: Oxford Press 1980   1066

Sautter, Udo: Geschichte der Vereinigten Staten von Amerika. 2. Aufl.
– Stuttgart: Kröner 1980. 613 S. (Kröners Taschenausgabe. 443)
          1067

Dictionary of American history. Rev. ed. 1-8. – New York: Scribner
1976.   1068

Umfangreiche gezeichnete Artikel.

Concise dictionary of American History. – New York: Scribner 1983.
1140 S.   1069
Kurzausgabe des Vorgenannten.

Als Faktenhandbuch zu verwenden ist:

Encyclopedia of American history. Ed. by Richard B. Morris; associate
ed. Jeffrey B. Morris. 6. ed. – New York: Harper & Row 1982. XIV,
1285 S.   1070

Bibliographien zu einzelnen Themen oder Epochen:

Europäische Amerikarezeption

European Americana. A chronological guide to works printed in Europe relating to the Americas, 1493-1776. Ed. by John Alden with the
ass. of Denis C. Landis. Vol. 1 ff. – New York: Readex Books 1980 ff
          1071

Bislang sind die Schriften bis 1650 erschienen. Grundlage sind die
Bestände der John Carter Brown Library, doch finden sich auch zahlreiche Standortnachweise anderer amerikanischer und europäischer Bibliotheken. Bis zur Fertigstellung des Verzeichnisses ist weiter mitzubenutzen:

Palmer, Philip Motley: German Works on America 1492-1800. – Berkeley: University of Calif. Press 1952 (University of Calif. Publications in modern philology. Vol. 36, 10)   1072

Beziehungen zu Lateinamerika

Trask, David F.: A Bibliography of United States – Latin American relations since 1810. A selected list of 11 000 publ. references. Compiled and ed. by David F. Trask, Michael C. Meyer and Roger C. Trask. – Lincoln: University of Nebraska Press 1968. XXXI, 441 S.   1073

Revolution

Era of the American revolution. A bibliography. Dwight L. Smith, ed. Terry A. Simmerman, assist. ed. Richard B. Morris, introd. – Santa Barbara, Calif.: ABC-Clio 1975. XIV, 381 S. (Clio Bibliography Series. 4)

    1074

Kanadische Geschichte

Analog zur sachlichen Ordnung, die bei der Vorstellung der Literatur zur Geschichte der Vereinigten Staaten verfolgt wurde, werden hier auch die wichtigsten Titel zur kanadischen Geschichte genannt:

Beaulieu, André; Jean Hamelin und Benoit Bernier: Guide d'histoire du Canada. – Québec: Presses de l'Univ. Laval 1969. XVI, 540 S. (Les cahiers de l'Institut d'Histoire. 13)   1075
Gute, reich annotierte Einführung.

Thibault, Claude: Bibliographia Canadiana. – Don Mills, Ont.: Longmans Canada 1973. LXIV, 795 S.   1076
Umfangreiche Auswahlbibliographie (ca. 2500 Titel), vergleichbar mit dem **Harvard Guide**.

Panting, G.: Literaturbericht über die Geschichte Kanadas. In: Historische Zeitschrift. Sonderheft 5. 1973. S. 629-653, Berichtszeitraum 1945-1969   1077
Als schneller Einstieg sehr geeignet.

Eine selbständige, laufende Bibliographie zur kanadischen Geschichte gibt es nicht, doch berücksichtigen viele US- amerikanische Bibliographien wie **America. History and life,** der **Bibliographic Guide to North American history** oder die **Writings in American history** auch Publikationen zur kanadischen Geschichte.

Darüber hinaus findet sich eine laufende Berichterstattung in der

Canadian historical review. Vol. 1. 1920 ff   1078

A bibliography of Canadiana, being items in the Public Library of Toronto, Canada, relating to the early history and development of Canada. Ed. by Frances M. Staton and Marie Tremaine. Suppl. 1. – Toronto: Public Library 1934-59   1079
Verzeichnet die wichtige Sammlung der Bibliothek von Toronto. Reicht bis 1876.

Sautter, Udo: Geschichte Kanadas. Das Werden einer Nation. – Stuttgart: Kröner 1972. 317 S. (Kröners Taschenausgabe. 432)   1080

Story, Norah: The Oxford companion to Canadian history and literature. Suppl. – Toronto: Oxford University Press 1967-73   1081

Eine bis 1957 reichende umfangreiche Gesamtdarstellung bietet:

The Canadian centenary series. A history of Canada. Ed. by W.L. Morton and D.G. Creighton. Vol. 1-18. – Toronto: McClelland & Stewart 1963 ff   1082

6.4.8. Lateinamerika

6.4.8.1. Allgemeines

Ebensowenig wie für Nordamerika konnte natürlich auch für Lateinamerika hier Vollständigkeit nicht angestrebt werden. Das ist deswegen auch nicht weiter betrüblich, weil verschiedene Einführungen vorliegen, die dem Interessierten weiterhelfen:

Humphreys, Robert A.: Latin American history. A Guide to the literature in English. – London: Oxford University Press 1958. XIII, 197 S.
        1083
Verzeichnet ca. 2000 Titel, meist in englischer Sprache.

Bayitch, Stojan A.: Latin America and the Caribbean. A bibliographical guide to works in English. – Coral Gables, Fla.: University of Miami Press 1967. XXVIII, 943 S. (Interamerican legal studies. 10)   1084
Sehr umfangreich, vor allem für die Wirtschafts- und Sozialwissenschaften.

Latin America. A guide to the historical literature. Charles Caroll Griffin, ed. J.B. Warren, ass. ed. – Austin: University of Texas Press 1971. XXX, 700 S. (Conference on Latin American History. Publications. 4)
1085

Grundlegendes Werk, ca. 7 000 Titel, zum Teil mit kritischen Annotationen.

Wilgus, Alvah C.: Latin America 1492-1942. A guide to historical and cultural development before World War II. – Metuchen, N.J.: Scarecrow Repr. Corp. 1973. XVIII, 941 S. 1086

Werlich, David P.: Research tools for Latin American historians. A select, annotated bibliography. – New York: Garland 1980. XVI, 269 S. (Garland reference library of social science. 60) 1087
Beste und aktuelle Bibliographie der Bibliographien für 1) Ganz Lateinamerika und 2) Einzelne Länder. Sehr zu empfehlen.

Die zwei wichtigsten Spezialbibliographien für die Geschichte und Landeskunde Lateinamerikas haben ihre Kataloge vervielfältigen lassen, die somit gut als retrospektive Bibliographien benutzt werden können:

University of Texas Library, Austin. Catalog of the Latin American collection. Vol. 1-31. Suppl. 1-4. – Boston, Mass.: Hall 1969-77 1088

Größte Spezialsammlung Amerikas. Die Neuerwerbungen ab 1978 werden vorgelegt in: **Bibliographic guide to Latin American studies**
1092

Schlagwortkatalog des Ibero-Amerikanischen Instituts Preußischer Kulturbesitz in Berlin. Vol. 1-30. – Boston, Mass.: Hall 1977 1089
Wichtigste europäische Spezialsammlung. Verzeichnet in Auswahl auch unselbständig erschienenes Schrifttum. Aufbau: 1-19 Sachteil; 19-24 geographischer Teil; 24-30 Personenteil.

Zwei aneinander anschließende Literaturberichte erlauben für die Jahre bis 1967 eine rasche Information:

Konetzke, Richard: Literaturbericht über Geschichte Lateinamerikas. In: Historische Zeitschrift. Sonderheft 1. 1962. S. 343-417, Berichtszeitraum 1945-1959 1090

Kahle, Günter: Literaturbericht über die Geschichte Hispanoamerikas. In: Historische Zeitschrift. Sonderheft 3. 1969, S. 497-545, Berichtszeitraum 1959-1967 1091

Laufende Bibliographien:

Bibliographic guide to Latin American studies. – Boston, Mass.: Hall. 1.1978 ff   1092

Diese laufende Bibliographie setzt den gedruckten Katalog der Bibliothek der University of Texas von 1969/71 und die sich daran anschließenden vier Supplementbände nunmehr in jährlicher Folge fort. Neben den Titeln aus der Library der University of Texas werden die umfangreichen Neuerwerbungen der Washingtoner Library of Congress berücksichtigt (und elektronisch zusammengeführt). Damit bildet diese "Neuerwerbungsliste" zusammen mit dem **Handbook of Latin American studies** die wichtigste laufende Bibliographie zum gesamten lateinamerikanischen Kulturkreis.

Handbook of Latin American studies. 1935 ff. – Gainesville: University of Florida Press (41.1979 ff.: Austin: University of Texas Press) 1936 ff   1093

Die in den USA und Kanada verfaßten Dissertationen über lateinamerikanische Geschichte verzeichnet:

Hanson, Carl A.: Dissertations on Iberian and Latin American history. – Troy, N.Y.: Whitston 1975. V, 400 S.   1094

Fachlexika liegen für fast jedes lateinamerikanische Land vor:

Latin American historical dictionaries series. Ed. by. A.C. Wilgus. Nr. 1 ff. – Metuchen, N.J.: Scarecrow Press 1967 ff   1095

Erschienen sind bislang 1: Guatemala 1973. 2: Panama 1970. 3: Venezuela 1971. 4: Bolivia 1972. 5: El Salvador 1972. 6: Nicaragua 1972. 7: Chile 1972. 8: Paraguay 1973. 9: Puerto Rico and the U.S. Virgin Islands 1973. 10: Ecuador 1973. 11: Uruguay 1974. 12: British Caribbean 1975. 13: Honduras 1976. 14: Colombia 1977. 15: Haiti 1977. 16: Costa Rica 1977. 17: Argentina 1977. 18: French and Netherlands Antilles 1978. 19: Brazil 1979. 20: Peru 1979. 21: Mexico 1981.

Daneben informieren über den Gesamtbereich der lateinamerikanischen Geschichte:

Encyclopedia of Latin America. Ed. by Helen Delpar. – New York, Düsseldorf: McGraw-Hill 1974. IX, 651 S. 1096

Fagg, John E.: Latin America. A general history. 3. ed. – New York: Macmillan 1977. XIII, 850 S. 1097

Als Spezialbibliographie für die Arbeiterbewegung liegt vor:

Rama, Carlos: Die Arbeiterbewegung in Lateinamerika. Chronologie und Bibliographie 1492-1966. Aus dem Franz. – Bad Homburg: Gehlen 1967. 294 S. (Beiträge zur Soziologie und Sozialkunde Lateinamerikas. 1) 1098

6.4.8.2. Einzelne Länder

Die einzelnen Staaten können natürlich nicht alle ausführlich dargestellt werden. Eine recht nützliche Übersicht über die Nationalbibliographien der Länder, in denen natürlich auch die historische Literatur verzeichnet wird, ist folgende Zusammenstellung:

Nilges, Annemarie: Nationalbibliographien Lateinamerikas. – Köln: Greven 1983. VIII, 160 S. (Kölner Arbeiten zum Bibliotheks- und Dokumentationswesen. 4) 1099

Im folgenden werden nur die allerwichtigsten bibliographischen Basiswerke genannt:

Argentinien

Carbia, Rómulo D.: Historia critica de la historiografia argentina (desde sus origines en siglo XVI). La Plata: Universidad 1939. XI, 483 S. (Bibliotheca "Humanidades". 22) 1100
Trotz seines Alters noch nicht überflüssig.

Diccionario histórico argentino. Publ. bajo la direccion de Ricardo Piccirilli, Francisco L. Romay Leoncio Gianello. T.1-6. – Buenos Aires: Ed. Históricas Argentinas 1953-54 1101

Brasilien

Dutra, Francis A.: A guide to the history of Brazil, 1500-1822. The literature in English. – Santa Barbara, Calif.: ABC-Clio 1980. XXVIII, 625 S.

1102

Gute Einführung und mit vielen Annotationen versehene Bibliographie.

Garraux, Anatole L.: Bibliographie brésilienne. Catalogue des ouvrages français & latins relatifs au Brésil (1500-1898). 2. éd. – Rio de Janeiro: Olympio 1962. XXXVII, 519 S.

1103

Borba de Moraes, Rubens und William Berrien: Manual bibligráfico de estudos brasileiros. – Rio de Janeiro: Souza 1949. XI, 895 S.

1104

Comissão de Estudio dos Textos da História do Brasil. Bibliografia de história do Brasil. 1944 ff. – Rio de Janeiro: Min. das Relações Exteriores, Seção de Publicações 1944 ff

1105

Thomas, Georg: Literaturbericht über die Geschichte Brasiliens. In: Historische Zeitschrift. Sonderheft 3. 1969. S. 548-574.

1106

Umfangreicher Literaturbericht. Ermöglicht für den Berichtszeitraum 1960-1967, teils bis 1950 zurückgehend, einen schnellen Einstieg.

Borba de Moraes, Rubens: Bibliographia Brasiliana. A bibliographical essay on rare books about Brazil, pubished from 1504 to 1900 and works of Brazilian authors published abroad before the independence of Brazil in 1822. Vol. 1.2. – Amsterdam: Colibris Ed. 1958

1107

Dicionário de história do Brasil. Moral e civismo. Red. de temas e biografias Brasil Bandecchi. 4. ed. – São Paulo: Ed. Melhoramentos 1976. VII, 618 S.

1108

Chile

Diccionario historico de Chile. Jordi Fuentes. 5. ed. rev., adicionada y puesta al dia. – Santiago de Chile: Ed. del Pacifico 1978. 669 S.

1109

Diccionario politico de Chile 1810-1966. Jordi Fuentes. – Santiago de Chile: Ed. del Pacifico 1967

1110

Ecuador

Norris, Robert E.: Guia bibliográfica para el estudio de la historia ecuatoriana. – Austin: Inst. of Latin American Studies, University of Texas 1978. VIII, 295 S. (Guides and bibliographies series. 11)   1111

Karibik

Comitas, Lambros: The complete Caribbeana, 1900-1975. A bibliographic guide to the scholarly literature. Vol. 1-4. – Millwood, N.Y.: KTO Press 1978   1112

Mexiko

González, Luis: Fuentes de la historia contemporánea de México. Libros y folletos. Con la colaboracion de Guadalupe Monroy. 1-3. – México: El Colegio de México 1961-62   1113
Vor allem zur Geschichte Mexikos im 20. Jahrhundert.

Ramos, Roberto: Bibliografia de la historia de México. 2. ed. – México: Inst. Mexicano de Investigaciones Económicas 1965. XI, 688 S.
    1114

Ramos, Roberto: Bibliografia de la revolución mexicana. 2. ed. Vol. 1-3. – México: Inst. Nacional de Estudios Históricos de la Revolución Mexicana 1959-60 (Biblioteca del Inst. Nacional de Estudios Históricos de la Revolución Mexicana. 15)   1114a

Bibliografia histórica mexicana. Publicación anual del Centro de Estudios Históricos. 1.1967 ff. – México: El Colegio de México 1967 ff
    1115

Paraguay

Jones, David L.: Paraguay. A bibliography. – New York: Garland 1979. XXIV, 499 S. (Garland reference library of social science. 51)   1116
Gute Auswahlbibliographie, ca. 4000 Titel zur Geschichte Paraguays aus der bekannten Garland Serie.

Peru

**Basadre, Jorge: Introducción a las bases documentales para la histo-
ria de la Republica del Peru con algunas reflexiones.** T.1.2. – Lima: Ed.
P.L.V. 1971   1117

Neben dieser Einführung und Quellenkunde gibt es von demselben
Autor auch ein Handbuch zur Geschichte Perus:

Basadre, Jorge: Historia de la Republica del Peru. 6. ed. – Lima: Ed.
P.L.V. 1968-70   1118

Venezuela

Einen Forschungsbericht über die Geschichte Venezuelas bietet:

Zimmermann, Bruno: Neuere Studien 1945-1968, Venezuela. – Bielefeld: Bertelsmann Univ. Verlag 1968. XI, 91 S. (Materialien des Arnold-
Bergstraesser-Instituts für kulturwissenschaftliche Forschung. 20)
                                                                        1119

Eine Auswahlbibliographie stellt dar:

**Lombardi, John V.; Germán Carrera Damas und Roberta E. Adams:
Venezuelan history.** A comprehensive working bibliography. – Boston,
Mass.: Hall 1977. XIV, 530 S.   1120

6.4.9. Übrige außereuropäische Länder

Die übrigen außereuropäischen Staaten können naturgemäß nicht
in der gleichen Breite abgehandelt werden wie Europa oder Amerika.
Doch sollen wenigstens die allerwichtigsten Bibliographien und Handbücher, die dem interessierten Geschichtsstudenten weiterhelfen können, genannt werden.

6.4.9.1. Afrika

Das Standardwerk ist auch hier Bestermans Bibliographie der Bibliographien:

Besterman, Theodore: A World Bibliography of African bibliographies. Rev. and brought up to date by James Douglas Pearson. – Totowa: N.J.: Rowman & Littlefield 1975. 241 Sp.   1121
Stellt einen Auszug aus dem größeren Werk von Besterman: A world bibliography of bibliographies (s.o. Nr. 157) dar.

Boy, Joachim: Nationalbibliographien Schwarzafrikas. Entwicklung und heutiger Stand. – Köln: Greven 1981. VI, 156 S. (Arbeiten aus dem Bibliothekar-Lehrinstitut des Landes Nordrhein-Westfalen. 53)   1122
Stellt sämtliche Nationalbibliographien Afrikas (mit Ausnahme Südafri-. kas/Azanias und der arabischen Staaten) in ihrer historischen Entwicklung vor. In diesen Nationalbibliographien, die sich in Aufbau und Konzeption oft an europäischen Vorbildern orientieren, wird auch die historische Literatur der jeweiligen Länder verzeichnet. Daneben gibt es eine Reihe von bibliographischen Übersichten über den Gesamtbereich:

Panofsky, Hans E.: A Bibliography of Africana. – Westport, Conn.: Greenwood Press 1975. IX, 350 S. (Contributions in librarianship and information science. 11)   1123

Asamani, J.O.: Index Africanus. – Stanford, Calif.: Hoover Inst. Press, Stanford University 1975. XIII, 659 S. (Hoover Institution Bibliographies. 53)   1124

International African Bibliography. Bibliographie internationale africaine. Publ. quartlery by the International African Institute. Vo. 1 ff. – London 1971 ff   1125

Bibliographies for African studies. 1980/83. 1, 1970 ff. – München: Saur 1977 ff   1126
In Mehrjahresbänden erscheinende, umfangreiche Dokumentation über Bibliographien, Kataloge, Forschungsberichte usw. zu afrikabezogenen Themen. Zuletzt für die Berichtsjahre 1980-1983 im Jahre 1984 erschienen (Bearb.: Yvette Scheven).

Bibliothek Standort
Signatur

Afrika-Schrifttum. Bibliographie deutschsprachiger wissenschaftlicher Veröffentlichungen über Afrika südlich der Sahara. Literature on Africa. Etudes sur l'Afrique. Vol. 1.2. – Wiesbaden: Steiner 1966-1971
1127

Relativ gut dokumentiert sind in mehreren retrospektiven Bibliographien die Hochschulschriften über afrikanische Themen:

Köhler, Jochen: Deutsche Dissertationen über Afrika. Ein Verzeichnis für die Jahre 1918-1959. – Bonn: Schroeder 1962   1128

Maurer, Barbara und Klaus Schwarz: Hochschulschriften zu Schwarz-Afrika 1960-1978. Deutschland, Österreich, Schweiz. – Freiburg: Schwarz 1979. X, 226 S. (Materialie zur Afrikakunde. 1)

Mac Ilwaine, J.H.: Standing Conference on Library Materials on Africa. Theses on Africa. 1963-1975. Accepted by universities in the United Kingdom and Ireland. – London: Mansell 1978. 123 S.   1130

Für Afrikastudien relevante Zeitschriften (einschließlich Standortnachweisen) verzeichnen:

Peters, Heike und Marianne Weiß: Verzeichnis afrikabezogener Zeitschriftenbestände. Erstellt im Auftrag des Arbeitskreises der Deutschen Afrika-Forschungs- und Dokumentationsstellen (ADAF). – Hamburg 1976. XI, 301 S. (Dokumentationsdienst Afrika. Ser. B. 4)   1131

Ein von einem UNESCO-Team zur Erstellung einer Geschichte Afrikas (UNESCO International Scientific Committee for the Drafting of a General History of Africa) herausgegebenes, voluminöses Sammelwerk:

General History of Africa. Bd 1-8. – London: Heinemann 1981 ff
          1132
Auch auf französisch erschienen. Umfängliche, materialreiche Darstellung und ausführliche, weiterführende Literaturhinweise.

Für die europäische Afrikarezeption im 19. Jahrhundert von großer Bedeutung ist:

Hess, Robert L. und Dalvan M. Coger: A Bibliography of primary sources for nineteenth-century tropical Africa as recorded by explorers, missionaries, traders, travelers, administrators, military men, adventurers, and others. – Stanford, Calif.: Hoover Instittuion Press, Stanford University 1973. XXV, 800 S. (Hoover Institution bibliographical Series. 47)   1133

Äthiopien

Lockot, Hans Wilhelm: Bibliographia Aethiopica. Die äthiopienkundliche Literatur des deutschsprachigen Raums. – Wiesbaden: Steiner 1982. 441 S. (Äthiopische Forschungen. 9)   1134

Für *Südafrika/Azania* gibt es zwei retrospektive Bibliographien:

Mendelssohn, Sidney: Mendelssohn's South African Bibliography. Being the catalogue raisonné of the Mendelssohn library of works relating to South Africa. ... Vol. 1.2. – Boston, Mass.: Canner 1957
1135

A South African Bibliography to the year 1925. Being a revision and continuation of Sidney Mendelssohn's South African Bibliography (1910). Ed. at the South African Library Cape Town. Vol. 1-4. – London: Mansell 1979   1136

Für die laufende Verzeichnung ist die **South African national bibliography/Suid-Afrikaanse nasionale bibliografie.** 1.1959 ff   1137 heranzuziehen.

6.4.9.2. Asien

Afghanistan

Arbeitsgemeinschaft Afghanistan und Deutsches Orient-Institut. Bibliographie der Afghanistan-Literatur 1945-1967. In Zsarb. mit der Dokumentationsleitstelle für den Modernen Orient beim Deutschen Orient-Institut Hamburg und dem Institut für Entwicklungsforschung und Entwicklungspolitik der Ruhr-Universität Bochum. T. 1.2. – Hamburg 1968-69   1138

Mac Lachlan, Keith und William Whittaker: A Bibliography of Afghanistan. A working bibliography of materials on Afghanistan with special reference to economic and social change in the 20. century. – Cambridge: Middle East & North Africa Studies Press 1983. XIII, 671 S.
1139

Arabische Länder

Clements, Frank: **The Emergence of Arab nationalism from the nineteenth century to 1921.** – London: Diploma Press 1976. X, 289 S.

Arab-Islamic Bibliography. The Middle East Library Comm. guide. Based on Guiseppe Gabrieli's Manuale di bibliografia musulmana. Ed. by Diana Grimmwood-Jones, Derek Hopwood, J.D. Pearson. – Hassocks: Harvester Press 1977. XVII, 292 S. 1140

Schwarz, Klaus: Der Vordere Orient in den Hochschulschriften Deutschlands, Österreichs und der Schweiz. Eine Bibliographie von Dissertationen und Habilitationsschriften. 1885-1978. – Freiburg im Br.: Schwarz 1980. XXIII, 721 S. (Islamkundliche Materialien. 5) 1141

Khairallah, Shereen: Lebanon. – Oxford: Clio Press 1979. IX, 154 S. (World bibliographical Series) 1142

Saliba, Maurice: Index Libanicus. Analytical survey of publ. in European languages on Lebanon. Comp., indexed and ed. by Maurice Saliba. – Jounieh: Paulist Press 1979. XLV, 510 S. 1143

Enzyklopaedie des Islam. Geographisches, ethnographisches und bibliographisches Wörterbuch der muhammedanischen Völker. Hrsg. von M.Th. Houtsma. Bd 1-4, nebst Erg.-Bd. – Leiden: Brill; Leipzig: Harrassowitz 1913-38 1144

Encyclopédie de l'Islam. Nouv. éd. établie avec le concours des principaux orientalistes par Johannes Hendrik Kramers, Hamilton Alexander Rosskeen Gibb et E. Lévi-Provençal. Sous le patronage de l'Union acad. internat. T. 1 ff. – Leiden: Brill 1954 ff 1145

Shorter Encyclopaedia of Islam. Ed. on hehalf of the Royal Netherlands Academy by Hamilton Alexander Rosskeen Gibb and Johannes Hendrik Kramers. – Leiden: Brill 1953. VIII, 671 S. 1146

Kreiser, Klaus; Werner Diem und Hans Georg Majer (Hrsg.): Lexikon der Islamischen Welt. Bd 1-3. – Stuttgart, Berlin, Köln, Mainz: Kohlhammer 1974 (Urban-Taschenbücher. 200) 1147

Die Kultur des Islams. Die Kultur der Araber. Von Hans Ludwig Gottschalk. Die Kultur des islamischen Ostens. Von Bertold Spuler. Die Kultur des Islams in Indonesien und Malaysia und ... Von Hans Kähler. –

Frankfurt a.M.: Athenaion 1971. 480 S. (Handbuch der Kulturgeschichte. Neue Ausgabe Abt. 2.8)   1148

Der Islam. 1.2. – Frankfurt a.M.: Fischer 1968-1971 (Fischer-Weltgeschichte. 14.15)   1149

Busse, Heribert: Literaturbericht über die Geschichte des islamischen Persiens. In: Historische Zeitschrift. Sonderheft 5. 1973, S. 584-628, Berichtszeitraum 1954-1971   1150

Mayer, Leo Ary: Bibliography of Moslem numismatics, India excepted. 2., considerably enlarged ed. – London: Royal Asiatic Society 1954. IX, 283 S. (Oriental Translation Fund. New Series. 35)   1151

China

China. An annotated bibliography of bibliographies. Compiled by Tsuen-Hsuin Tsien in collab. with James K.M. Cheng. – Boston, Mass.: Hall 1978. XXVII, 604 S.   1152

Tanis, Norman E.: China in books. A basic bibliography in western language. Compiled by Norman E. Tanis, David L. Perkins, Justine Pinto. – Greenwich, Conn.: Jai Press 1979. XVI, 328 S. (Foundations in library and information science. 4)   1153

Cheng, Peter: China. – Oxford: Clio Press 1983. XX, 390 S. (World bibliographical Series. 35)   1154

Bibliography of Chines studies. Selcted articles on China in Chinese, English and German. – Berlin: Ostasien-Verlag 1984   1155
Soll fortgeführt werden.

Hoffmann, Rainer: Bücherkunde zur chinesischen Geschichte, Kultur und Gesellschaft. – München: Weltforum 1973. IX, 518 S. (Arnold-Bergstraesser-Institut. Materialien zu Entwicklung und Politik. 2)
                                                                        1156

Yu, Ping-kuen: Chinese History. Index to learned articles. Based on collections in American and European libraries. Vol. 2 ff. – Cambridge, Mass.: Harvard-Yenching Library, Harvard University 1970 ff (Harvard-Yenching Library bibliographical Series. 1)   1157

Franke, Herbert: Literaturbericht über Geschichte Chinas. In: Historische Zeitschrift. Sonderheft 2. 1965, S. 547-568, Berichtszeitraum 1958-1963

Siemers, Günter: China vom Opiumkrieg bis zur Gegenwart. Eine einführende Bibliographie. China from the opium war to the present. – Hamburg 1974. IX, 264 S. (Dokumentationsdienst Asien. Reihe A.4)

Esser, Alfons: Bibliographie zu den deutsch-chinesischen Beziehungen, 1860-1945. – München: Minerva Publ. 1984. XVIII, 120 S. (Berliner China-Studien. 6)

Starr, John Bryan: Post-liberation Works of Mao Zedong. A bibliography and index. Compiled by John Bryan Starr and Nancy Anne Dyer. – Berkeley: Center for Chinese Studies, Univerity of Calif. 1979. 222 S.

Indien

Gidwani, N.N. und Navalani, K.: A guide to reference materials on India. Vol. 1.2. – Jaipur, India: Saraswati Publ. 1974

Case, Margaret H.: South Asian History. 1750-1950. A guide to periodicals, dissertations and newspapers. – Princeton, N.J.: Princeton University Press 1968. XIII, 561 S.

Indische Geschichte vom Altertum bis zur Gegenwart. Literaturbericht über neuere Veröffentlichungen von Hermann Kulke. – München: Oldenbourg 1982. 400 S. (Historische Zeitschrift. Sonderheft 10)

Sehr ausführlicher, in dieser Form bislang nicht verfügbarer Literaturbericht zur gesamten indischen Geschichte. Gute Ergänzung und weiterführende Lektüre zu:

Kulke, Hermann und Dietmar Rothermund: Geschichte Indiens. – Stuttgart: Kohlhammer 1981

Japan und übriges Ostasien (außer China)

Hammitzsch, Horst: Literaturbericht über Japanische Geschichte. In: Historische Zeitschrift. Sonderheft 1. 1962. S. 443-466

Sarkisyanz, E.: Literaturbericht über Geschichte Südostasiens. Hinterindien, Indochina und Indonesien. In: Historische Zeitschrift. Sonderheft 1. 1962. S. 418-442, Berichtszeitraum 1945-1958   1167

Trauzettel, Rolf und Martin, Bernd: Literaturbericht zur Geschichte Chinas und zur japanischen Zeitgeschichte. – München: Oldenbourg 1985. 238 S. (Historische Zeitschrift. Sonderheft 8)   1168

Sarkisyanz, Manuel: Südostasien 1959-1979. Literaturbericht. – München: Oldenbourg 1983. 200 S. (Historische Zeitschrift. Sonderheft 12)   1169

6.4.9.3. Australien

Forguson, John A.: Bibliography of Australia. Vol. 1-7. – Sydney: Angus and Robertson 1941-69   1170
Retrospektive Bibliographie für die Jahre 1784-1900. Darüber hinaus ist die laufende **Australian National Bibliography** (sehr aktuell) heranzuziehen.

6.5. Wichtige historische Zeitschriften

Zeitschriften stellen eine der wichtigsten Publikationsformen (auch) der historisch arbeitenden Disziplinen dar. Der Vorteil einer Publikation in einer Zeitschrift liegt auf der Hand: Viele Zeitschriften erscheinen in viertel- oder halbjährlichen Abständen, sodaß eine schnelle Publikation der eigenen Arbeitsergebnisse erfolgen kann. Außerdem werden die wichtigsten Zeitschriften in fast allen Seminar-, Instituts- und Universitätsbibliotheken laufend bezogen und somit wird eine fachliche Öffentlichkeit hergestellt.

Es können hier nachfolgend nur die allerwichtigsten Zeitschriften genannt werden, doch finden sich Hinweise auf weitere Zeitschriftentitel und vor allem Inhalte in den in diesem Führer vorgestellten Bibliographien. Verfasser verhehlt nicht, daß er dem Versuch, statistische Aussagen über die Güte einer Zeitschrift zu gewinnen (Zitierhäufigkeitsanalysen) äußerst skeptisch gegenübersteht. Die folgende Nennung relevanter Titel beruht sicher auf eher subjektiven Kriterien, wobei es objektive Kriterien wohl kaum gibt. Es wurde jedoch besonderer Wert auf eine Repräsentanz der wichtigen außerdeutschen Zeitschriften gelegt. An Stelle von Annotationen sind die oft ausführlichen Untertitel mit abgedruckt, da sie in den meisten Fällen hinreichend über Inhalt und Konzeption einer Zeitschrift Auskunft zu geben vermögen. Es wurde weiterhin darauf verzichtet, in allen Fällen den genauen Erscheinungsverlauf einer Zeitschrift zu rekonstruieren und hier wiederzugeben. Die Angabe des ersten erschienenen Jahrgangs und des letzten, also jetzt aktuellen Verlags und der derzeitige Herausgeber bieten m.E. genügend Informationen.

6.5.1. Zeitschriften allgemeinen Inhalts oder mit häufigem Bezug auf mehrere Epochen

Acta Poloniae historica. Instytut Historii Polskiej Akademii Nauk. réd. en chef Marian Małowist. – Wrocław/Zakład Narodowy im Ossolinskich wys. PAN 1.1958 ff

The American historical review. – New York, NY 1.1895/96 ff

Annales. Économies, sociétés, civilisations. Publ. avec le concours du Centre National de la Recherche Scientifique et de l'Ecole des Hautes Etudes des Sciences Sociales. Par Lucien Lefebvre. – Paris: Colin 1.1946. Vorg.: Annales d'histoire sociale

Archiv für Kulturgeschichte. Hrsg. von Walter Goetz. – Köln: Böhlau 1.1903 ff Vorg.: Zeitschrift für Kulturgeschichte

Archiv für Diplomatik, Schriftgeschichte, Siegel- und Wappenkunde. Hrsg. von Edmund E. Stengel. – Köln: Böhlau 1.1955 ff Nebent.: Archiv für Diplomatik

Der Archivar. Mitteilungsblatt für deutsches Archivwesen. – Düsseldorf: Hauptstaatsarchiv 1.1947 ff

Archivo storico italiano. Periodico trimestriale; ossia raccolta di opere i documenti finora inediti o divenuti rarissimi riguardanti la storia d'Italia. Publ. dalla Deputazione Toscana di Storia Patria. Fondato da G.P. Vieusseur. – Firenze: Olschki 1.1842 ff

Archivum historiae pontificiae. Pontificia Universita Gregoriana. Rom. 1.1963 ff

The Economic history review. Publ. for the Economic History Society. E.M.M.Postan – Welwyn Garden City, Hertfortshire: Broadwater Pr. 1.1927/28 – 18.1948; 2. Ser. 1.1948/49 ff

The English historical review. – Harlow: Longman 1.1886 ff; Supplements 1.1965 ff

Etudes Balkaniques. – Sofia 1.1964 ff

European history quarterly. – London: Sage Publications 1.1971 – 13.1983; 14.1984 ff

European studies newsletter. Council for European Studies. – Pittsburgh, Pa. 1.1972

French historical studies. Society for French Historical Studies. – Raleigh, NC: Soc. 1.1958/60

Geschichte in Wissenschaft und Unterricht. Zeitschrift des Verbandes der Geschichtslehrer Deutschlands. – Stuttgart: Klett 1.1950 ff

Göttingische Gelehrte Anzeigen. Unter Aufsicht der Akademie der Wissenschaften zu Göttingen. – Göttingen: Vandenhoeck und Ruprecht 1.1739 ff

Hispania. Revista española de historia. Consejo Superior de Investigaciones Cientificas. Instituto Jerónima Zurita. – Madrid: Inst. 1.1940/41 ff

Histoire, économie et société. – Paris: Ed. C.D.U. et SEDES 1.1982 ff

Historische Zeitschrift. Begr. von Heinrich von Sybel. – München: Oldenbourg 1.1859 ff

Historisches Jahrbuch. Im Auftrag der Görres-Gesellschaft hrsg. von Johannes Spörl. – Freiburg: Herder 1.1880 ff

International review of social history. International Instituut voor Sociale Geschiedenis. – Amsterdam; Assen: Royal VanGorcum Ltd. 1.1956 ff

Irish historical studies. The joint journal of the Irish Historical Society. Joint ed. R. Dudley Edwards. – Dublin: University Pr. 1.1938/38 ff

Jahrbuch für Geschichte Osteuropas. Neue Folge. – Wiesbaden: Steiner 1.1853 ff

Mitteilungen des Instituts für österreichische Geschichtsforschung. – Wien: Böhlau 1.1880 ff

Peasant studies. University of Utah. – Salt Lake City, Utah: Univ. Pittsburgh, Pa.: Univ. (1976-1979) 5.1976 ff (Vorg.: Peasant studies newsletter. – Pittsburgh, Pa. 1.1972-4.1975)

Quaderni di storia. – Bari: Ed. Dedalo 1.1975 ff

Quellen und Forschungen aus italienischen Archiven und Bibliotheken. Hrsg. vom Deutschen Historischen Institut in Rom. – Tübingen: Niemeyer 1.1898 ff.

Revue d'histoire ecclésiastique. Université Catholique Louvain. 1.1900 ff

Revue historique. Paris. 1.1876 ff

Rivista storica italiana. – Napoli. 1.1884 ff

Saeculum. Jahrbuch für Universalgeschichte. – Freiburg, Br.; München: Alber 1.1950 ff

Scandinavian journal of history. Publ. under the auspices of the Historical Associations of Denmark, Finland, Norway and Sweden. – Stockholm: Almquist and Wiksell 1.1976 ff

Schweizerische Zeitschrift für Geschichte. Revue Suisse d'histoire. Rivista storica svizzera. Hrsg. von der Allgemeinen Geschichtsforschenden Gesellschaft der Schweiz. – Basel: Schwabe 1.1921 ff

Scottish historical review. – Aberdeen: University Press. 1.1903/04 ff

Der Staat. Zeitschrift für Staatslehre, öffentliches Recht und Verfassungsgeschichte. – Berlin: Duncker und Humblot 1.1962 ff

Tjidschrift voor Geschiedenis. – Groningen: Wolters-Noordhoff 1.1886 ff

Vierteljahresschrift für Sozial- und Wirtschaftsgeschichte. – Stuttgart: Steiner 1.1903 ff

Women and history. Institute for Research in History. – New York, NY.: Inst.; Haworth Press. 2/3.1982 ff

Zeitschrift der Savigny-Stiftung für Rechtsgeschichte. – Weimar: Böhlau 1.1861 ff

Ab 1. = 14.1880 Germanistische Abteilung

Ab 1. = 14.1880 Romanistische Abteilung

Zeitschrift für Kirchengeschichte. 1.1877 ff

6.5.2. Zeitschriften, die überwiegend über Themen aus dem Gesamtbereich der Altertumswissenschaften handeln:

Aegyptus. Rivista italiana di egittologia e di papirologia. Pubbl. dalla Scuola di Papirologia dell'Università Catolica del Sacro Cuore. Dir. da Aristide Calderini. – Mailand: Gemelli 1. 1920 ff

Das Altertum. Hrsg. von der Sektion für Altertumswissenschaft bei der Deutschen Akademie der Wissenschaften zu Berlin. Red. Johannes Irmscher. – Berlin 1. 1955 ff

American journal of ancient history. Harvard University. – Cambridge, Mass: Univ. 1.1976 ff

American journal of archeology. Glanville Downey, ed. in chief. Menasha, Wisc.: Archaelogical Institute of America. – New York: 1.1885 ff

Ancient society. Resources for teachers. Macquarie University, School of History, Philosophy and Politics. – North Ryde: Univ. 1.1971 ff

L'Année épigraphique. Revue des publications épigraphiques relatives à l'antiquité romaine. Fondée par René Cagnat. – Paris: Pr. Univ. de France 1.1888 (1889) ff

Anzeiger für die Altertumswissenschaft. Hrsg. von der Österreichischen Humanistischen Gesellschaft. – Innsbruck: Wagner 1.1948 ff

Archäologische Zeitung. Hrsg. vom Archäologischen Institut des deutschen Reiches. – Berlin 1.1843 ff

Archäologischer Anzeiger. Deutsches Archäologisches Institut Berlin. – Berlin: de Gruyter 1.1849 ff

Arethusa. Publ. by the Department of Classics, State University of New York, Buffalo. – Buffalo, NY. 1.1986 ff

Bonner Jahrbücher. Zeitschrift des Vereins von Altertumsfreunden im Rheinland. – Bonn: Rheinland-Verlag 1.1833 ff

Byzantine studies. Etudes byzantines. The University Center for International Studies, University of Pittsburgh. – Pittsburgh, Pa. 1.1974 ff

Byzantinische Zeitschrift. Begr. von Karl Krumbacher. – München: Beck 1.1892 ff

Classical philology. A quarterly journal devoted to research in the languages, literatures, history and life of classical antiquity. – Chicago: Univ.-Press 1.1906 ff

Epigraphica. Rivista italiana di epigrafia. Aristide Calderini, dir. resp. – Milano: Ceschina 1.1938/39 ff

Les Etudes classiques. Revue trimestrielle d'enseignement et de pédagogie. – Namur: Les Etudes classiques 1.1932 ff

Gallia. Fouilles et monuments archéologiques en France métropolitaine. Centre National de la Recherche Scientifique. – Paris: Centre 1.1943 ff (1958 daraus hervorgeg.: Gallia préhistoire)

Gnomon: Kritische Zeitschrift für die gesamte klassische Altertumswissenschaft. Hrsg. von Erich Burck. – München: Beck 1.1925 ff

Grazer Beiträge. Zeitschrift für die klassische Altertumswissenschaft. Institut für klassische Philologie, Universität Graz. Hrsg. von Franz Stoessl. – Horn: Berger; Amsterdam: Rodopi 1.1973 ff

Greece and Rome. Publ. for the Classical Association. – Oxford: Clarendon Pr. 1.1931/32 ff

Greek, Roman and Byzantine studies. – Cambridge, Mass. 1.1958 ff

Gymnasium. Zeitschrift für Kultur der Antike und humanistische Bildung. Hrsg. von Franz Bömer. – Heidelberg: Winter. 48.1937 ff (Vorg.: Das Humanistische Gymnasium)

Hermes. Zeitschrift für klassische Philologie. Hrsg. von Helmut Berve. – Wiesbaden: Steiner 1.1866 ff

Historia. Zeitschrift für alte Geschichte. Journal of ancient history. Hrsg. von Gerold Walser. – Wiesbaden: Steiner 1.1950 ff

Jahrbuch des deutschen archäologischen Instituts. – Berlin: G. Reimer 1.1887 ff (Vorg.: Jahrbuch des Kaiserlich Deutschen Archäologischen Instituts)

The Journal of Hellenic studies. The Society for the Promotion of Hellenic Studies. Publ. by the Council of the Society. – London: Soc. 1.1880 ff (Suppl.: Archeological reports)

The Journal of Roman studies. Publ. by the Society for the Promotion of Roman Studies. – London: Soc. 1.1911 ff

Klio. Beiträge zur alten Geschichte. Hrsg. von C.F. Lehmann-Haupt. – Berlin: Akademie-Verlag 1.1901 ff

Latomus. Revue d'études latines. Société d'Etudes Latines. Fondée par M.-A. Kugener. – Bruxelles: Soc. 1.1937 ff

Mnemosyne. Bibliotheca classica batava. – Leiden: Brill 1.1852 ff

Museum helveticum. Schweizerische Zeitschrift für klassische Altertumswissenschaft. – Basel: Schwabe 1.1944 ff

Parola del passato. Rivista di studi antichi. – Napoli: Macchiaroli 1.1946 ff

Philologus. Zeitschrift für klassische Philologie. Hrsg. vom Zentralinstitut für Alte Geschichte und Archäologie der Akademie der Wissenschaften der DDR. – Berlin: Akademie-Verlag 1.1846 ff

Revue archéologique. Paris: Leroux 1.1844/45 ff

Revue des Etudes anciennes. Annales de la Faculté des lettres de Bordeaux. – Bordeaux: Feret 1.1889 ff

Revue des Etudes grecques. Publication de l'Association pour l'encouragement des études greques. – Paris: Les belles lettres 1.1888 ff

Rivista di studi classici. – Torino. 1.1952/53 ff

6.5.3. Zeitschriften, die überwiegend Themen des Mittelalters behandeln

(Für übergreifende Themen zu Spätmittelalter und Reformation ist auch der nächste Abschnitt heranzuziehen):

Annuarium historiae conciliorum. Internationale Zeitschrift für Konziliengeschichtsforschung. – Paderborn: Schöningh 1.1969 ff

Cahiers de civilisation médiévale. X^e – XIIe siècles. Centre d'Etudes Supérieures de Civilisation Médiévale, Université de Poitiers. – Poitiers: Univ. 1.1958 ff

Computers and medieval data processing. Informatique et études médiévales. Institut d'Etudes Médiévales, Université de Montréal. – Montréal: Inst. 1.1971 ff

Deutsches Archiv für Erforschung des Mittelalters. Namens der Monumenta Germaniae Historica hrsg. von Friedrich Baethgen. Köln: Böhlau. 8.1950/51 (1951) ff (Vorg. Deutsches Archiv für Geschichte des Mittelalters)

Frühmittelalterliche Studien. Jahrbuch des Instituts für Frühmittelalterforschung an der Universität Münster. 1.1967 ff. Fünfjahresregister.

The Journal of medieval and Renaissance studies. – Durham, NC: Duke Univ. Pr. 1.1971 ff

Journal of medieval history. Amsterdam: North Holland Publ. 1.1975 ff

Le Moyen âge. Revue trimestrielle d'histoire et de philologie. Publ. avec le concours de la Fondation Univ. de Belgique/ fond. Marignan. – Bruxelles: Renaissance du Livre 1.1888 ff

Quaderni medievali. – Bari: Dedalo 1.1976 ff

Quellen und Forschungen aus italienischen Archiven und Bibliotheken. Hrsg. vom Deutschen Historischen Institut in Rom. – Tübingen. 1.1898 ff

Scriptorium. Revue internationale des études relatives aux manuscrits. International review of manuscript studies. Antwerpen. 1.1946/47 ff

Speculum. A journal of mediaeval Studies. Publ. by the Mediaeval Academy of America. – Cambridge, Mass.: Mediaeval Academy of America. 1.1926 ff

Studi medievali. A cura del Centro Italiano di Studi sull'Alto Medioevo. Centro Italiano di Studi Medioevo. – Torino: Chiantore. 1.1904/05 - 4.1912/13; N.S. 1.1928 - 15.1942; 16.1943/50 (1950); 17.1951 - 18.1952; 3. Ser. 1.1960 ff

Studies in Medieval and Renaissance History. University of British Columbia; Committee for Medieval Studies. – Vancouver: Committee; Lincoln: Univ. of Nebraska Pr. (1964-1973). 1.1964 - 10.1973; N.S. 1 = 11. 1978 ff

Vivarium. An international journal for the philosophy and intellectual life of the Middle Ages and Renaissance. – Leiden: Bill 1.1963 ff

Zeitschrift für historische Forschung. Halbjahresschrift zur Erforschung des Spätmittelalters und der frühen Neuzeit. – Berlin: Duncker und Humblot 1974 ff

6.5.4. Zeitschriften mit überwiegend neuzeitlicher Themenstellung

Archiv für Reformationsgeschichte. Internationale Zeitschrift zur Erforschung der Reformation und ihrer Weltwirkungen. Archive for reformation history. Hrsg. im Auftrag des Vereins für Reformationsgeschichte u.d. American Society for Reformation Research von Gerhard Ritter. – Gütersloh: Mohn 1.1903/04 ff

Archivalische Zeitschrift. 3. Folge, hrsg. vom Bayerischen Hauptstaatsarchiv München. – Köln: Böhlau 1.1915 ff

Archivmitteilungen. Zeitschrift für Theorie und Praxis des Archivwesens. Hrsg. von der Staatlichen Archivverwaltung der Deutschen Demokratischen Republik. – Berlin: Verlag des Ministeriums des Inneren 1.1951 ff

Bibliothèque d'humanisme et renaissance. Travaux et documents. – Genève: Droz 1.1941 ff

Blätter für deutsche Landesgeschichte. Hrsg. vom Gesamtverein der deutschen Geschichts- und Altertumsvereine. – Wiesbaden. 1.1853 ff

Eighteenth-Century Studies. A journal of literature and the arts. Department of English, Univ. of California, Davis and the American Society for Eighteenth-Century Studies. – Berkeley, Calif.: Univ. of California Pr. 1967/68 ff

Jahrbuch für Geschichte. Hrsg. von der Akademie der Wissenschaften der DDR. Zentralinstitut für Geschichte. – Berlin. 1.1969 ff

Jahrbuch für Wirtschaftsgeschichte. Hrsg. von der Deutschen Akademie der Wissenschaften zu Berlin. Institut für Wirtschaftsgeschichte. – Berlin. 1.1960 ff

Jahrbücher für Nationalökonomie und Statistik. Begr. von Bruno Hildebrand. Jena; Stuttgart: G. Fischer 1.1863 ff (Nebent.: Hildebrand'sche Jahrbücher)

Luther-Jahrbuch. Organ der Internationalen Lutherforschung. – Hamburg. 1.1919 ff

Renaissance quarterly. Publ. by the Renaissance Society of America. – New York, NY: Soc. 20.1967 ff (Darin aufgegangen: ab 28.1975 Studies in the Renaissance; Vorg.: Renaissance news.)

Revue d'histoire diplomatique. Publ. par les soins de la Société d'Histoire Générale et d'Histoire Diplomatique. – Paris: Pedone 1.1887 ff

The Sixteenth-Century journal. A journal for renaissance and reformation students and scholars. – St. Louis, Miss.: Forum Pr. 3.1972 ff (Vorg.: Sixteenth century essays and studies)

Wolfenbütteler Barock-Nachrichten. Im Auftrag des Internationalen Arbeitskreises für Deutsche Barockliteratur hrsg. von der Herzog August Bibliothek. – Wiesbaden: Harrassowitz 1.1974 ff

Wolfenbütteler Renaissance-Mitteilungen. Im Auftr. des Wolfenbütteler Arbeitskreises für Renaissanceforschung hrsg. von August Buck. – Wiesbaden: Harrassowitz 1.1977 ff

6.5.5. Zeitschriften, die fast ausschließlich Themen der Neuesten Zeit behandeln

Annales historiques de la Révolution Française. Organe de la Société des Etudes Robespierristes. – Paris: Etudes Robespierristes 1.1924 - 17.1940; 18.1946 ff (Vorg.: **Revue historique de la Révolution Française** und **Annales révolutionnaires**)

Archiv für Sozialgeschichte. Hrsg. von der Friedrich-Ebert-Stiftung. – Bonn: Verlag Neue Gesellschaft 1.1961 ff

Archivo ibero-americano. Revista de estudios históricos. Publ. por los Padres Franciscanos. Madrid: Costa 1.1914 - 22.1935; 2. Epoca 1.1941 ff

Beiträge zur Geschichte der Arbeiterbewegung. Hrsg. vom Institut für Marxismus-Leninismus beim Zentralkomitee der SED. – Berlin: Dietz 1.1959 ff

Central European history. Ed. Dougals A. Unfug. – Atlanta, Ga.: Emory University 1.1968 ff

Comparative studies in Society and history. An international quarterly. Ed. Raymond Grew, Eric R. Wolf. – London: Cambridge Univ. Press 1.1958/59 ff

Etudes danubiennes. Revue publiée par le Groupe d'Etudes de la Monarchie des Habsbourg. – Straßbourg: Groupe d'Etudes 1.1985 ff

Geschichte und Gesellschaft. Zeitschrift für Historische Sozialwissenschaft. – Göttingen: Vandenhoeck & Ruprecht 1.1975 ff

Das historisch-politische Buch. Ein Wegweiser durch das Schrifttum. Hrsg. im Auftrage der Ranke-Gesellschaft. – Göttingen: Vandenhoeck & Ruprecht 1.1953 ff

Journal of contemporary history. Institute for Advanced Studies in Contemporary History. Ed. board K.D. Bracher. – London: Sage Publ. 1.1966 ff

Journal of modern history. Publ. in co-operation with the Modern European History Section of the American Historical Association. Publ. in coop. with ... Goerge Barr Carson act. ed. – Chicago, Ill.: Univ. of Chicago Pr. 1.1929 ff

Rassegna storica del Risorgimento. – Roma: Inst. Poligrafico dello Stato 1.1914 ff

Revista de historia economica e social. Revista semestral. – Lissabon: Costa 1.1978 ff

Revue belge d'histoire contemporaine. Belgisch tijdschrift voor nieuwste geschiedenis. – Gent: Dhondt 1.1969 ff

Revue d'histoire. Red. à. l'Etat-Major de l'Armée, Service Historique. – Paris Année. 3.1901 - 18.1939 (Vorg.: Revue militaire. P. 2)

Revue d'histoire de la deuxième guerre mondiale et des conflits contemporains. Société de l'Histoire de la Guerre. Comité d'Histoire de la Deuxième guerre Mondiale. Centre National de la Recherche Scientifique. – Paris: Presses Universitaires 1.1950/51 ff

Revue d'histoire moderne et contemporaine. Revue publ. avec le concours du Centre National de la Recherche Scientifique. Société d'Histoire Moderne. – Paris: PUF 1.1954 ff

Rivista di storia contemporanea. – Turin: Löscher 1.1972 ff

Studi storici. Rivista trimestrale. Roma: Soc. Gestione Riviste Ass. 1.1959/60 ff

Vierteljahreshefte für Zeitgeschichte. Im Auftrage des Instituts für Zeitgeschichte, München. – Stuttgart: Deutsche Verlags-Anstalt 1.1952 ff

Zeitschrift für Geschichtswissenschaft. – Berlin: Verlag der Wissenschaften 1.1953 ff

Zeitschrift für Ostforschung. Länder und Völker im östlichen Mitteleuropa. J.G. Herder-Institut. – Marburg, Lahn: J.G. Herder-Institut 1.1952 ff

7. Suchstrategien

Suchstrategien haben zwei Komponenten: Literatur*ermittlung* und Literatur*beschaffung*. Zur Beschaffung ist in Kapitel 2 und 3 bereits einiges ausgeführt worden. Es ist wichtig, daß jeder für das eigene wissenschaftliche Arbeiten möglichst erprobte Suchstrategien parat hat.

Durchschnittlich findet sich bei Studenten und Berufstätigen aller Fachrichtungen eine mehr oder minder ausgeprägte Scheu, in ausführliche Informierungsprozesse einzutreten – und zwar selbst dann, wenn die allgemeinen und fachspezifischen Suchtechniken einigermaßen oder sogar gut beherrscht werden. Bequemlichkeit – sicher ein wichtiger Grund, denn Literaturermittlung und -beschaffung sind recht zeit- und wegeaufwendig – erklärt dabei manches, aber nicht alles. Es gibt verschiedene weitere objektive Gründe: sie können zum einen in den 'erlittenen' Erfahrungen des Literatursuchenden liegen, aber auch ohne diese auf Vorurteilen basieren. Aber jeder reagiert anders auf tatsächliche oder vermeintliche Fehlschläge bei der Informationsermittlung und -beschaffung, auf die Begleitumstände der Bibliotheksbenutzung.

Der Prozeß der eigentlich fachlichen Tätigkeit wird regelmäßig dadurch unterbrochen, daß Informationen fehlen (s. Abb.). Nun verursacht aber die eigene psychische Prädisposition entscheidend, ob es zum intensiven Einstieg in die Prozesse von Informationsermittlung und -beschaffung kommt, oder ob versucht wird, unter Vermeidung bibliotheksbezogener Informationsstrategien die Aufgabe zu lösen. Unsere Erfahrungen mit Bibliotheken, unsere Vorurteile, unsere ggf. vorhandene soziale Distanz, das Image von wissenschaftlichen, öffentlichen oder von Spezialbibliotheken, allgemeine Einstellungen zu Informierungsprozessen und dem Wert von schriftlichen Informationen, Einstellungen zum Beruf und vieles andere mehr strukturieren und be-

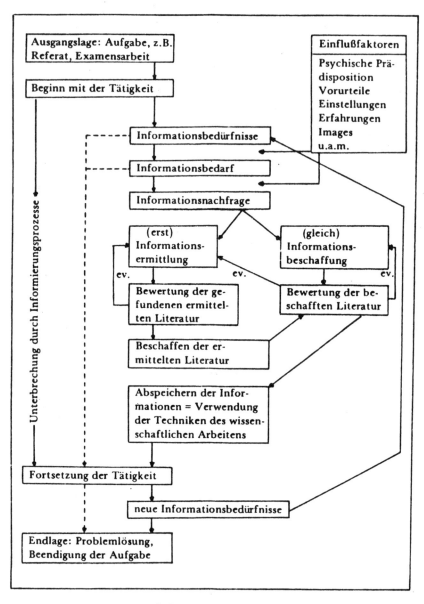

Informierungsprozeß

stimmen mit, ob es von der Disposition schwach bewußter, diffuser Informationsbedürfnisse zum Erkennen der Mangellage als konkreter Informationsbedarfslagen kommt, und beeinflussen und bestimmen gleichermaßen, ob es von hier bis zur Nachfrage nach Informationen kommt: Sei es, daß unmittelbar durch browsing oder über den SyK usw. in die Buchbestände einer Bibliothek gegangen wird, sei es, daß Informationen über Literaturauskunftsmittel zuerst ermittelt werden.

Der dann folgende Schritt, die Bewertung, führt oft zu Problemen, da man öfter nur schwer entscheiden kann, was von den Informationen für die Aufgabenstellung adäquat ist. Das wird besonders schwierig bei Bereichen, auf denen man ganz 'neu' ist. Liegen nach der Literaturermittlung nur Literaturhinweise vor, also nicht die Literatur selbst, ist die Bewertung ohne größeren Erfahrungshintergrund besonders schwierig: Beschafft man zuviel Literatur – hat man in der nächsten Stufe, der Abspeicherung der Informationen, erhebliche Probleme, beschafft man zuwenig, hat man Probleme, die Aufgabe angemessen zu erledigen. Mit dem quantitativen Aspekt ist der qualitative verbunden: Ist die beschaffte Literatur die 'richtige', die angemessene für die Problemstellung?

Die Fortsetzung der Tätigkeit, z.B. das Anfertigen der Abschlußarbeit, bringt mit einiger Sicherheit wieder neue Informationsprobleme: Man wird zumeist wieder in den lästigen Prozeß der Literaturermittlung usw. einsteigen müssen, wird dies aber häufiger aufgrund weniger erfreulicher Erfahrungen oder einfach aus Zeitmangel nicht mehr wollen oder können, so daß schließlich recht bewußt wird, daß man nicht zu einer optimalen Problemlösung gelangt.

Es ist recht schwierig, für die unterschiedlichsten Informationsbedarfslagen allgemeingültige Suchstrategien anzugeben. Häufig wird sich der Suchweg erheblich abkürzen, beispielsweise wenn man über einen bestimmten Titel – z.B. eine versteckte Fachbibliographie – schon mehr als genug thematisch relevante Literatur ermittelt hat. Das Problem ist: Wie komme ich schnell zu solcher 'Einstiegsliteratur', die mich im Schneeballverfahren zu immer mehr Literatur führt? Es können keine probaten Tips für alle Fälle gegeben werden. Sehr wahrscheinlich dürfte sein, daß das Durchgehen der Fachbibliographien zu Einstiegsliteratur führt. Allerdings bieten auch Lexika, Handbücher und Fachbücher usw. häufig den ersten Ball, den Einstieg – natürlich nur zu älterer Literatur als der, die man gerade vorliegen hat. Das Durchblättern von möglicherweise nur am Rande relevanten Buchbeständen in einer Bibliothek, das Schmökern in Fachzeitschriften, und besonders das Durchsehen der Jahresregister, kann zu Einstiegsliteratur führen.

Zwischen welchen typischen Informationsbedarfssituationen ist dabei zu unterscheiden? In der Regel werden Informationen in Bibliotheken aus drei unterschiedlichen Informationsbedarfssituationen heraus gesucht:

- Literatursuche (s. 7.1.)
- Literaturüberprüfung (s. 7.2.)
- laufende Information (s. 7.3.).

Häufig genug wird ein Bibliotheksbesuch Komponenten der drei Gründe kombinieren.

7.1. Literatursuche oder Literaturrecherche

Diese wird notwendig, wenn zur Erledigung von mündlichen oder schriftlichen Arbeiten Fachliteratur gesucht wird. Der Literaturermittlung folgt die Literaturbeschaffung. Bei der Literaturermittlung muß man je nach Ausgangslage verschieden vorgehen. Die Vorgehensweise wird ferner dadurch strukturiert, ob die betreffende Bibliothek eine Freihandbibliothek ist oder, wie es für die UBs noch überwiegend gilt, eine Magazinbibliothek ist, und ob es sich bei der gesuchten Literatur um selbständig oder unselbständig erschienene Publikationen handelt.

Bei *selbständig erschienenen Schriften* beginnt man mit der Suche im alphabetischen Katalog (AK) der Bibliothek, wenn man von einer Schrift bis zu drei Verfassern mindestens einen der Autoren kennt oder bei einer Vielverfasserschrift den Sachtitel, gleichfalls beginnt man mit dem AK, wenn man einen Zeitschriftentitel kennt oder weiß, in welcher Reihe ein Buch erschienen ist. Fehlen bei einer Schrift mit bis zu drei Verfassern Angaben über die Autoren, so kann die Schrift nicht im AK nachgeschlagen werden, es ist zunächst der Autor zu ermitteln. Dies geschieht mit Hilfe der Nationalbibliographien oder mit Hilfe der Buchhandelsbibliographien. Sucht man Aufsätze in Zeitschriften, Sammelbänden, Kongreßberichten, Handbüchern usw., so muß man unter der übergeordneten Publikation, also z.B. dem Zeitschriftentitel, dem Titel des Kongresses oder Handbuchs usw. im AK nachsehen. Ist einem jedoch der Titel der übergeordneten Publikation nicht bekannt, so muß dieser zunächst ermittelt werden. Man muß dazu Fachbibliographien zu Rate ziehen, dort den Titel der übergeordneten Publikation ermitteln und diesen im AK nachsehen. Dabei ist gerade bei Sachtiteln auf die Ordnung im AK zu achten (häufig nach PI). Besitzt die Bibliothek die gewünschte Publikation, benutzt man sie am Orte bzw. leiht sie aus. Verfügt die Bibliothek nicht über die gewünschte Schrift, so besteht die ·Möglichkeit, mit Hilfe eines regionalen Gesamtkatalogs zu ermitteln, ob sie sich am Orte oder in der Region befindet. Ist das der Fall, so kann man sie in der ermittelten Bibliothek benutzen bzw. ausleihen, befindet sich die Literatur nicht am Orte, kann man sie ggf. über die Fernleihe beschaffen lassen.

Die Literatursuche in einer *Freihandbibliothek* scheint auf den ersten Blick besonders einfach zu sein, jedoch ist Erfolg in ihr einerseits ganz stark von der vorhandenen Tiefe der sachlichen Erschließung (Güte des Sachkatalogs) und andererseits von der Feinheit der Aufstellungssystematik abhängig. Übersieht man nicht die Aufstellungssystematik, bzw. ist diese sehr grob und nähert sich der laufenden Aufstellung in großen Sachgruppen, müssen größere Mengen von Büchern durchgesehen werden.

Hat man weder Autor noch Titel und sucht Literatur zu einem bestimmten *Sachgebiet*, so beginnt man die Suche mit dem *Sachkatalog (SK)*, findet man keine oder nicht ausreichend Literatur in diesem, so muß unter Schlagwörtern, Stichwörtern bzw. Sachgebieten in Bibliographien ermittelt werden. Hier können auch die Nationalbibliographien herangezogen werden, die in der Regel einen sachlichen Einstieg erlauben, aber auch die Buchhandelsbibliographien (books in print). Weiterhin sind die Fachbibliographien zu Rate zu ziehen. Als nützlich erweist es sich oft, die Jahresregister von Fachzeitschriften durchzusehen und auch die Literaturverzeichnisse von Fachbüchern gleicher oder ähnlicher Thematik. Die ermittelte Literatur wird dann im AK nachgeschlagen und, sofern vorhanden, in der Bibliothek benutzt oder ausgeliehen, bzw. am Orte oder über die Fernleihe beschafft.

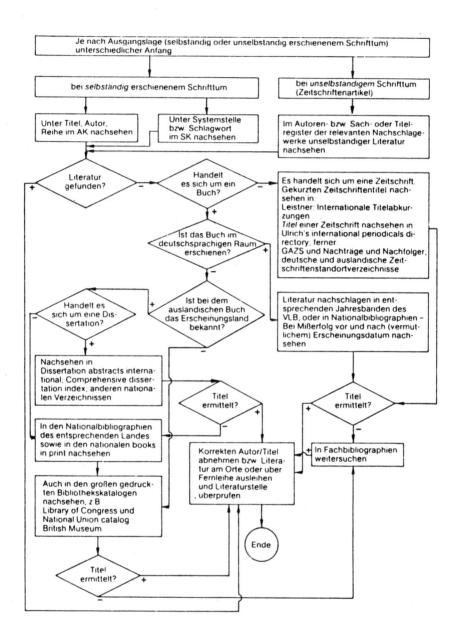

Literaturüberprüfung

7.2. Die Literaturüberprüfung

Die Literaturüberprüfung oder Verifikation wird häufig notwendig, wenn für den Abschluß bestimmter Arbeiten noch einmal von vorliegenden Literaturangaben die Titel, Autoren oder sonstigen Elemente der Literaturangabe (Ort, Verlag, Jahr, Umfang usw.) überprüft oder ergänzt werden müssen, oder wenn Belege, Zitate usw. inhaltlich oder formal überprüft werden müssen. Bei der Verifikation hängt der Suchweg ganz stark von dem jeweils vorliegenden Fall ab; die in der Abbildung gezeigte Suchstrategie zeigt durchschnittliche Vorgehensweisen, dabei handelt es sich um eine Kombination der Suche nach Autor/Titel und sachlicher Suche. Typische suchpraktische Fälle bei lückenhaften, fehlenden oder verstümmelten Angaben können hier im einzelnen nicht dargelegt werden.

Das Aneignen erfolgversprechender Suchstrategien geschieht hauptsächlich durch viel Übung. Man sollte sich aus gelösten Suchaufgaben aller Art ausführliche Protokolle anlegen, also z.B. die

- Aufgabe skizzieren
- die herangezogenen Auskunftsmittel der Reihe nach genauer beschreiben und darlegen, warum sie den gesuchten Titel (vermutlich) nicht enthielten,
- die endgültige Lösung fixieren mit genauer Beschreibung des 'zuständigen' Auskunftsmittels,
- schließlich sollte man sich, wenn man eine größere Zahl von Fällen beisammen hat, schematische Lösungswege für spezifische fachliche oder formale Problemlagen anfertigen.

7.3. Laufende Literaturaneignung

Um in einem Fach- oder Interessengebiet auf dem laufenden zu bleiben, um einen Überblick über den nationalen und internationalen Stand des Wissens zu behalten, empfiehlt es sich, die in der Abbildung dargestellten Informierungsmöglichkeiten laufend zu nutzen. Vor allem ist es sinnvoll, eine Auswahl der Fachzeitschriften regelmäßig zu lesen oder durchzublättern und sich von den besonders interessierenden Inhalten Karteikarten mit den Literaturangaben anzulegen, die in

```
              ┌─────────────────────────────────────┐
              │  current-awareness-Tätigkeiten      │
              └─────────────────────────────────────┘
                            ╱  ╲
        ┌──────────────────────┐  ┌──────────────────────┐
        │ Bereich Fachbiblio-  │  │ Nicht-Bibliotheks-   │
        │ theken sowie         │  │ bereich              │
        │ Universitätsbibliothek│ │                      │
        └──────────────────────┘  └──────────────────────┘
```

Freihandbibliothek

Relevante Sachgruppen in den Regalen hin und wieder durchsehen u. interessierende Titel anlesen und notieren, zusätzlich a,b,c,e

Magazinbibliothek

a) Im Sachkatalog unter interessierenden Systemstellen oder Schlagwörtern hin und wieder nachschlagen.

b) Im AK unter besonders interessierenden Reihen hin und wieder nachsehen.

c) Im Ls die relevanten Buchbestände hin und wieder durchsehen, anlesen und Titel notieren.

d) Im Zssls wichtige allgemeine und speziellere Fachzeitschriften regelmäßig durchgehen. Eine größere Zahl weiterer Fachzeitschriften regelmäßig durchblättern.

e) Im Katalogsaal/Informationszentrum häufiger gängige Fachbibliographien unter entsprechenden Schlagwörtern oder Systemstellen durchsehen.

1. Buchhandel

Bücher kaufen. Prospekte von einschlägigen Fachverlagen besorgen u. um laufenden Bezug der Neuerscheinungen und -ankündigungen bitten.

Verlagsadressen ggf. im Verzeichnis lieferbarer Bücher ermitteln.

2. Fachlichen Kontakt suchen. In Verbänden mitarbeiten, bei Fachzeitschriften mitarbeiten, z.B. bei Buchbesprechungen. Fortbildungsveranstaltungen nach Studienabschluß besuchen. Hin und wieder einen Fachaufsatz schreiben.

3. Bei zeitweiligem Ausscheiden aus dem Beruf Zssabonnements weiterführen, Verbandsarbeit weiter betreiben, durch Fortbildungsteilnahme 'am Ball' bleiben, weiter Literatur kaufen und ausleihen.

4. Die eigene Literaturkartei nicht an Studierende verschenken, sondern insgesamt oder in spezialisierten Teilen weiterführen.

Auf dem laufenden bleiben

den eigenen Informationsfonds neu eingespeist werden. Bedauerlicherweise gilt für viele Fachzeitschriften, daß ihr Fachliteratururteil unterentwickelt ist, so daß zumeist erst aus dem Lesen mehrerer Fachzeitschriften eine einigermaßen gerundete Übersicht über die Buchneuerscheinungen eines geschichtswissenschaftlichen Bereichs zu erzielen ist. Häufig genug erscheinen einem die inhaltlichen Angaben (Referate, Rezensionen) nicht aufschlußreich genug, so daß man sich weiterer Informationsquellen bedienen muß. Dazu gehört zum einen der eigene Buchkauf und zum anderen das häufige Durchgehen relevanter Freihandbestände in Instituts- oder Universitätsbibliotheken. Zu empfehlen ist stets das für Studenten meistens verbilligte Abonnement von zwei oder drei fachwissenschaftlichen Zeitschriften.

8. Informationsverarbeitung

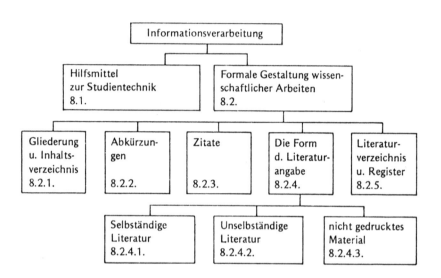

8.1. Hilfsmittel zur Studientechnik

Studienumfeld, Studienführer: Den Studienanfänger informieren über Universitäten, Hochschulzugang, Studientermine, Auslandsstudium, soziale Belange und vieles andere mehr die jährlich erscheinenden Titel:

Seidenspinner, Gundolf und Gerlinde Seidenspinner: Studienbeginn 19.. Aichach (Schriften der Deutschen Studentenschaft. 2)

Seidenspinner, Gundolf: Durch Stipendien studieren. Bundesausbildungsförderungsgesetz, Hochbegabtenförderungsgesetz, Graduiertenförderungsgesetz, sämtliche Stiftungen und Förderungsmöglichkeiten der Bundesrepublik. – Ebd.

Das Hochschulwesen in der Europäischen Gemeinschaft. Studentenhandbuch. Hrsg. Manfred Stassen. Ausg. 1981. – Bonn Bad Godesberg: DAAD 1981

Lerntechnik

Zahlreiche Literatur informiert ohne fachspezifischen Bezug über Lerntechniken. Über den Bereich Lerntechnik sollte man möglichst viel wissen, um rationell Informationen aufzunehmen und verarbeiten zu können. Die Aneignung probater Lerntechniken ist m.E. allein durch Übung bewährter Arbeitstechniken zu erzielen. Lernleistung steht in einem komplizierten Netz zahlreicher dependenter Variablen, die man kennen sollte. Von der zahlreichen Literatur sei hier besonders erwähnt:

Naef, Regula D.: Rationeller lernen lernen. Ratschläge und Übungen für alle Wißbegierigen. 13. völlig überarb. Aufl. – Weinheim: Beltz 1985

Hasselborn, Martin: Wirkungsvoller lernen und arbeiten. 5. durchges. Aufl. – Heidelberg: Quelle u. Meyer 1982

Dahmer, Jürgen: Effektives Lernen. Didaktische Anleitung zum Selbststudium, Gruppenarbeit und Examensvorbereitung. 2. Aufl. – Stuttgart: 1979 (UTB 635)

Technik des wissenschaftlichen Arbeitens

Die sehr zahlreiche Literatur dieses Bereiches befaßt sich vorwiegend mit der Informationsspeicherung und -ordnung sowie mit der Gestaltung von wissenschaftlichen Arbeiten. Erwähnt seien:

Standop, Ewald: Die Form der wissenschaftlichen Arbeit. 10. Aufl. – Heidelberg: Quelle u. Meyer 1984. (UTB 272)

Spandel, Georg: Die Organisation wissenschaftlichen Arbeitens. 2. Aufl. – Braunschweig: Vieweg 1980

Gerhards, Gerhard: Seminar-, Diplom- und Doktorarbeit. 5. Aufl. – Bern: Haupt 1984. (UTB 217)

Seiffert, Helmut: Einführung in das wissenschaftliche Arbeiten. 2. Aufl. – Braunschweig: Vieweg 1976

Riedwyl, Hans: Graphische Gestaltung von Zahlenmaterial. 2. Aufl. – Bern: Haupt 1979 (UTB 44)

Herrmann, Ingrid: Richtig studieren. Ein Handbuch – München: Verl. Ölschläger 1982

Hansen, Georg, Elke Nyssen und Josef Rützel: Einführung in wissenschaftliches Arbeiten. Grundlagen, Techniken, Verfahren. – München: Kösel 1978

Beelich, Karl Heinz und Hans-Hermann Schwede: Lern- und Arbeitstechnik. 3. Aufl. – Würzburg: Vogel 1983

Hülshoff, Friedhelm und Rüdiger Kaldewey: Mit Erfolg studieren. Studienorganisation und Arbeitstechniken. 2. Aufl. – München: Beck 1984

Wagner, Wolf: Uni-Angst und Uni-Bluff. Wie studieren und nicht verlieren. – Berlin: Rotbuch 1977 (Rotbücher 172)

Rückriem, Georg; Joachim Stary und Norbert Franck: Die Technik wissenschaftlichen Arbeitens. Praktische Anleitung zum Erlernen wissenschaftlicher Techniken am Beispiel der Pädagogik unter besonderer Berücksichtigung gesellschaftlicher und psychischer Aspekte des Lernens. 3. verb. Aufl. – Paderborn: Schöningh 1983. (UTB 724)

Einige Publikationen beschäftigen sich mit der *Prüfung* als spezieller Studiensituation. Man ziehe ggf. zu Rate:

Kühn, Gundolf: Wie bestehe ich meine Prüfung. Ratschläge für schriftliche und mündliche Prüfungen an Universitäten, Fachhochschulen, Fachschulen und Akademien. 3. Aufl. – München: Florentz Verl. 1977 (Fachbuchreihe für Studium ... 24)

Florin, Irmela und Lutz von Rosenstil: Leistungsstörung und Prüfungsangst. Ursachen und Behandlung. – München: Goldmann 1976

Prahl, Werner: Hochschulprüfungen – Sinn oder Unsinn? Sozialgeschichte und Ideologiekritik der akademischen Initiationskultur. – München: Kösel 1976

Prahl, Werner: Prüfungsangst. Symptome, Formen, Ursachen. – Frankfurt: Fischer 1979 (Fischer TB des Wissens. 6706)

Ruddies, G.H.: Nie mehr Prüfungsangst. Examen und Prüfung erfolgreich vorbereiten und bestehen. – München: Heyne 1980

8.2. Formale Gestaltung von schriftlichen Arbeiten

Es soll im folgenden auf einige Aspekte der formalen Gestaltung von fachlichen und wisssenschaftlichen schriftlichen Arbeiten eingegangen werden. Es bestehen dabei Konventionen, deren Einhaltung üblich, aber nicht in jedem Falle sinnvoll oder notwendig ist.

8.2.1. Gliederung und Inhaltsverzeichnis

Zwischen einem ersten und zweiten *Rahmenteil* wird der eigentliche *Textteil* gebracht. Es ergibt sich zumeist folgendes Schema, wobei die mit einem * bezeichneten Teile Mußnorm sind, das Vorhandensein weiterer Teile ist von der Aufgabenstellung abhängig.

Das *Abstract* dient der Schnellinformation, es sollte nicht länger als eine drittel Seite sein. Es ist bei veröffentlichten Arbeiten auch als Hilfe für einen Indexer gedacht.

Das *Vorwort,* das wie das Abstract auch fehlen kann, beschreibt zusammenfassend Aufgabe, Vorgehen sowie Ergebnisse der Arbeit. Es interpretiert knapp das Thema und ordnet das Thema in den größeren fachlichen Zusammenhang oder den Stand der Forschung ein. Das Vorwort stellt für den eiligen Leser eine Übersichtsinformation dar, es macht nicht den zusammenfassenden Schluß überflüssig. Im Vorwort wird bei gegebenem Anlaß Personen und Institutionen für geleistete Hilfe gedankt. Ist es sehr kurz, nennt man es *Vorbemerkung.*

Das *Inhaltsverzeichnis* soll den Aufbau einer Arbeit möglichst übersichtlich spiegeln. Eine Arbeit kann unterschiedlich gegliedert werden. Heute hat sich bei umfangreicheren Arbeiten die Gliederung nach dem klaren Prinzip der *dekadischen Klassifikation* durchgesetzt. Daneben besteht noch das nicht immer einheitlich gehandhabte Prinzip des *Buchstaben-Ziffernsystems (sogenannte Alpha-Numerierung), das nur verwendet werden sollte, wenn mehr als drei Überschriftenstufen vorhanden sind.*

Gliederung

Abstract deutsch und ggf. fremdsprachig * Titelblatt Vorwort (eventuell Danksagung) Inhaltsübersicht graphisch * Inhaltsverzeichnis Tabellenverzeichnis Abbildungsverzeichnis Abkürzungsverzeichnis	*Rahmenteil I*

* Einleitung
* Hauptteil   Teil/Kapitel/Abschnitt/Absatz
* Schluß   Ergebnisse, Zusammenfassung,
               Ausblick, Anregung zur weiteren
               Bearbeitung des Themas usw.
	*eigentlicher
	Textteil*

* Literaturverzeichnis (verwendete Literatur)
Bibliographie (Literatur zum Thema voll-
   ständig oder in zu benennender Auswahl)
Anhang (Anhänge), z.B. Anmerkungen, Bil-
   der, Tabellen, Exkurs(e), Beilagen, Pläne
Fremd- und Fachworterläuterungen
Register möglichst nicht in Personen- und
   Sachregister unterteilt
	*Rahmenteil
	II*

Die Buchstaben-Ziffernsystem hat zumeist folgende Form:

   I.
     A.
       1.
         a.
           aa.
           ab.
           ac.
         b.
       2.
     B.
   II.

Gelegentlich findet man aber auch noch:

     A.
       I.
         1.
           a)
           b)
              aa)
              bb)
                 aaa)
                 (1)

Diese beiden Hauptprinzipien sollten nicht willkürlich verwendet oder vermischt werden, sondern entsprechend den aufgeführten Konventionen gebraucht werden. Zu tiefe Gliederungen werden oft als verwirrend empfunden, und es sollte möglichst mit vier Gliederungsstufen ausgekommen werden.

Es besteht auch die Möglichkeit, die Arbeit in numerierte Kapitel oder Teile aufzuteilen, innerhalb derer dann jeweils mit dekadischem oder alpha-numerischem Gliederungsprinzip neu begonnen wird. Dies ist insbesondere in langen Abhandlungen und bei Büchern üblich.

Es ist bei der dekadischen Gliederung üblich, daß nach jeder Ziffer ein Punkt gemacht wird (DIN). Hinter die Buchstaben/Ziffern kann ein Punkt . oder eine Klammer) gesetzt werden, das Prinzip sollte einheitlich sein. Ein Vergleich zwischen dekadischem Prinzip und Alpha-Numerierung sieht folgendermaßen aus:

dekadisches Prinzip	Buchstaben-Ziffern-Prinzip	Überschriften für	typographische Gestaltung mit Schreibmaschine
1 Stelle 1.	römische Ziff. I	Hauptteile	Ü B E R S C H.
2 Stellen 1.1.	lateinische Groß-buchstaben A.	Kennzeichng. d. Abschnitte	ÜBERSCHRIFT
3 Stellen 1.1.1.	arabische Ziff. 1	Unterabschn.	Überschrift
4 Stellen 1.1.1.1.	lateinische Klein-buchstaben a.	Absatzgrup-pen	Überschrift
5 Stellen 1.1.1.1.1.	verdoppelte lat. Kleinbuchstaben aa.	weitere Unter-gruppen	Überschrift

1.	I.	2.	II.	3.	III.
1.1.	A.	2.1.	A.	3.1.	A.
1.1.1.	1.	2.1.1.	1.	3.1.1.	1.
1.1.2.	2.	2.1.2.	2.	3.1.2.	2.
1.1.3.	3.	2.1.2.1.	a.	3.1.2.1.	a.
1.1.4.	4.	2.1.2.2.	b.	3.1.2.2.	b.
1.1.4.1.	a.	2.1.2.2.1.	ba.	3.1.2.2.1.	ba.
1.1.4.2.	b.	2.1.2.2.2.	bb.	3.1.2.2.2.	bb.
1.1.5.	5.	2.1.2.2.3.	bc.	3.1.3.	3.
1.2.	B.	2.1.2.3.	c.	3.2.	B.
1.2.1.	1.	2.1.3.	3.	3.2.1.	1.
1.2.2.	2.	2.2.	B.	3.2.2.	2.
1.2.2.1.	a.	2.2.1.	1.	3.2.3.	3.
1.2.2.2.	b.	2.2.2.	2.	3.2.3.1.	a.
1.2.2.3.	c.	2.2.3.	3.	3.2.3.2.	b.

Es ist beim Inhaltsverzeichnis üblich, entsprechend der Untergliederung eingerückt zu schreiben. Die Gliederungsüberschriften werden vom Text durch eine oder zwei Leerzeilen abgesetzt. Bei mehrzeiligen Überschriften wird einzeilig geschrieben. Es wird stets linksbündig geschrieben.

In der *Einleitung,* die ein notwendiger Teil der Arbeit ist, wird zum eigentlichen Thema, zu der Problemstellung hingeführt. Dabei kann vom Allgemeinen zum Besonderen des Themas geleitet werden; oder von historischen Voraussetzungen zu einem Istzustand, der analysiert wird; oder von der allgemeinen Forschungssituation eines Faches zur speziellen Forschungslage des vorliegenden Themas usw. Die Einleitung sollte nicht förmlich abgesetzt sein, sondern sollte in den ersten Gliederungsabschnitten enthalten sein und dann nahtlos in den Hauptteil übergehen. Nicht enthalten sollte die Einleitung eine Kurzübersicht über den Ablauf und die Inhalte der Arbeit – das ist eher Aufgabe des Vorworts oder des zusammenfassenden Schlusses.

Der *Hauptteil* enthält die zentralen Ausführungen zum Thema. Man achte auf nicht zu tiefe Untergliederungen, da ein Leser leicht den Zusammenhang aus dem Auge verlieren könnte. Bei tiefer Gliederung sind Teilübersichten über Kapitel oder Abschnitte angebracht. Vor der Visualisierung von Texten sollte keine Scheu bestehen, solange die Inhalte nicht zu stark vereinfacht werden.

Der *Schluß* faßt zusammen. Als Pendant zum Vorwort kommt man hier noch einmal, ausgehend von der Aufgabenstellung, auf die wichtigsten Ergebnisse der Arbeit zu sprechen. Man sollte den letzten Abschnitt nicht förmlich als 'Schluß' bezeichnen, sondern je nachdem, was er beinhaltet, als 'Zusammenfassung', 'Ergebnisübersicht' usw. Die Zusammenfassung sollte nichts Neues mehr enthalten und nicht zu abstrakt und verallgemeinernd sein, sondern konkret die Ergebnisse knapp benennen. Häufig wird ein Leser beim Fehlen eines Vorwortes zunächst den Schluß lesen, um sich einen Überblick zu verschaffen. Als Schluß der Arbeit kann unter einem eigenen Gliederungspunkt auch eine Anregung zur weiterführenden Beschäftigung mit dem Thema vorgeschlagen werden, z.B. wo sich nach Meinung des Verfassers Wissenslücken und Forschungsnotwendigkeiten befinden, wo fruchtbar nach weiteren Erkenntnissen geforscht werden könnte, oder welche Probleme der Praxis vordringlich der Erklärung bedürfen. Dies kann bis zur Aufstellung von Hypothesen über den abgehandelten Themenbereich gehen und zu konkreten Vorschlägen zu ihrer Bearbeitung.

8.2.2. Abkürzungen

Berufe und Fachwissenschaften bilden im Verlaufe ihrer Entwicklung eine eigene Fachsprache heraus. Ihre Verwendung ist natürlich gestattet, soweit Fachpublikum angesprochen wird. Die Verwendung fachspezifischer Abkürzungen oder Kunstwörter (Initialen, Akronyme) ist allgemein zu vermeiden. Verwendet man Abkürzungen, dann muß vor einer Arbeit nach dem Inhaltsverzeichnis ein *Abkürzungsverzeichnis* aufgeführt werden. Es ist ferner notwendig, ein zweites Abkürzungsverzeichnis an den Anfang des Literaturverzeichnisses zu stellen, falls im Literaturverzeichnis Abkürzungen, insbesondere von Fachzeitschriften, gebraucht werden. Üblich ist es, Fachzeitschriften nur so weit abzukürzen, daß für jeden noch ein einwandfreies Erkennen des Titels möglich ist. Zeitschriftenabkürzungen aller Fächer löst auf: **Leistner, O.: Internationale Titelabkürzungen von Zeitschriften ...**

In Literaturangaben und Literaturverzeichnissen ist es üblich, sich bibliographisch-technischer Abkürzungen zu bedienen, wobei lateinische Abkürzungen (s.u.) als veraltet gelten und nicht verwendet werden sollten. Folgende Abkürzungen können verwendet werden, ohne daß mit Verständigungsschwierigkeiten zu rechnen ist:

Übersicht über häufig gebrauchte Abkürzungen

Abb.	Abbildung(en)	Bl.	Blatt
Abdr.	Abdruck	Diss.	Dissertation
Abh.	Abhandlung	DK	Dezimalklassifi-
Abstr.	Abstract(s)		kation
Abt.	Abteilung	Dok.	Dokument
allg.	allgemein	durchges.	durchgesehen
Alph.	Alphabet	Ed.	Editio, Edition
alph.	alphabetisch	ed.	edited
Anh.	Anhang	Einf.	Einführung
Anl.	Anlage	Einl.	Einleitung
Anm.	Anmerkung	Erg.-H.	Ergänzungs-Heft
App.	Appendix	erl.	erläutert, er-
Assoc.	Association		läuternd
Aufl.	Auflage	ersch.	erschienen
Ausg.	Ausgabe	erw.	erweitert
ausgew.	ausgewählt	Ex.	Exemplar
Bd	Band	f.	die folgende
Bde	Bände		(Seite)
Bearb.	Bearbeiter/Be-	Faks.	Faksimile
	arbeitung	Fig.	Figur
bearb.	bearbeitet	fortgef.	fortgeführt
Beih.	Beiheft	fortges.	fortgesetzt
Beil.	Beilage	Forts.	Fortsetzung,
Bibliogr.	Bibliographie		Fortsetzer
bibliogr.	bibliographisch	Fußn.	Fußnote

gedr.	gedruckt	o.O. u. J.	ohne Ort und
Ges.	Gesellschaft		Jahr
ges.W.	gesammelte	Orig.	Original
	Werke	P.	Pars, Part, Partie
getr.Pag.	getrennte	Pag.	Pagina
	Paginierung	period.	periodisch
gez.Bl.	gezählte Blätter	Pseud.	Pseudonym
Gr.	Gruppe	publ.	published, public
H.	Heft	R.	Reihe
Habil.-	Habilitations-	Red.	Redaktion,
Schrift	schrift		Redakteur
Handb.	Handbuch	red.	redigiert
hj.	halbjährlich	Ref.	Referat
Hrsg.	Herausgeber	Reg.	Register
hrsg.	herausgegeben	repr.	reprint, Neudruck
Ill.	Illustration,	rev.	revidiert
	Illustrator	S.	Seite(n)
ill.	illustriert	s.	siehe
Inh.Verz.	Inhaltsverzeichnis	Samml.	Sammlung
J.	Journal	Sched.	Schedule
Jb.	Jahrbuch	Ser.	Serie
Jg.	Jahrgang	Sign.	Signatur
Jh.	Jahrhundert	Slg	Sammlung
Kap.	Kapitel	Sp.	Spalte
Kt.	Karte(n)	Suppl.	Supplement
Lfg.	Lieferung	T.	Teil, Tomus,
Lit.	Literatur		Tome
masch.-schr.-	maschinen-	transl.	translated
vervielf.	schriftlich	Übers.	Übersetzung,
	vervielf.		Übersetzer
Merkm.	Merkmal	übers.	übersetzt
Mitarb.	Mitarbeiter	u.d.T.	unter dem Titel
Ms(s)	Manuskript(e)	umgearb.	umgearbeitet
Nachf.	Nachfolger	verb.	verbessert
Nachw.	Nachwort	Verf.(Vf.)	Verfasser
n.Ausg.	neue Ausgabe	verf.	verfaßt
Neudr.	Neudruck	Verl.	Verlag
N.F.	Neue Folge	verm.	vermehrt
No	Numéro	Veröff.	Veröffentlichung
Nouv.éd.	Nouvelle édition	veröff.	veröffentlicht
Nr	Nummer,	Verz.	Verzeichnis
	Number	vj.	vierteljährlich
N.R.	Neue Reihe	Vol.(s)	Volume(n)
Nrn	Nummern	Vorw.	Vorwort
N.S.	New Series	WB.	Wörterbuch
	Nouvelle Série	Wiss.	Wissenschaft(en)
o.J.	ohne Jahr	wiss.	wissenschaftlich
o.O.	ohne Ort		

Z., Zs(s)	Zeitschrift(en)	Zsfassung	Zusammen-fassung
Zeitschr.			
Zeichn.	Zeichnung	zsgest.	zusammengestellt
Ziff.	Ziffer	zugl.	zugleich

In einigen deutschen Veröffentlichungen, besonders aber in Publikationen aus dem anglo-amerikanischen Sprachraum trifft man die folgenden bibliographischen Abkürzungen sehr häufig an; sie sollten im deutschen Sprachraum nicht verwendet werden:

ann.	annotavit = Anmerkung von
anon.	anonymus = unbekannter Autor
ante	vorher
App.	Appendix = Anhang
art., arts	article(s)
ca	circa = ungefähr
cf	confer = vergleiche
chap, chaps.	chapter(s) = Kapitel
col., cols	column(s) = Spalte(n)
ed., eds	edition(s) = Ausgabe(n), editor(s) = Herausgeber
ed.cit.	editio citata = zitierte Ausgabe
e.g.	exempli gratia = zum Beispiel
enl.	enlarged = erweitert
et al.	et alii = und andere
et seq., seqq	et sequens, sequentia = und das folgende
fn.	footnote = Fußnote
h.q.	hoc quaere = siehe dies
h.t.	hoc titulo = unter diesem Titel

ib., ibid.	ibidem = ebenda
id.	idem = derselbe, dasselbe
i.e.	id est = das heißt
infra	unten
loc.cit.	loco citato = am angeführten Ort
l.s.c.	loco supra citato = an der angeführten Stelle
n., nn.	note(s) = Fußnote(n), Anmerkung(en)
n.d.	no date = ohne Jahr
n.p.	no place = ohne Ort
no., nos	number(s) = Zahl(en)
op.cit.	opere citatio = im angeführten Werk
P.	pars = Teil
p., pp.	pagina(s) = Seite(n)
p.	partim = zum Teil
p.a.	per annum = pro Jahr, jährlich
passim	hier und da, öfter
pref.	preface = Vorwort
pro temp.,	pro tempore = zur Zeit,
p.t.	vorläufig
pt., pts.	part(s) = Teil(e)

repr.	reprint = Neu-druck	v.	vide = siehe
resp.	respectively	v.inf.	vide infra = siehe unten
rev.	revised, -ion	v.s.	vide supra = siehe oben
sup.	supra = oben		
T., t.	tomus = Band	vs.	versus = gegen

8.2.3. Zitate
– Alle nachfolgenden Titelbeispiele sind fingiert! –

Häufig muß in wissenschaftlichen Arbeiten auf andere Autoren und Texte Bezug genommen werden. Zu unterscheiden ist hierbei zwischen *Zitaten und Anmerkungen.*

Zitate erfüllen vielfältige Zwecke in einer wissenschaftlichen Arbeit. Sie dienen zumeist als Beleg, als Illustration. In solchen Funktionen dienen sie vorwiegend dazu, mittels Bezugnahme auf bekannte Autoren, Kritik abzuwehren. Zitate werden aber auch gebracht, um gegensätzliche Auffassungen zu kennzeichnen. Zitate dienen ferner dazu, zu verdeutlichen, daß zu einem bestimmten Thema Vorgedachtes existiert. Sie erklären aber auch ausführlichere weiterführende Gedankengänge und von der eigentlichen Argumentation abgelegene Konzepte. Es ist also häufig notwendig, zum Zwecke des positiven oder negativen Belegs oder des Hinweises (Anmerkungen) auf andere Autoren und Textstellen Bezug zu nehmen.

An Zitate ist die Anforderung zu stellen, *genau* zu sein. Damit sei auf sorgfältiges Exzerpieren verwiesen, wenn die zu zitierende Literatur bei der Anfertigung der Arbeit nicht direkt vorliegt. Beim Zitieren sollte man auf eine *eindeutige Anknüpfungslogik* achten. Es ist auch beim Hinweis auf zustimmende Autoren in vielen Fällen nicht ausreichend, kommentarlos in den Text z.B. (Habermas 1970) oder in die Fußnote lediglich z.B. 3) *Gamm 1974* oder z.B. 4) *Vgl. Söllner 1971* zu schreiben. Besser ist es, eine Fußnote mit einem präzisen Vorspann einzuleiten. Z.B.:

4) Auf den gleichen Tatbestand hinsichtlich xy weist bereits hin Söllner, Alfred: Römische Kunstgeschichte. E. Einf.-Freiburg. Rombach 1971. S. 188 f; oder z.B.:

6) Eine ähnliche Auffassung bezüglich xy vertritt Seidl, Erwin: Römische Kunstgeschichte. 3. Aufl. – Köln: Heymann 1971. S. 134-135.

Der Hinweis auf nicht konforme Äußerungen bedarf einer besonders präzisen Anknüpfung.

Zitate müssen genau sein. Es kann *wörtlich* (direkt) und *nichtwörtlich* (indirekt) zitiert werden. Immer ist darauf zu achten, daß der Zusammenhang, aus dem zitiert wird, gewahrt bleibt. Das gilt besonders für nichtwörtliche Zitate, die keinesfalls durch Auslassungen in eine bestimmte Interpretationsrichtung gebracht werden dürfen. Sinnveränderungen sind bei Zitaten nicht erlaubt. Wörtliche Zitate werden in „Anführungsstriche" gesetzt. Für ein fortgelassenes Wort werden zwei Punkte .. gesetzt, für mehrere ausgelassene Worte drei ... Punkte. Auch nicht der Literatur entnommene Sachverhalte, z.B. aus persönlichen Befragungen, müssen mit Quellenhinweis nachgewiesen werden.

Aus *welchem Werk* soll zitiert werden? Von vielen Autoren liegen die Publikationen in zahlreichen Auflagen und verschiedenen Ausgaben vor. Welches ist die 'beste' Quelle? Hier kann keine eindeutige Antwort gegeben werden. Keinesfalls sollte aus gekürzten Ausgaben (Taschenbuchausgaben, Studienausgaben) zitiert werden, es sei denn, die gekürzte Fassung stelle eine vom Autor selbst verfaßte neueste Auflage dar.

Weiterhin sollte möglichst nicht aus zweiter Hand zitiert werden. Ist es in Ausnahmefällen nicht möglich, die Quelle selbst zu zitieren, hat die Literaturangabe beim Zitieren aus zweiter Hand folgende Form: *Heumann, H.G.: Handlexikon zu den Quellen der römischen Geschichte. 9. Aufl. – Jena 1907. Zitiert nach: Kunkel, Wolfgang: Römische Kunstgeschichte. E. Einf. 8. Aufl. – Köln: Böhlau 1978.* Meist wird, wie auch hier sichtbar, die Literaturangabe für das Original nicht vollständig sein (Verlag fehlt).

Ist es notwendig, bei Vorliegen mehrerer Auflagen auf die Erstauflage zurückzugreifen? Hier entscheidet, ob eine spätere Auflage vom Autor stammt und so dessen letzte Auffassung spiegelt, bei unveränderten Auflagen ist es gleichgültig, aus welcher zitiert wird. Für andere Leser erweist es sich als vorteilhaft, wenn bei Autoren mit vielen Publikationen aus einer Gesamtausgabe (soweit eine vorliegt) zitiert wird.

Welche Quelle ist heranzuziehen, falls der Titel *mehrfach* in unterschiedlicher Form *erschienen* ist, z.B. einmal als Zeitschriftenartikel und einmal als Beitrag in einem Sammelband? Hier sollte möglichst die vollständige Ausführung und die ältere Veröffentlichung zitiert werden. Ist diese nicht zugänglich, wird zur Literaturangabe der Hinweis auf die ältere Veröffentlichung gegeben, damit nicht der Eindruck entsteht, es handele sich um eine relativ neue Arbeit des Autors, z.B.:

Fürstenberg, Franz: Normenkonflikte beim Eintritt in das Berufsleben. In: Luckmann, Theo und Herbert Gruh (Hrsg.): Berufssoziologie. – Köln: Böhlau 1986 (Neue Wissenschaftl. Bibliothek. 55). S. 278-288. Abgedruckt aus: Scharmann, Theodor (Hrsg.): Schule und Beruf als Sozialisationsfaktoren. – Stuttgart: Theiss 1966. S. 190-201.

Selbstverständlich muß auch bei Reprints auf das ursprüngliche Erscheinungsdatum hingewiesen werden.

Die *Zeichensetzung* und *Orthographie* werden vom Original übernommen. Veränderungen sind nicht erlaubt. Nur der große Anfangsbuchstabe eines zitierten Satzes darf klein geschrieben werden, wenn er in den Zusammenhang eines Textes gebracht wird, auch darf in diesem Falle der Schlußpunkt eines zitierten Satzes fortgelassen werden und durch ein anderes Satzzeichen ersetzt werden.

Hervorhebungen sind zu übernehmen. In der Fußnote steht in Klammern der Zusatz (Hervorhebung im Original). Wird selbst in einem Zitat hervorgehoben, was möglichst nicht gemacht werden solllte, steht in der Literaturangabe der Zusatz (Hervorhebung von mir).

Ergänzungen in Zitaten sind begrenzt erlaubt, sie werden in [eckige Klammern] gesetzt. Z.B. "In diesem Jahr [1912] entwickelte Georg Leyh ...", oder "Sie [die Frauen] sind die Gastarbeiter in einer ihnen fremden Welt, der Männerwelt".

Zitate in einem Zitat werden durch 'Apostroph' gekennzeichnet.

Zitate aus *fremden Sprachen* sollten möglichst übersetzt werden (leserfreundlich), zumindest aber Zitate aus seltenen Sprachen. In der Literaturangabe steht dann der Zusatz (übers. von mir). Unhöflich ist es, aus fremdsprachigen Werken zu zitieren, wenn deutsche Übersetzungen vorliegen. Wird aus einer deutschen Übersetzung zitiert, sollte in der Literaturangabe auf das fremdsprachige Original hingewiesen werden, jedoch ohne daß dort die Belegstelle aufgeführt werden muß.

Wenn *längere Zitate* nicht in den laufenden Text einer Seite übernommen werden und man sie auch nicht unter den Text setzen will, werden sie abgesetzt, d.h. um 2-3 Anschläge eingerückt und einzeilig geschrieben. Zitate von einer Textseite und länger sollten entweder gar nicht verwendet werden oder in einem Anmerkungsteil am Schluß der Arbeit gebracht werden.

Was ist zitierfähig? Jedes veröffentlichte Schrifttum, nicht jedoch wissenschaftliche Prüfungsarbeiten wie Diplom-, Magister-, Staatsexamens- und Assessorarbeiten, soweit sie nicht veröffentlicht worden sind. Als veröffentlicht gelten prinzipiell Doktor- und Habilitationsarbeiten, auch wenn sie nur als maschinenschriftliches Einzelexemplar, als Mikrofilm oder vervielfältigt vorliegen.

Es gibt jedoch Fälle, in denen man auch unveröffentlichtes Material bearbeitet, z.b. aus Nachlässen und Briefen etc. Auch hier muß korrekt auf die Quelle hingewiesen werden, wie auch bei den Informationen, die man aus mündlichen Quellen hat.

Die *Anmerkung* ist eine längere, vom eigentlichen Gedankengang der Arbeit etwas fortführende Ausführung, sie kann die Form eines Zitats haben. Sie soll das Verständnis der Arbeit erleichtern und kann z.B. auf weiterführende Aspekte, auf historische Herleitungen, auf übergreifende Zusammenhänge, auf Spezialaspekte u.a.m. hinweisen. Zu den Anmerkungen gehören auch Erläuterungen, die für ein nicht-fachspezifisches Publikum notwendig sind. Für die Anmerkung gelten hinsichtlich der Genauigkeit die gleichen Anforderungen wie an das Zitat. Die Anmerkung sollte stets unter der Textseite stehen, längere Anmerkungen, sofern diese häufiger vorkommen, was man vermeiden sollte, können in einem Anhang dem Text nachgestellt werden.

Anmerkungen und Zitate werden im Text durch um eine halbe Zeile höher gesetzte Ziffer,[3] gegebenenfalls mit Klammer,[3)] angezeigt. Die Ziffern können für jede Seite des Textes separat oder aber auch für den ganzen Text durchgehend gezählt werden. Letzteres ist bei der Manuskripterstellung einfacher. Die Ziffer steht unmittelbar hinter dem Wort, auf das sie sich bezieht, bei Zitaten am Ende des Zitats. Am Ende eines Satzes steht die Ziffer hinter dem Satzzeichen. An ein Wort sind möglichst nicht mehrere Ziffern zu hängen. Die in den Text eingebaute Literaturangabe ist nicht statthaft (Ausnahmen sind kompilierende Artikel, z.B. Lexikon- und Handbucharartikel), man schreibe also nicht in den Text in Klammern z.B.: (Kaser, Max: Römische Kunst. S. 15) sondern bringe diese Literaturangabe vollständig und nach einem halbseitigen Strich unter den Textteil einer Seite. Die Literaturangaben sollten stets auf der gleichen Seite des Textes stehen und keinesfalls gesammelt am Ende dem Text nachgestellt werden, was leserunfreundlich ist.

Querverweise werden in einer Arbeit oft notwendig. Diese werden sinnvollerweise direkt im Text an der entsprechenden Stelle, zumeist in Klammern, gebracht. Z.B. (vgl. 2.1.) oder (vgl. Kap. 2., Abschnitt 1), als praktisch erweist sich auch der Zusatz einer Seitenangabe, z.B. (s. Abb. 5, S. 75), (vgl. 2.1., S. 19-23). Auf frühere Literaturangaben wird nicht verwiesen, diese werden ggf. wiederholt angegeben.

8.2.4. Die Form der Literaturangaben

Die Veröffentlichungen, aus denen zitiert wird, müssen in der Arbeit so deutlich angegeben werden, daß ein anderer sie mühelos in einem Bibliothekskatalog finden kann. Die Literaturangabe muß also alle Angaben enthalten, die eine Autoren- oder Titelsuche im Katalog oder in Bibliographien ermöglichen. Zur Charakterisierung der Veröffentlichung, auf die man sich bezieht, wird man darüber hinaus weitere Angaben machen.

Man unterscheidet bei der Literaturangabe folgende Fälle:

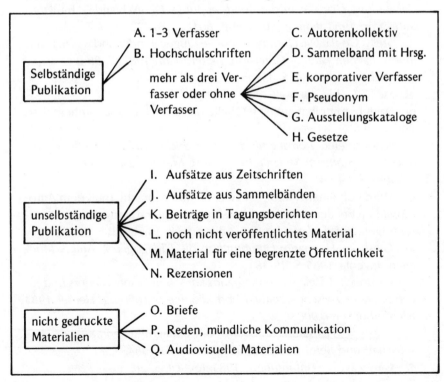

A. 1–3 Verfasser
B. Hochschulschriften
C. Autorenkollektiv
D. Sammelband mit Hrsg.

Selbständige Publikation

mehr als drei Verfasser oder ohne Verfasser
E. korporativer Verfasser
F. Pseudonym
G. Ausstellungskataloge
H. Gesetze

unselbständige Publikation

I. Aufsätze aus Zeitschriften
J. Aufsätze aus Sammelbänden
K. Beiträge in Tagungsberichten
L. noch nicht veröffentlichtes Material
M. Material für eine begrenzte Öffentlichkeit
N. Rezensionen

nicht gedruckte Materialien

O. Briefe
P. Reden, mündliche Kommunikation
Q. Audiovisuelle Materialien

Wird eine Publikation häufiger zitiert, kann man die Literaturangabe *kürzen,* aber nur so weit, daß ein Leser sich an das zuerst erwähnte Schrifttum erinnert. Z.B. kann beim Belegen aus dem Titel: *Bildung und Erziehung in der Industriegesellschaft, Pädagogische Soziologie in Problemübersichten und Forschungsberichten. Hrsg. Günter Hartfiel und Kurt Holm. – Opladen: Westdeutscher Verlag 1983 (Uni-Taschenbücher. 47)* bei wiederholtem Gebrauch abgekürzt werden in: *Bildung und Erziehung ... 1983.* Nicht verwandt werden sollten die Abkürzungen a.a.O., ders. ebd. und ähnliches, weil diese Angaben zu ungenau sind und zum zeitraubenden Zurückblättern führen.

Will man aber diese Abkürzungen oder ihre lateinischen Äquivalente verwenden, ist nach folgenden Regeln zu verfahren:

a) Zweite oder mehrmalige Erwähnung eines Autors, der bisher mit nur einem Titel erwähnt wurde: loc. cit. oder ed. cit. (= a.a.O.); z.B.:

1) Weber, Norbert: Privilegien durch Bildung. Über die Ungleichheit der Bildungschancen in der Bundesrepublik Deutschland. – Frankfurt: Suhrkamp 1983 (Edition Suhrkamp. 601). S. 75-77.
2) Stelly, Gisela: Die Dummen und die Klugen. Kinder und was man aus ihnen machen kann. – Gütersloh: Bertelsmann 1982. S. 88-99.
3) Weber, N. loc. cit. S. 45.
4) Stelly, G. loc. cit. S. 46.

b) Folgt unmittelbar auf eine Quelle diese noch einmal, steht ibid. (= ebd.), z.B.:

*5) Nusser, Peter: **Romane für die Unterschicht.** Groschenhefte und ihre Leser. – Stuttgart: Metzler 1983 (Texte Metzler. 27). S. 11.*
6) ibid. S. 64.

c) Wird von einem Autor ein zweiter Titel gebracht, muß dem Autorennamen bei der zweiten und **mehrfachen** Literaturangabe ein Kurztitel folgen, auf den erst loc. cit. oder ed. cit. folgt. Z.B.:

1) Giesecke, Hermann: Einführung in die Pädagogik. 7. Aufl. – München: Juventa 1985 S. 19-38.
2) Oestreich, Gisela: Erziehung zum kritischen Lesen. Kinder- und Jugendliteratur zwischen Leitbild und Klischee. – Freiburg: Herder 1983 (Herderbücherei. 9003). S. 78.
3) Giesecke, Hermann: Anleitung zum pädagogischen Studium. Wissenschaft und Berufspraxis. München: Juventa 1984. S. 24.
4) Giesecke, H.: Einführung ... 1985, loc. cit. S. 20.
5) Giesecke, H.: Anleitung ... 1984, loc. cit. S. 63.

Woher sind die Angaben aus einer Veröffentlichung zu entnehmen? Sie sind vom Titelblatt und dessen Rückseite abzuschreiben.

Unterstreichungen, Sperrungen und andere Hervorhebungen sind bei der Literaturangabe überflüssig.

Die Literaturangabe ist je nach Art der zugrundeliegenden Literatur etwas unterschiedlich zu gestalten. Zu unterscheiden ist zwischen folgenden Fällen, zu denen sich Konventionen eingebürgert haben:

8.2.4.1.

A. *Selbständig erschienene Literatur, Verfasserschrift, 1 - 3 Autoren*

Teil der Literaturangaben	Bemerkungen
1. Autor Familienname,	– Ohne akademischen Titel, aber mit Adelsprädikat von,
1. Vorname,	– sollte nicht abgekürzt werden,
2. Vorname,	– sollte mitaufgeführt werden, kann ev. abgekürzt werden
2. Autor Vorname Nachname	– Falls mehr als ein Autor beteiligt ist, müssen diese beim Vorhandensein von bis zu drei Autoren aufgeführt werden.
3. Autor Vornamen Nachname:	– Doppelpunkt vor dem Titel.
Titel.	– Nicht abgekürzt. Originalschreibweise übernehmen.
Untertitel.	– Abgekürzt dann übernehmen, wenn er inhaltliche Informationen über das Werk hinzufügt.
Herausgeber	– Ist ein Herausgeber vorhanden, folgt dem Titel die Abkürzung Hrsg. und ev. abgekürzter Vorname, Nachname.
Bandzählung	– Bei mehrbändigen Titeln wird die Bandbezeichnung nach dem Titel ohne Herausgeber mit der Abkürzung Bd ohne Punkt gebracht.

Auflage	– Sie muß aufgeführt werden, wenn es sich nicht um die erste Auflage handelt. Zusätze sind abgekürzt zu übernehmen, z.B. 4., verm. Aufl. oder 2., verb. Aufl.
Beigaben	– Beigaben wie Abbildungen, Tabellen, Illustrationen, Pläne u.a.m. nur aufführen, wenn dies eine wesentliche Information für den Leser darstellt.
Ort	– Ersten Verlagsort aufführen, weitere weglassen, ist kein Verlagsort genannt, o.O. aufführen.
Verlag	– Aufführung üblich. Stets aufführen bei Selbstverlagsliteratur und Literatur, die offensichtlich (ohne richtigen Verlag) von Firmen, Verbänden, Instituten, Museen, Galerien u.a. Korporationen herausgegeben wird.
Jahr	– Aufführen, gegebenenfalls o.J.
Reihe	– Gezählte Reihe wird (in Klammern) aufgeführt. Ungezählte Reihen ev. fortlassen.
Belegseite(n)	– Die Seite(n), auf die sich bezogen wird, steht am Schluß. Bei mehreren Seiten werden diese genau abgenommen, bei nur einer Folgeseite steht z.B. S. 95 f., bei mehreren Folgeseiten z.B. S. 96-99, nie S. 96 ff.

Beispiel: *Beiers, Walter; Clemens Windscheid und Wilhelm Ilbertz: Altchristliche und byzantinische Kunst. Bd 2. Hrsg. Otto Müller. 4. verm. Aufl. – Stuttgart: Kohlhammer 1977 (Handbuch d. Kunstw. 4) S. 33 f*
Meist wird die Literaturangabe aber viel einfacher sein, z.B.
Lansky, Ralph: Grundliteratur Geschichte. 2. Aufl. – München: Beck 1978. S. 45-50

B. *Hochschulschriften*

Sie werden wie Autorenschriften behandelt, jedoch muß Fachbereich oder Fakultät mitaufgeführt werden. Ein Zusatz Diss. oder Habil-Schrift ist notwendig, die Minimalangaben sind also:

Autor, Vorname(n): Titel. Gegebenenfalls Untertitel. – Hochschulort. Fakultät. Art der Schrift. Jahr der Promotion oder Habilitation. Belegseite.

Z.B.: *Bader, Josef: Genealogische Untersuchungen in Schlesien. – Marburg: Phil. Fak. Diss. 1963. S. 45*

Nicht zu den Hochschulschriften gehören und als nicht veröffentlicht gelten andere Examensarbeiten. Werden sie zitiert, ist die 'Formel' nach dem Titel aufzuführen. Beispiel:

Schnieders, Johannes: Die rechtlichen Grundlagen der Dissertation-Ablieferungspflicht. Hausarbeit zur Prüfung für den höheren Dienst an wissenschaftlichen Bibliotheken beim Bibliothekar-Lehrinstitut des Landes NRW. – Köln: BLI Herbst 1971. S. 49 f

C. *Selbständig erschienene Literatur mit mehr als drei Verfassern oder ohne Verfasser*

Prinzipiell wird dem ausgeführten Schema gefolgt, nur daß jeweils ein anderes Wort an den Anfang gestellt wird. Hier ist zwischen verschiedenen Fällen zu unterscheiden:

– Mehr als drei Verfasser haben gemeinsam ein Werk verfaßt (*Autorenkollektiv*), und es gibt keinen individuellen oder korporativen Herausgeber.

An erster Stelle steht jetzt der Sachtitel der Publikation, nicht etwa der erste Autor. Zum Beispiel:

Handbuch der regionalgeschichtlichen Spezialbestände in deutschen Bibliotheken. Von Detlef Skalsko u.a. Bd 1,2. – Köln: Schmidt 1976 (Schmidts Handbücher. 12)

D. *Sammelband = Reader mit einem Herausgeber*

An erster Stelle steht der Herausgeber, dem als Zusammensteller des Werkes Verfasserrang eingeräumt wird. Z.B.:

Male, Elisabeth von (Hrsg.): Große Stunden westfälischer Geschichte. Unter Mitarb. von Traute Lange u.a. 2. verm. Aufl. – München. Beck 1967 (Schriftenreihe der UB Münster. 27), S. 15 f

E. *Korporativer Herausgeber*

Handelt es sich um eine Veröffentlichung eines Forschungsinstituts, einer Bibliothek, Dienststelle, Institution, Firma, eines Verbandes, usw., ohne daß ein einzelner Autor genannt wird, steht die herausgebende Korporation an erster Stelle. Z.B.: *Niedersächsiche Landesbibliothek Hannover: Aufsatzdokumentation zur Geschichte der Baltischen Länder. E. Bibliogr. d. Jahre 1968-1972. – Tübingen: Mohr 1985. S. 21-41*

Bei diesen beiden letzten Fällen ist es jedoch auch üblich, in den Literaturangaben den Sachtitel an die erste Stelle zu setzen, die Literaturangaben sehen dann so aus:

Große Stunden westfälischer Geschichte. Unter Mitarbeit von Traute Lange u.a. herausg. von Elisabeth von Male. 2. verm. Aufl. – München: Beck 1967 (Schriftenreihe der UB Münster. 27) S. 15 f

Aufsatzdokumentation zur Geschichte der Baltischen Länder. Bibliogr. d. Jahre 1968-1972. Hrsg. Nieders. Landesbibliothek Hannover.–Tübingen: Mohr 1985. S. 21-41

F. *Pseudonyme*

sind in der geschichtswissenschaftlichen Literatur doch häufiger anzutreffen. Das Pseudonym steht an erster Stelle der Literaturangabe. Kann man es auflösen, wird in eckige Klammern der Zusatz [d.i. Vorname Nachname] aufgeführt. Z.B.:

Europa, Wieland [d.i. Ralph Dahrendorf]: Demokratie und Freiheit ...

G. Ausstellungskataloge

Erscheinen Ausstellungskataloge in einem Verlag, werden sie entsprechend den Regeln für selbständig erschienene Literatur behandelt
unter Hinweis darauf, daß es sich um eine Ausstellung handelt. Gibt es
aber keinen Verlag, so tritt an seine Stelle im Impressum die ausstellen-
de oder herausgebende Korporation. Z.B.:

*Molsbeck, Magdalene: Bucheinbände im Wandel der Geschichte. Ausst.
1.8.-30.8.1986 in der Staatsbibliothek Preuß. Kulturbesitz. Berlin. – Berlin:
Staatsb. Pr. Kulturbesitz 1986*

H. Gesetze

Die Literaturangabe bei Zitaten aus Gesetzen beginnt mit der offi-
ziellen Bezeichnung des Gesetzes (oder der Verordnung ...), es folgt ggf.
eine Spezifizierung als Ländergesetz, dann folgt das Veröffentlichungs-
datum. Es schließt sich die Kennzeichnung wie §, Art., Ziff. u. dgl. an.
Z.B.:

Handelsgesetzbuch. HGB (idF. vom 28.8.1969). §§ 64,87

8.2.4.2. Unselbständig erschienene Literatur

Hier wird nach dem bisherigen Grundschema verfahren, lediglich
wird mit – In: – noch auf die übergeordnete Publikation verwiesen. An
erster Stelle steht der Autor, auf den sich Zitat oder Anmerkung beziehen.

I. Artikel in *Zeitschriften*. Minimalangaben:

Autor. Vorname(n): Titel des Aufsatzes. In: Zeitschriftentitel.
Jahrgang. Jahr. S.-S. . Belegseite(n).

Z.B.:

Mieth, Johannes: Theorien der historischen Forschung der DDR. In: Zeitschrift für Geschichtswissenschaft. 2.1954. S. 107-149. S. 111

Man sollte keine Zeitschriftenabkürzungen erfinden und auch scheinbar fachübliche nicht verwenden, denn dies kann allzu leicht zu heillosen Verwirrungen führen, man sollte vielmehr die Zeitschriftentitel nur soweit abkürzen, daß sie noch jederzeit rekonstruierbar sind.

Die Jahrgangsangabe (Jg., Vol.) ist stets notwendig zur korrekten Lokalisation von Literatur, denn z.B. kann eine in einem Jahr wechselnde Jahrgangszählung zu gleichen Seitenzahlen in einem Jahr führen. Dagegen ist die Angabe der Heftnummer dann nicht notwendig, wenn die Hefte eines Jahrgangs eine durchlaufende Zählung haben, was bei wissenschaftlichen Zeitschriften fast immer der Fall ist.

Bei Artikeln aus *Zeitungen* wird ähnlich wie bei Zeitschriftenartikeln verfahren, nur daß auf jeden Fall das Datum und, falls vorhanden, die laufende Nummer der Ausgabe im Jahr angegeben wird. Ggf. kann es nützlich sein, zusätzlich zur Seitenangabe eine Spaltenangabe zu geben.

J. Artikel in *Sammelbänden*

Sie werden nach dem gleichen Prinzip aufgeführt:

> Autor des Artikels, Vorname(n): Titel des Aufsatzes. In: Vorn. Nachname (Hrsg.): Titel des Sammelbandes. Gegebenenfalls Untertitel. Bd. Aufl. – Ort: Verlag Jahr. S. - S., Belegseite(n).

Bresemann, Hans-Jochen: Handschriftenkataloge von 1750 bis heute. Versuch einer Bibliographie. In: Milde, Wolfgang (Hrsg.): Handschrift und Geschichte. – Wolfenbüttel: Bolle 1978. S. 45-98. S. 48 f

Oder, wie erwähnt steht die übergeordnete Publikation, aus der der Aufsatz stammt, unter dem Sachtitel:

Bresemann, Hans-Jochen: Handschriftenkataloge von 1750 bis heute. Versuch e. Bibliogr. In: Handschrift u. Geschichte. Hrsg. Wolfgang Milde. – Wolfenbüttel: Bolle 1978. S. 45-98. S. 48 f

Bei Artikeln aus *Lexika und Wörterbüchern* unterscheidet sich die Literaturangabe bei namentlich gekennzeichneten Artikeln nicht von den üblichen Literaturangaben aus Sammelbänden. Z.B.:

Koch, Albert: Skandinavische Regionalgeschichte. In: Handlexikon zur Skandinavistik. Hrsg. Walter Liebich. – München: Jacquin 1972. S. 71-73. S. 72 f

Bei ungekennzeichneten Artikeln wird ein Zusatz gemacht. Z.B.:

Handwörterbuch Südamerika. Hrsg. Werner Naumann u.a. – Berlin: Arno 1978. Artikel: Geschichte. S. 222-333. S. 225

K. Artikel in *Kongreßberichten*

Tagungen, Symposien, Workshops, Konferenzen, Clinics u. dgl. werden wie Zeitschriftenartikel behandelt. Als Titel der übergeordneten Publikation gilt die Kongreßbezeichnung, nicht ein gegebenenfalls vorhandenes Fachthema eines Kongresses, z.B.:

Brüll, Robert: Geschichtswissenschaftliche Literaturerschließung als Aufgabe der Landesbibliotheken. In: Kongreß für Bibliothekswesen. 36.1978. Die Wissenschaftliche Bibliothek. – Frankfurt: Klostermann 1979. S. 139-167. S. 159 f

L. *Noch nicht veröffentlichtes Material*

wird wie üblich aufgeführt und mit einem entsprechenden Zusatz versehen. Z.B.: *Ascher, Werner: die Geschichtslehrerausbildung der Zukunft. – Köln: Greve 1987 (im Erscheinen)*

M. *Material, das nur einer begrenzten Öffentlichkeit zugänglich*

gemacht wurde, wird ebenfalls mit den Basiselementen der Literaturangabe aufgeführt und erhält ebenfalls einen entsprechenden Zusatz, z.B.:

*Sawallisch, Anton: Regionalgeschichtliche Materialien in der Schulbiblio-
thek. Bestandsverzeichnis – Berlin: Oberstufenzentrum Berlin-Schöne-
berg, Mediothek 1985 (unveröffentlichtes Manuskript)*

Damit Interessierte an solches, nicht im Buchhandel und kaum in
Bibliotheken erhältliches Material herankommen können, sollte die
Adresse der herausgegebenen Korporation der Literaturangabe hinzu-
gefügt werden.

N. *Bei Rezensionen*

unterscheidet sich die Literaturangabe nur durch den geklammerten
Zusatz (Rez.) von Aufsatzliteraturangaben. Der Rezensent steht an der
Stelle des Verfassers. Z.B.:

*Gerd-Bodo Reinert (Rez.): Herbert Sustek: Lehrer zwischen Tradition und
Fortschritt. – Braunschweig: Westermann 1975. In: Neue Unterrichtspra-
xis. Zeitschrift für die Sekundarstufe I und II. 8. 1975. S. 558 f.*

8.2.4.3. Nicht-gedrucktes Material

O. *Briefe*

werden korrekt durch

Absender, Empfänger und Datum

beschrieben. Handelt es sich um Briefe, die in öffentlichen Institutionen
zugänglich sind, sollte die Fundstelle genau angegeben werden. Z.B.:
*Brief von Erwin Ackerknecht an Constantin Nörrenberg vom 2.6.1919.
(Nachlaß C. Nörrenberg in Deutsches Literaturarchiv Marbach.)*

P. *Orale Kommunikation*

Handelt es sich um *mündliche Auskünfte,* wird der Auskunftgeber und das Datum genannt.

Handelt es sich um *formale Kommunikation,* z.B. Reden auf Kongressen, Sitzungen usw., hat die Literaturangabe folgende Form

---

Autor = Vortragender: Titel. Form. – Ort der Präsentation, Datum. Ggf. Hinweis auf spätere Veröffentlichung

---

Z.B.:

Tschiedert, Wilhelm: Zeitgeist und Alltagsgeschichtsschreibung. Vortrag auf dem 23. Schweizerischen Historikertag. Davos 12.9.1986.

Q. *Audiovisuelle Materialien*

Hierzu gehören Spiele, Lehrprogramme, Computer-Programme, Dia, Platten, Tonkassetten, Filme, Ton-Dia-Schauen u.a.m. Bei diesen wird der Sachtitel vorgestellt, dann folgt der Formvermerk, also z.B. 35 Farbdias und e. Tonkass. 35 Min.; oder: Film 8 mm farbig, stumm, 12 Min; oder: VHS-Videoband, 32 Min. usw. Dann wird möglichst der Hersteller oder die Bezugsquelle mit Adresse aufgeführt. Literaturangaben also:

Titel. (Autor falls vorhanden) Form. – Ort: Firma, Vertrieb Jahr. Adresse

---

Z.B.:

Online-research in history. (VHS-Videoband 23 Min. u. Begleitheft 40 S.) Chicago: American Library Association 1985. (ALA. Huron St. 62, Chicago, Il. 60 123 USA)

Zu erwähnen ist zum Schluß noch einmal, daß es sich bei der Form der Literaturangabe im deutschsprachigen Raum um Konventionen, aber nicht um strenge Regeln handelt. Jede andere Form, die die Minimalliteraturangaben berücksichtigt, ist genauso "richtig", jedoch sollte man den vorstehenden, weil weitgehend auch international üblich gewordenen Formen folgen.

Am Rande: Manches spezielle Problem läßt sich dadurch lösen, daß man einmal nach Analogien in der Norm "DIN 1505, Titelangaben für Schrifttum" sucht. Diese umfänglichen Regularien sind natürlich nicht für akademische Arbeiten verbindlich.

8.2.5. Literaturverzeichnis und Register

Das *Literaturverzeichnis* soll die zitierte Literatur sowie die Literatur, auf die in Anmerkungen hingewiesen worden ist, für den Leser alphabetisch erschließen. Die Form der Angaben im Literaturverzeichnis stimmt mit der der Literaturangaben völlig überein. Unterstreichungen, Großschreibung des Autorennamens und andere Hervorhebungen sind in einem Literaturverzeichnis überflüssig. Es sollte möglichst in *ein* Alphabet geordnet werden, also nicht gesonderte Literaturverzeichnisse für Quellen und Sekundärliteratur, Monographien und Zeitschriftenaufsätze und dgl. In Ausnahmefällen kann es aber sinnvoll sein, z.B. bei historischen Arbeiten oder bei Arbeiten aus technisch-naturwissenschaftlichen Bereichen, bestimmte Literaturgattungen gesondert aufzulisten. Z.B. kann das Separieren der Archivmaterialien von der üblichen Literatur, das separate Aufführen von Handschriften und anderen ungedruckten Quellen nützlich sein. Patentliteratur, Normen und AV-Medien können auch gesondert aufgeführt werden.

In das Literaturverzeichnis aufgenommen werden muß alle zitierte Literatur. Weitere Literatur, die zur Erstellung der Arbeit herangezogen wurde, aus der aber nicht zitiert wurde, sollte ebenfalls aufgeführt werden. Jedoch sollten keine Publikationen aufgeführt werden, die in die Arbeit nicht in irgendeiner Weise eingegangen sind. Ihre Aufführung geschieht in einer Auswahlbibliographie.

Die *Ordnung* der Publikationen im Literaturverzeichnis wird nach Autoren bzw. Titeln alphabetisch vorgenommen. Autoren der unselbständig erschienenen Literatur (Artikel usw.) sind gleichberechtigt denen von selbständig erschienener Literatur. Wer ein übriges tun will, kann Sammelbände zusätzlich in das Literaturverzeichnis unter ihrem Herausgeber und/oder ihrem Sachtitel aufnehmen. Auch die Kongresse können zusätzlich in das Literaturverzeichnis aufgenommen werden, die Zählung des Kongresses wird dabei nachgestellt. Anonyme Schriften werden im Literaturverzeichnis nach der gegebenen Wortfolge unter Übergehung des Artikels eingeordnet, z.B. folgt auf *Hoff, Karl: ... dann Der hoffende Historiker ...* usw.

Bibliographie

Falls eine Veröffentlichung oder interne Verbreitung angestrebt wird, können Bibliographie, Register und Fachwortverzeichnis für einen Leser eine Hilfe sein. Wird beabsichtigt, über die zitierte Literatur hinaus dem Leser weitere Literatur zu einem Thema zu nennen, so kann dies in Form einer Fachbibliographie geschehen, die *zusätzlich* zu dem Literaturverzeichnis aufgeführt werden sollte. (Wobei sie allerdings einen wesentlichen Teil der zitierten Literatur noch einmal beinhalten wird.) Hier sollte dem Leser deutlich gemacht werden, welchen Umfang und Tiefe die Bibliographie hat, also ob es sich z.B. um eine vollständige und retrospektive Bibliographie handelt, oder um eine Auswahlbibliographie neuerer Veröffentlichungen, der Veröffentlichungen nur bestimmter Länder usw. Zu entscheiden ist, ob man die Bibliographie systematisch oder alphabetisch gliedern will. Bei geringem Umfange und wenn das Thema sehr speziell ist, empfiehlt sich die alphabetische Anlage. Um bestimmte Entwicklungstrends aufzuweisen, kann auch eine systematische oder chronologische Gliederung nützlich sein.

Auch in einer alphabetisch geordneten Bibliographie ist es gelegentlich sinnvoll, abweichend von dem rein alphabetischen Prinzip bestimmte Literatur unter alphabetisch eingeordneten Sachstellen zusammenzufassen. Für solche Sachstellen bieten sich bestimmte Formen der grauen Literatur an. Innerhalb der Sachstellen wird alphabetisch geordnet.

Register (Index)

Ein Register ist kein Inhaltsverzeichnis, es soll dieses nicht ersetzen, sondern es soll einen beliebigen und leichten Einstieg in die Arbeit möglich machen. Register sollten stets alphabetisch aufgebaut sein. Bei Registern ist zu unterscheiden zwischen einem

- *Schlagwortregister,* das auf die Hauptsinnstellen in der Arbeit verweist, und einem
- *Stichwortregister,* das auf einen vorkommenden Begriff verweist.

Beide Prinzipien sollten möglichst nicht vermischt werden. Nur bei Begriffssammlungen, Thesauri und ohnehin alphabetisch aufgebauten Arbeiten sind Register systematisch aufzubauen.

Ein Register sollte eine kurze Vorbemerkung haben, in welcher deutlich gemacht wird, nach welchen Gesichtspunkten es angelegt ist. Der Umfang des Registers ist von der Art der Arbeit abhängig. Topoi aus Exkursen, Anmerkungen, Anhängen usw. müssen nicht in das Register aufgenommen werden. Werden sie in das Register aufgenommen, sollte dies durch den Zusatz Anm., Anh. usw. gekennzeichnet sein (z.B.: Rollendistanz (Anm.)... S. 10). Ein Register sollte aus nur einem Alphabet bestehen, man braucht meist nicht zwischen Personen- und Sachregister zu unterscheiden. Ein Register ist eine Orientierungs- und Informationshilfe, deswegen achte man auf seine graphische Gestaltung.

Man geht in der Praxis zweckmäßigerweise wie folgt vor:
- Es wird das Erschließungsthema festgelegt, z.B. nach Schlagwörtern oder Stichwörtern, Einbeziehung von Personen oder nicht usw.
- Im Text werden die entsprechenden Stellen unterstrichen. Bei einem zweiten Durchgang werden die Worte
- abgeschrieben und verzettelt, dann wird die
- Ordnung geklärt, also Orthographie von Orts- und Personennamen, Folge bei der Anordnung (Übergehung von Präpositionen und Artikeln usw.)
- dann wird feingeordnet und abgeschrieben.

Kurz und bündig

- Versuchen Sie sich so genau wie möglich einen Studienplan zusammenzustellen (Studienberatung), aktualisieren Sie den aufgestellten Studienplan von Zeit zu Zeit.
- Kaufen Sie sich für die Haupt- und Nebenfächer Fachstudienführer sowie einführende Übersichtslehrbücher.
- Kaufen Sie sich zumindest ein Buch über Lerntechniken.
- Planen Sie möglichst genau tägliche Arbeitszeit, überprüfen Sie regelmäßig die Tages- und Kurzfristplanungen.
- Überwinden Sie die durchschnittlich übliche Unlust des Beginnens bei wissenschaftlichen Arbeiten.
- Arbeiten Sie stets informationsbewußt, führen Sie Literaturkarteien.

- Verdrängen Sie Mißerfolge bei Literatursuche und -beschaffung in UBs und Institutsbibliotheken – das geht allen so.
- Brechen Sie bei Literatursuchen nicht zu früh ab, fragen Sie lieber das Bibliothekspersonal, wenn sie keine erfolgversprechenden Suchstrategien mehr parat haben.
- Machen Sie sich einen Plan zur Ablage ihrer Materialien in Aktenordner.
- Stellen Sie auf jeden Fall Überlegungen an, ob eine Lernkartei für das Hauptfach sinnvoll ist. Überlegen Sie ggf. eine Ordnung für die Lernkartei. Üben Sie systematisch eine einheitliche Informationstechnik ein, lassen sie sich diese zur Gewohnheit werden.

Zitieren:

Nehmen Sie einige Fachbücher zur Hand und üben Sie das Zitieren:
- direktes Zitat,
- indirektes Zitat mit Hervorhebung,
- direktes Zitat mit Übernahme fremder Hervorhebung.

Nehmen Sie einen Sammelband und eine fremdsprachige Zeitschrift zur Hand und
- zitieren Sie aus einem Aufsatz,
- aus einem Sammelbandartikel,
- zitieren Sie aus einem Lexikonartikel,
- aus einer Dissertation.

Kreuzen Sie an:

			Ich habe mich in der UB vertraut gemacht mit dem
			Lesesaal,
			Katalogsaal,
			alphabetischen Katalog,
			Sachkatalog,
			weiteren Katalogen,
			Bibliographien,
			Zeitschriftenlesesaal,
			der Fernleihe,
			Ich weiß, wo ich allgemeine und bibliographische Auskünfte bekommen kann.
			Ich kenne den Standort der wesentlichen Fachbibliographien.
			Ich kenne den Standort der wesentlichen Nachschlagwerke.
			Ich habe weitere Bibliotheken im Unibereich aufgesucht.
			Ich führe eine Literaturkartei.
			Ich führe eine Lernkartei.
			Ich beherrsche die Zitierkonventionen.
			Ich habe erfolgversprechende Strategien für die sachliche Literatursuche parat.
			Ich informiere mich laufend über den Stand des Wissens (current awareness).

9. Bibliothekarisch-bibliographisches Fach- und Fremdwortverzeichnis

Abstracts s. "Referateblatt"

Allgemeinbibliographien = "Bibliographien", die Literatur aller Gebiete verzeichnen, z.B. "Nationalbibliographien". Zu unterscheiden von den Allgemeinbibliographien sind die "Fachbibliographien."

allgemeine Auskunftsmittel = Nachschlagewerke, deren wichtigster Zweck es ist, über 'Sachen' zu informieren (deshalb auch: Sachauskunftsmittel); viele von ihnen informieren jedoch auch über Literatur ("Literaturauskunftsmittel"). Zu den allgemeinen Auskunftsmitteln, die zum Präsenzbestand des Lesesaals oder des Katalogsaals gehören, zählen: Enzyklopädien, Lexika, Biographische Auskunftsmittel, Abkürzungsverzeichnisse, Adreßbücher u.a.m.

Alphabetischer Katalog (AK) = Hauptkatalog einer Bibliothek, enthält das in der Bibliothek vorhandene selbständig erschienene Schrifttum in alphabetischer Ordnung. Die Ordnung geschieht in WBs zumeist noch nach den "Preußischen Instruktionen". Werke mit 1-3 Verfassern stehen unter dem Autor, Werke mit mehr als 3 Verfassern oder ohne Verfasser stehen entweder unter dem Sachtitel der Schrift oder unter dem Herausgeber. Der AK trägt manchmal auch die Namen: Verfasserkatalog, Nominalkatalog, Formalkatalog. Autor- und Titelkatalog. Im AK sind auch die "Reihen" enthalten, in denen Bücher erscheinen können, ebenso die "Periodika" (Zeitschriftentitel) und oft auch die "Hochschulschriften".

Annotation = knappe deskriptive Inhaltserschließung, nicht kritisch analysierend und bewertend.

anonyme Schriften = Publikationen, die einen anonymen, nicht ermittelten Verfasser haben. Sie stehen im AK unter ihrem Sachtitel. Veröffentlichungen von Institutionen stehen ebenfalls unter ihrem Sachtitel oder unter der herausgebenden Korporation (korporativer Urheber). Mehrverfasserschriften (mehr als 3 Verfasser) stehen im AK ebenfalls unter ihrem Sachtitel; außerdem wird von einem persönlichen Herausgeber verwiesen, wenn dieser genannt wird.

Archivalien = Sammelgut der Archive: Urkunden, Akten, Amts- und Geschäftsbücher — also Schriften handschriftlicher oder maschinenschriftlicher Art, die zunächst in Behörden und Institutionen in Gebrauch waren und dann — oft auf dem Wege über eine Registratur — ins Archiv gelangten, als sie nicht mehr unmittelbar benötigt wurden. Auch private handschriftliche Nachlässe gehören z.B. zu den Archivalien.

324

audio-visuelles Material (AV-Medien) = Unterrichtsmittel in Form von Bild- und Tonträgern verschiedenster Art, in WBs noch wenig vorhanden.

Auskunftsmittel s. *"allgemeine Auskunftsmittel (Sachauskunftsmittel)"* s. *"Literaturauskunftsmittel"*

Bandkatalog = früher handgeschriebener Bibliothekskatalog mit nachheftbaren Seiten, heute mit Hilfe der EDV hergestellter und ausgedruckter, gebundener Katalog einer WB. Bandkataloge werden öfter erneuert (neu "kumuliert"), in der Zwischenzeit erscheinen manchmal Nachtragsbände (Supplemente). EDV-Kataloge sind nicht nach den "Preußischen Instruktionen" geordnet, sondern nach der gegebenen Wortfolge, meist unter Übergehung der Artikel am Anfang.

Bibliographie = Verzeichnis, das unter formalen, inhaltlichen, geographischen oder anderen Gesichtspunkten Literatur nachweist, und zwar unabhängig von Besitz- oder Standortnachweisen für die Literatur (das ist Zweck eines Katalogs). Im wesentlichen sind zu unterscheiden: "Bibliographien der Bibliographien", "Allgemeine-", "National-" und "Fachbibliographien". Zu beachten ist bei Bibliographien die Berichtszeit.

Bibliographie der Bibliographien = Verzeichnis von Schrifttumsverzeichnissen, also nicht von Originalliteratur.

Biographisches Auskunftsmittel = Sammlung von Kurzbiographien mit persönlichen Daten und meist auch mit "Primärliteraturangaben", seltener mit Angabe von "Sekundärliteratur".

Buchhandelskataloge. Verzeichnisse lieferbarer Bücher, Books in print = Verzeichnisse von im Buchhandel lieferbarem, meist neuerem Schrifttum, meist auf ein Land oder einen Sprachraum begrenzt. Alphabetische Verzeichnung nach Autoren und Titeln, oft mit weiteren Registern.

current awareness = laufende (Literatur-)Beobachtung, "Literaturkontrolle".

current contents = ein Periodikum mit Kopien der Inhaltsverzeichnisse einer größeren Zahl von Fachzeitschriften eines bestimmten Fachgebiets, die noch zusätzlich durch ein Register erschlossen werden. Dient zur Schnellinformation von Fachwissenschaftlern.

Desideratenbuch, -karten = ausliegendes Wunschbuch oder ausliegende Wunschkarten, mit denen der Bibliotheksbenutzer gewünschte, aber in der Bibliothek nicht vorhandene Bücher zur Anschaffung vorschlagen kann.

Dissertation = Doktorarbeit, gehört zu den "Hochschulschriften".

Dokumentation = (bibliothekarisch) inhaltliche Auswertung von selbständig oder unselbständig erschienener Literatur, meist kritisch bewertend (vgl. "Referateblatt", "Rezensionsorgan"). Auch Literaturauskunftsmittel in Karteiform und (umgangssprachlich) listenmäßige Literaturzusammenstellung. Ferner (im wissenschaftlichen Sprachgebrauch) Zusammenstellung von Texten oder anderen Informationen, während im Dokumentationswesen der Dokumentare D. nur den Nachweis von Informationen meint, nicht jedoch die Informationen selbst.

Fachbibliographien = Nachweise von Literatur zu einem bestimmten Fachgebiet

Fernleihe = Möglichkeit zur Beschaffung der am Ort nicht nachgewiesenen Literatur über den Leihverkehr aus auswärtigen Bibliotheken oder aus dem Ausland. Es muß mit einer Wartezeit von einigen Wochen gerechnet werden; es entstehen kaum Kosten.

Festschrift = Aufsatzsammlung zu Ehren einer Person oder auch Institution. Sie ist eine Sammelschrift und steht im AK unter ihrem Sachtitel, jedoch auch unter der geehrten Person.

Forschungsbericht = Bericht über den Stand der Forschung auf einem wissenschaftlichen Spezialgebiet, meist verbunden mit "Literaturbericht".

Freihandbereich (Freihandmagazin) = für den Benutzer zugänglicher Buchbestand, in WB oft nur der Lesesaalbestand, die "Lehrbuchsammlung", teilweise auch der Zeitschriftenbestand. Hier erfolgt Selbstbedienung zur Benutzung im Raum (Lesesaal) oder auch zur Ausleihe.

Gesamtkatalog = (Alphabetischer) Katalog, in dem die Bestände einer Stadt, einer Region, eines Universitätsbereichs usw. zusammen nachgewiesen werden. (Vgl. "regionale Zentralkataloge".)

Graue Literatur = schwer beschaffbare, im Buchhandel nicht lieferbare und meist nicht sehr umfangreiche Publikationen, die von Institutionen, Behörden, Organisationen, Verbänden, Vereinen, Firmen usw. herausgegeben werden – also Jahres- und Geschäftsberichte, Protokolle, Vorschriften, Statistiken, Haushaltspläne, Mitarbeiterrundbriefe usw.

Habilitationsschrift = Arbeit zur Erlangung der Lehrberechtigung, gehört zu den "Hochschulschriften".

Hochschulschriften = an Hochschulen entstandene und veröffentlichte Arbeiten wie Dissertationen, Habilitationsschriften, auch Diplomarbeiten usw. Diese werden in UBs oft in einem eigenen sog. Dissertationenkatalog nachgewiesen.

Index = Register, meist Sachregister; im englischen Sprachgebrauch auch Titelbibliographie.

Informationszentrum = in einigen WBs gebrauchter Begriff für die Kombination von Katalogsaal, Auskunftsstelle und Lesesaal. Hier sind die "allgemeinen" und die "Literaturauskunftsmittel" zu finden sowie die "Präsenzbestände" vieler Disziplinen.

Katalog = ein entweder in Zettel- oder in Bandform vorliegender Nachweis von Publikationen mit Besitz- und Standortnachweis. Jede WB hat einen "Alphabetischen Katalog" (AK), einen (oder mehrere) "Sachkatalog(e)" (SK) sowie Sonderkataloge für besondere Bestände.

Katalogsaal = Benutzungsstelle in der WB, in welcher die "Kataloge" und die "Literaturauskunftsmittel", also die allgemeinen und die "Fachbibliographien" stehen. Hier kann man auch Fachauskünfte erhalten.

Kreuzkatalog (cross catalog, dictionary catalog) = eine Kombination von "Alphabetischem Katalog" und "Schlagwortkatalog", besonders im angelsächsischen Bereich verbreitet; dort wird das Prinzip auch bei Bibliographien angewendet. Bei uns selten.

kumulieren = ein Zusammenfassen verschiedener vorhergehender Publikationsstufen und Berichtszeiträume bei "laufenden Bibliographien". So können wöchentliche Verzeichnisse monatlich oder vierteljährlich kumuliert werden, diese wiederum jährlich, Jahresverzeichnisse auch zu Fünfjahreszusammenfassungen. Jede Kumulation vereinigt neue und bereits veröffentlichte Angaben in einem einzigen Alphabet.

laufende Bibliographien = nicht abgeschlossene periodisch erscheinende Bibliographien; es wird laufend neues Schrifttum angezeigt und ggf. "kumuliert".

Lehrbuchsammlung = Sammlung von vielgebrauchter Einführungs- und Grundlagenliteratur in Mehrfachexemplaren; Aufstellung in einem "Freihandbereich" und Ausleihe im Selbstbedienungsverfahren.

Leihverkehr s. "Fernleihe".

Literaturauskunftsmittel = Bezeichnung für alle Verzeichnisse, die Originalliteratur nachweisen, von der "Allgemeinbibliographie" bis zum "Referateblatt".

Literaturbericht = zusammenfassende Besprechung neuer, thematisch zusammengehöriger Literatur. Zu unterscheiden von der Einzelbsprechung (Rezension).

Literaturkontrolle = laufende Beobachtung der Neuerscheinungen auf dem Büchermarkt mit Hilfe von "laufenden Bibliographien" (besonders "Nationalbibliographien"), von Werbemitteln der Verlage (Prospekte, Verlagskataloge, Anzeigen) und von Buchbesprechungen in Zeitschriften.

Literaturrecherche = Suche nach Literatur, entweder mit vorhandenen Verfasser- und Titelangaben oder (ohne diese) thematisch-sachlich.

Literaturverifikation = Suchvorgang, bei dem als Ausgangslage eine zu überprüfende Titelangabe oder ein zu überprüfendes Zitat vorliegt.

Magazin = die für die Bibliotheksbenutzer in der Regel nicht zugänglichen Regalbereiche und Räume zur Buchaufbewahrung. Die Bücher werden nach ihrem Format (mindestens 2 Formatgruppen) und nach ihrem Zugang (Erwerbungsjahre) getrennt; innerhalb dieser Formalgruppen-Aufstellung dann nach laufender Zugangsnummer (numerus-currens-Prinzip). Zeitschriften, z.T. auch "Reihen" bilden Sondergruppen, deren es noch weitere geben kann. Systematisch nach Sachgruppen werden in WBs nur die "Präsenzbestände" und die Bestände in "Freihandbereichen" aufgestellt. Man kann in Magazinen also weder sachlich noch alphabetisch nach Literatur suchen.

Mikroformen = Verkleinerungsformen wie Microfilm und Microfiche als Informationsträger. Bisher liegt nur wenig Bibliotheksmaterial in Mikroformen vor, es wird aber laufend und schnell zunehmen. Im Lesesaal stehen die dazu notwendigen Lese- und Kopiergeräte ("reader-printer"). Material auf Mikroformen ist wie üblich im AK nachgewiesen.

Monographie = abgeschlossenes ein- oder mehrbändiges Werk mit einem Thema. Gegensatz zu den "Periodika" (Zeitschriften).

Nationalbibliographien = Verzeichnisse nationalen Schrifttums. Sie erscheinen als "laufende Bibliographien" (Primärstufe) und werden von Zeit zu Zeit "kumuliert" (Sekundärstufe). Es gibt in der Regel mehrere Reihen, z.B. Reihen für im Buchhandel erschienene Schriften, für nicht im Buchhandel erschienene Schriften, für "Hochschulschriften" sowie für Karten und Tonträger. Das deutsche Schrifttum wird vor allem durch die Deutsche Bibliographie erschlossen.

Ordnungswort = unter diesem ist eine Publikation im AK eingeordnet. In der Regel ist das erste Ordnungswort der Nachname des Verfassers, bei Schriften mit mehr als drei oder mit keinem persönlichen Verfasser ist das nach den "Preußischen Instruktionen" das erste unabhängige Substantiv des Sachtitels.

Periodika = laufend (periodisch, d.h. in regelmäßigen Abständen) erscheinende Publikationen wie Zeitungen, Zeitschriften, Jahrbücher, "laufende Bibliographien" u.a.m. Laufend bezogene Periodika weist eine WB häufig in ihrem gedruckten Zeitschriftenverzeichnis nach. Alle Periodika, die eine WB besitzt, also auch die nicht mehr erscheinenden und die abbestellten, werden im AK nachgewiesen.

Präsenzbestand = nicht ausleihbare Bestände, vor allem des Katalogsaals und des Lesesaals. Es handelt sich dabei um Nachschlagewerke im weitesten Sinne, die immer greifbar sein sollen. Eine Ausleihe über Nacht oder übers Wochenende ist oft, das Kopieren einzelner Seiten ist eigentlich immer möglich.

Preußische Instruktionen (PI) = Regelwerk zur alphabetischen Katalogisierung, nach welchem die meisten WBs noch ihre Alphabetischen Kataloge ordnen. Die PI verfolgen ein grammatikalisches Prinzip, s. "Ordnungswort".

Primärdokumente = haben Originalschrifttum zum Inhalt, z.B . Lehrbücher. Fachbücher, Handbücher, Zeitschriften usw. Gegensatz von "Sekundärdokumenten".

Primärliteratur = Originalschriften eines Verfassers ("Werke"). Gegensatz von "Sekundärliteratur".

RAK = Regeln für die Alphabetische Katalogisierung = neues Regelwerk, das die korporativen Urheber (Verfasser, Herausgeber) berücksichtigt und bei den "Ordnungswörtern" das Prinzip der gegebenen (mechanischen) Wortfolge verfolgt. Die RAK entsprechen – im Gegensatz zu den PI – den internationalen Gepflogenheiten.

reader printer = Gerät zum Lesen und Kopieren von "Mikroformen".

Referateblatt (Referatejournal, Referateorgan, Referatezeitschrift, Abstracts) = Zusammenstellung von Hinweisen auf fachspezifische Originalliteratur, die inhaltlich kurz beschrieben (referiert) wird.

regionale Zentralkataloge = verzeichnen die in einer (Leihverkehrs-)-Region (weitgehend identisch mit Bundesländern) in allen angeschlossenen WBs vorhandene Literatur. In der Bundesrepublik Deutschland einschl. Westberlin gibt es 7 solcher ZKs. Sie lenken den Deutschen Leihverkehr ("Fernleihe"), können meist aber auch für Auskünfte direkt angegangen werden.

328

Reihe (Serie) = zahlreiche Bücher kommen als gezählte Bände unter einem gemeinsamen Reihentitel heraus, herausgegeben von einem oder mehreren (meist renommierten) Fachwissenschaftlern oder auch nur vom Verlag (dann spricht man von Verlegerreihen, das sind z.B. alle Taschenbuchreihen). Im AK sind die Einzelbände einer Reihe auch unter dem Reihentitel aufgeführt, wenn sie gezählt sind (es gibt auch ungezählte Reihen). In die Literaturangabe sollte eine vorhandene gezählte Reihenangabe stets mit aufgenommen werden.

Repertorium = Fundbuch, Verzeichnis, im Ausland oft (in den entsprechenden fremdsprachigen Formen) auch gleichbedeutend mit Bibliographie gebraucht.

retrospektive Bibliographien = abgeschlossene, über einen bestimmten zurückliegenden Zeitraum berichtende Bibliographien. Gegensatz von "Laufende Bibliographien".

Rezensionsorgan = ein "Periodikum", das nur der Veröffentlichung von Rezensionen (Buchbesprechungen) und "Literaturberichten" dient.

Sachauskunftsmittel s. "allgemeine Auskunftsmittel".

Sachkatalog (SK) = Katalog, der die Literatur erschließt. Die beiden Hauptarten sind der "Systematische Katalog" und der "Schlagwortkatalog". Viele Bibliotheken haben nur einen, manche auch beide Kataloge.

Sammelschrift = Sammlung von Aufsätzen verschiedener Autoren, die ein persönlicher oder ein korporativer Herausgeber (z.B. eine Behörde) ediert hat. Die S. ist im AK unter dem persönlichen Herausgeber (bis zu zwei werden berücksichtigt) und unter dem Sachtitel zu finden.

Schlagwortkatalog (SWK) = "Sachkatalog", der die Literatur alphabetisch nach Schlagwörtern (Hauptsinnstellen) geordnet nachweist. Gegebenenfalls existiert ein alphabetisches und manchmal auch ein systematisches Schlagwort-Register.

Sekundärdokumente = haben im Gegensatz zu "Primärdokumenten" keine Originalliteratur zum Inhalt, sondern weisen diese nach. Zu den S. gehören "Bibliographien", "Literaturberichte", "Referateblätter", "Rezensionsorgane".

Sekundärliteratur =Untersuchungen über Originalschriften, also zu "Primärliteratur". Häufig spricht man im Gegenüber zu 'Werke' einfach dann von 'Literatur'.

Preußische Instruktionen (PI) = Regelwerk zur alphabetischen Katalogisierung, nach welchem die meisten WBs noch ihre Alphabetischen Kataloge ordnen. Die PI verfolgen ein grammatikalisches Prinzip, s. "Ordnungswort".

Primärdokumente = haben Originalschrifttum zum Inhalt, z.B . Lehrbücher. Fachbücher, Handbücher, Zeitschriften usw. Gegensatz von "Sekundärdokumenten".

Primärliteratur = Originalschriften eines Verfassers ("Werke"). Gegensatz von "Sekundärliteratur".

RAK = Regeln für die Alphabetische Katalogisierung = neues Regelwerk, das die korporativen Urheber (Verfasser, Herausgeber) berücksichtigt und bei den "Ordnungswörtern" das Prinzip der gegebenen (mechanischen) Wortfolge verfolgt. Die RAK entsprechen – im Gegensatz zu den PI – den internationalen Gepflogenheiten.

reader printer = Gerät zum Lesen und Kopieren von "Mikroformen".

Referateblatt (Referatejournal, Referateorgan, Referatezeitschrift, Abstracts) = Zusammenstellung von Hinweisen auf fachspezifische Originalliteratur, die inhaltlich kurz beschrieben (referiert) wird.

regionale Zentralkataloge = verzeichnen die in einer (Leihverkehrs-)-Region (weitgehend identisch mit Bundesländern) in allen angeschlossenen WBs vorhandene Literatur. In der Bundesrepublik Deutschland einschl. Westberlin gibt es 7 solcher ZKs. Sie lenken den Deutschen Leihverkehr ("Fernleihe"), können meist aber auch für Auskünfte direkt angegangen werden.

Reihe (Serie) = zahlreiche Bücher kommen als gezählte Bände unter einem gemeinsamen Reihentitel heraus, herausgegeben von einem oder mehreren (meist renommierten) Fachwissenschaftlern oder auch nur vom Verlag (dann spricht man von Verlegerreihen, das sind z.B. alle Taschenbuchreihen). Im AK sind die Einzelbände einer Reihe auch unter dem Reihentitel aufgeführt, wenn sie gezählt sind (es gibt auch ungezählte Reihen). In die Literaturangabe sollte eine vorhandene gezählte Reihenangabe stets mit aufgenommen werden.

Repertorium = Fundbuch, Verzeichnis, im Ausland oft (in den entsprechenden fremdsprachigen Formen) auch gleichbedeutend mit Bibliogrpahie gebraucht.

retrospektive Bibliographien = abgeschlossene, über einen bestimmten zurückliegenden Zeitraum berichtende Bibliographien. Gegensatz von "Laufende Bibliographien".

Rezensionsorgan = ein "Periodikum", das nur der Veröffentlichung von Rezensionen (Buchbesprechungen) und "Literaturberichten" dient.

Sachauskunftsmittel s. "allgemeine Auskunftsmittel".

Sachkatalog (SK) = Katalog, der die Literatur erschließt. Die beiden Hauptarten sind der "Systematische Katalog" und der "Schlagwortkatalog". Viele Bibliotheken haben nur einen, manche auch beide Kataloge.

Sammelschrift = Sammlung von Aufsätzen verschiedener Autoren, die ein persönlicher oder ein korporativer Herausgeber (z.B. eine Behörde) ediert hat. Die S. ist im AK unter dem persönlichen Herausgeber (bis zu zwei werden berücksichtigt) und unter dem Sachtitel zu finden.

Schlagwortkatalog (SWK) = "Sachkatalog", der die Literatur alphabetisch nach Schlagwörtern (Hauptsinnstellen) geordnet nachweist. Gegebenenfalls existiert ein alphabetisches und manchmal auch ein systematisches Schlagwort-Register.

Sekundärdokumente = haben im Gegensatz zu "Primärdokumenten" keine Originalliteratur zum Inhalt, sondern weisen diese nach. Zu den S. gehören "Bibliographien", "Literaturberichte", "Referateblätter", "Rezensionsorgane".

Sekundärliteratur =Untersuchungen über Originalschriften, also zu "Primärliteratur". Häufig spricht man im Gegenüber zu 'Werke' einfach dann von 'Literatur'.

selbständig erschienen = ist eine Publikation, wenn sie so im Buchhandel lieferbar ist. Ein Zeitschriftenaufsatz und ein Beitrag in einem Sammelband gelten dagegen als unselbständig erschienen, weil innerhalb einer übergeordneten Publikation (einer Zeitschrift oder eines Buches) abgedruckt. In den Katalogen einer WB wird normalerweise nur selbständig erschienenes Schrifttum nachgewiesen. Es gibt aber auch Zeitschriftenaufsatzkataloge. Im übrigen ist unselbständig erschienenes Schrifttum in "Fachbibliographien" und "Referateblättern" zu suchen.

Serie s. "Reihe".

Sigel = Buchstaben-Sigel (auch Siglen), oft als Titelabkürzungen gebraucht. Zahlen-Sigel, vor allem gebraucht zur Kennzeichnung von Bibliotheken (auch als Buchstaben-Zahlen-Kombination); sie stehen ggf. unten auf der Katalogkarte.

Signatur (Standortnummer) = Buchstaben-Ziffern-Kombination, die den Standort eines Buches im Regal bezeichnet; sie steht auf den Katalogkarten meist oben rechts.

Signierzwang = die Bibliotheksbenutzer müssen vor dem Abgeben der Leihscheine auf diesen die Signatur eintragen, diese also vorher aus den Katalogen heraussuchen.

Sofortausleihe (Eilbestellung) = in vielen Magazinbibliotheken gibt es die Möglichkeit, zu bestimmten Ausleihzeiten Bücher mit nur kurzer Wartezeit aus dem Magazin zu bestellen.

Standortnummer s. "Signatur".

Systematischer Katalog (SyK) = "Sachkatalog", der die Literatur nach einem hierarchischen System geordnet nachweist. Die kleinste Stelle, unter welcher im SyK nachgesehen wird, heißt Systemstelle. Bei dieser findet sich in chronologischer Reihenfolge die Literatur zu einem speziellen Aspekt einer Wissenschaft. Zu einem SyK gehört meist ein Schlagwortregister, das auf die Systemstellen verweist.

unselbständig erschienen s. "selbständig erschienen".

Verfasserkatalog = manchmal gebrauchter Name für den "Alphabetischen Katalog". Im AK sind aber Publikationen unter ihrem Sachtitel eingeordnet, wenn sie mehr als drei oder keinen Verfasser haben, z.B. Zeitschriften. Insofern ist die Bezeichnung nicht ganz korrekt.

Verifikation s. "Literaturverifikation".

versteckte Bibliographie (Kryptobibliographie) = Bibliographie, die nicht "selbständig" erschienen ist, sondern z.B. innerhalb eines Fachbuches oder einer Zeitschrift als Literaturverzeichnis veröffentlicht wurde. Bei Monographien ist bisweilen auf den Katalogkarten angemerkt, ob und wo sich ein Literaturverzeichnis in dem Werk befindet.

Verweisung = z.B. Katalogkarte im AK, die von einem zweitrangigen Bestandteil des Titels auf das Ordnungswort verweist, unter dem der Titel im AK eingeordnet ist – z.B. von einem zweiten oder dritten Verfasser auf den ersten oder von einem Herausgeber auf den Sachtitel. Auch im Schlagwortkatalog gibt es Verweisungen (siehe Verweisungen und siehe-auch-Verweisungen).

Verzeichnis lieferbarer Bücher s. "Buchhandelskataloge".

Zeitschriftenbibliographie = Verzeichnis von Zeitschriftentiteln. Von nahezu jeder WB gibt es Zeitschriftenverzeichnisse, oft auch von Regionen. – Zeitschrifteninhalts-Bibliographien, die die einzelnen Zeitschriftenaufsätze nachweisen, gibt es für zahlreiche Fachgebiete.

Zentralkatalog s. "regionale Zentralkataloge" (vgl. auch "Gesamtkatalog").

Zitiertitel = fachwissenschaftlich übliche Abkürzung, meist in Form von Initialen, d.h. Sigeln in Form von Großbuchstaben, vor allem für Fachzeitschriften, Nachschlagewerke und Handbücher. Auflösungen sind in allgemeinen und Zeitschriften-Abkürzungsverzeichnissen zu suchen.

Register

Das folgende Register enthält neben den Namen der jeweils ersten Verfasser, Herausgeber oder Bearbeiter und den Sachtiteln auch Stichwort- und Schlagworteinträge, um eine leichte sachliche Suche zu ermöglichen. Die Zahlen bezeichnen die laufende Titelnummer.

335

Brandenburg 692 ff.
Brandstetter, J.L. 775
Brandt, A.v. 257
Brasilien 1052; 1102 ff.
Braudel, F. 840
Bremen 713 ff.
Brewster, J.W. 244
British biographical archive 84
British books in print 151
British historical facts 888
British Library. General catalogue of printed books to 1975 29
British Library. General catalogue of printed books to 1976-1982 30
British Library. General catalogue of printed books to 1982-1985 31
British Museum. General catalogue of printed books 28
British National Bibliography 139
British political facts 889
Brockhaus Enzyklopädie 193
Brockmeyer, N. 303
Brode, J. 618
Bromley, J.S. 441
Brown, A. 990
Brown, L.M. 899
Brügge 827
Bruhn, P. 994
Brunner 780
Brunner, K. 183
Brunner, O. 511
Buchner, R. 567
Buchhandelsbibliographien 147 ff.
Buchmesse (Leipzig) 773
Buck, H. 818
Büchel, R. 669
Bücherei des Deutschen Ostens, Herne (Katalog) 739 f.
Bürgerkrieg (Spanien) 1041 ff.
Bugenhagen, H. 589
Bulgarien 1008 f.
Bullinger, H. 590
Bulst, N. 838
Burgenland 725
Burgerbibliothek Bern 781
Burich, N.J. 361
Bursian, C. 327
Buse, D.K. 621
Busse, H. 1150

Butler, D. 889
Byzanz 386 ff.

C

Cabeen, D.C. 455
Caenegem, R.Ch. 393
Caesar 364 f.
Cahiers de civilisation médiévale 400
Calvin, J. 591 ff.
Cambridge ancient history 337
Cambridge economic history of Europe 234
The Cambridge encyclopedia of Russia and the Soviet Union 990
Cambridge history of the British Empire 886
Camden Society 918
Camerani, S. 1028
Campanella, A.P. 1030
Campanella, Th. 443 f.
Canadian centenary series 1082
Canadian historical Review 1078
Cândea, S. 1001
Canzler, F.G. 254
Carbia, R.D. 1100
Caron, P. 861
Cartarius, U. 671
Carter, Ch.H. 435
Case, M.H. 1163
Castelot, A. 843
Catalogo cumulativo 1014
Catalogo dei libri in commercio 153
Catalogue général (Nationalbibliothek Paris) 32 f.
Catalogue général des livres imprimés de la Bibliothèque Nationale Paris 32
Catalogue des livres et documents imprimés 697
Catalogue des thèses de doctorat soutenues devant les universités françaises 102
Catilina 366
Centre National de la Recherche Scientifique 862
Centro italiano di studi sull' alto medioevo, Spoleto 1024

Mateu Ibars, J. 285
Maurer, B. 1129
Maurer, W. 578
Max-Planck-Institut für Geschichte 508
Mayer, H.E. 419 f.
Mayer, L.A. 1151
Meally, V. 891
Mecklenburg 710 ff.
Mecklenburgische Bibliographie 712
Medici 1028
Medioevo latino 401
Melanchthon, Ph. 602 f.
Memelgebiet 735 ff., 742
Mendelssohn, S. 1135
Mendelssohns Library (Katalog) 1135
Menéndez Pidal, R. 1046
Menges, F. 182
Methodologie 501 ff.
Meusel, J.G. 170
Mexiko 1113 ff.
Meyer, G. 506, 718
Meyer, G.P. 655
Meyer, K. 941 a, 997 f.
Meyers Enzyklopädisches Lexikon 189
Meyers Großes Konversationslexikon 192
Meyers Großes Universallexikon 190
Meyers Neues Lexikon 191
Meyers, W.C. 815
Michaud, M. 76
Mickiewicz, A. 964
Minerva 63
Militärgeschichte 223 f., 434 ff., 495 ff., 571 ff.
Mitatz, A. 622
Mittelalter 393 ff.
Mittelalter (England) 895 ff., 914
Mittelalter (Frankreich) 838 ff., 856, 863
Mittelalter (Großbritannien) 902 f.
Mittelalter (Irland) 913
Mittealter (Italien) 1020 ff.
Mittealter (Mitteleuropa) 556 ff.
Mittealter (Portugal) 1048 ff.
Mittelalter (Spanien) 1039 ff.
Mitteleuropa 505 ff.
Modernisierung 618

Möller, K.D. 717
Mönchtum 422
Molinier, A. 845 ff.
Mommsen, W.A. 1
Monglod, A. 868
Monod, G. 855
Montesquieu, Ch. 455
Monumenta Germaniae historica (MGH) 564
Moody, T.W. 885
Moravcsik, G. 386
Morelli, U. 501
Morison, S.E. 1066
Morris, R.B. 1070
Morton, W.L. 1082
Mourre, M. 219
Müller, I. 338
Müller, K. 452
Müller-Karpe, H. 293 f.
Münchner Abkommen (1938) 489
Münzgeschichte (Bayern) 691
Münzkunde 276 ff.
Mundt, H. 99
Mullins, E.L. 924
Murphy, J.P. 343
Museums of the world 69
Mussolini, B. 1031
Mythologie (Antike) 353 ff.

N

Nabholz, H. 243
Nachlässe 1 f.
Nadolny, E. 987
Nagler, G.K. 85
Namensaufschlüsselung 568
Namensliste zur deutschen Geschichte des 16. Jahrhunderts 578
Namur 833
Napoleon I. 468
Nassau 701 ff.
National Library of Scotland 911
National Union Catalog (NUC) 34 ff.
Nationalbibliographien 126 ff.
Nationale Forschungs- und Gedenkstätten, Weimar 785
Nationalismus 469, 619 ff., 663 ff.